New York

Zeit für das Beste!

W0058915

Karin Hanta
Christian Heeb

BRUCKMANN

INHALT

In der Roosevelt Island Tram schweben Besucher von der 59th Street über den East River.

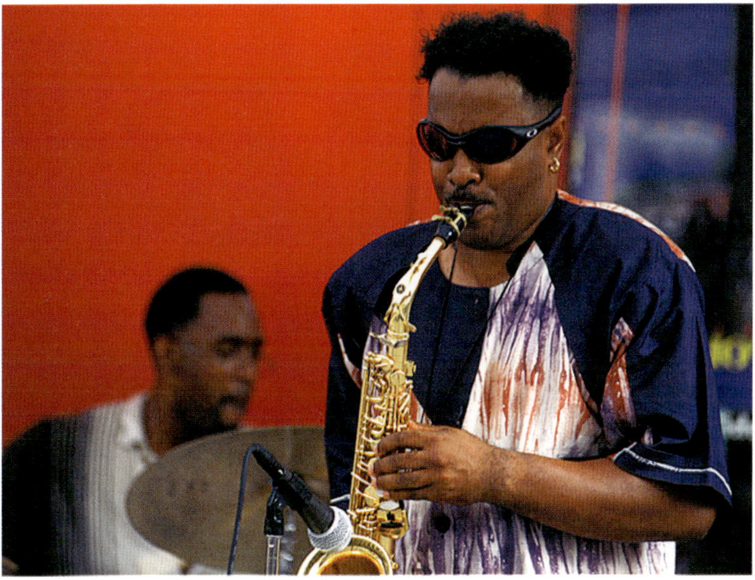

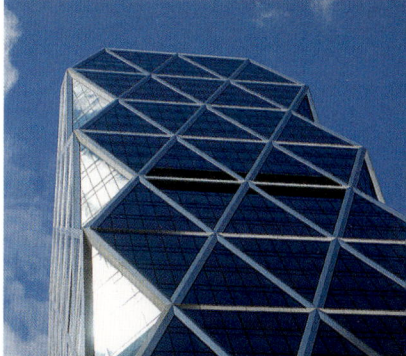

Saxofonist am South Street Seaport

UPTOWN

MEHR WISSEN

MEHR ERLEBEN

Kamele im Bronx Zoo

AUSSENBEZIRKE

AUSFLÜGE

Seite 5 unten: Der Wolkenkratzer des Hearst-Medienimperiums war das erste »grüne« Hochhaus in der Stadt.
Seite 6 oben: Schokogourmandisen finden in SoHo leicht einen Abnehmer.
Unten: Kamele im Bronx Zoo

Seite 7 oben: Die Blumenbeete in Manhattan sind sehr gepflegt.
Unten: Sachertorte und Melange serviert ein freundlicher Kellner im Café Sabarsky.

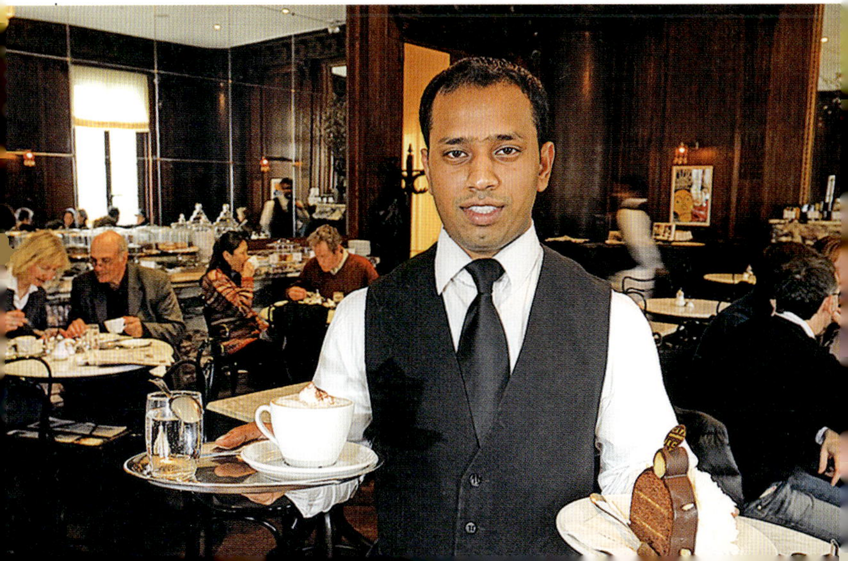

❶ Kajakfahren auf dem Hudson River
Manhattan ist eine Insel, New York eine Stadt am Meer. Am schönsten sieht New York also auch vom Wasser aus, weit weg von Lärm und Menschenmassen, mit Blick auf die silbern glitzernde Skyline. Eine Bootstour geht auch viel individueller als mit einem der vielen Ausflugsdampfer – und sogar ganz umsonst: Das Manhattan Community Boathouse bietet kostenlose Kajaktouren auf dem Hudson River an. Auch am Brooklyn Bridge Park Boathouse an Pier 2 kann man kostenlos Kajaks ausleihen und lospaddeln.

❷ Spaziergang durchs Village (S. 88)
Die Wolkenkratzer von Midtown, die hektischen Menschenmassen und die Neonreklamen am Times Square gelten als Wahrzeichen von New York. Viel gemütlicher geht es jedoch downtown zu, genauer im East, West und Greenwich Village. Rund um den Washington Square hat New York fast Dorfcharakter. Die Straßen säumen Bäume und hübsche Reihenhäuser aus dem 19. Jahrhundert. Hier scheinen die Uhren etwas langsamer zu ticken, und es macht Spaß, in einem der vielen Cafés eine Auszeit zu nehmen.

❸ Blick vom Top of the Rock (S. 155)
Auch wenn man theoretisch weiß, was

Der Times Square ist Tag und Nacht eine Attraktion.

einen erwartet: Die Aussicht vom 70. Stock des Rockefeller Center ist umwerfend. Man befindet sich fast genau in der Mitte von Manhattan, und aus 259 Meter Höhe eröffnet sich der beste Ausblick auf die Stadt, in der der Central Park wie ein grüner Teppich ausgelegt ist. Toll ist auch der Blick auf Empire State Building und Chrysler Building. Hoch über den Dächern von New York bekommt man ein Gefühl dafür, wie gigantisch groß die Stadt ist, die sich weit unter einem erstreckt. In ein fast magisches goldenes Licht wird sie übrigens in der Stunde vor Sonnenuntergang getaucht.

❹ Fahrradtour durch den Central Park (S. 176)
Für die New Yorker ist der Central Park ihre grüne Oase, perfekt für eine Vielzahl von Freizeitaktivitäten – vom Baseballspielen über Rollerbladen bis Picknicken. Als Besucher kann man sich den Park am besten mit dem Fahrrad erschließen. Immerhin ist er 315 Hektar groß, da stößt man als Fußgänger schon mal an seine Grenzen. Mit dem Fahrrad – diese gibt es vielerorts zu mieten – kommt man entspannt und schnell voran und hat gleich das Gefühl, mit dazuzugehören, wenn man inmitten der joggenden und Rad fahrenden New Yorker durch den Park gleitet.

❺ Kunst in der Schnecke: Guggenheim Museum (S. 190)
Wie eine Schnecke windet sich Frank Lloyd Wrights bekanntestes Gebäude um seine eigene Achse und verjüngt sich dabei von oben nach unten. Man muss

kein Kunstliebhaber sein, um von diesem Museum fasziniert zu sein. Die Architektur des Schneckenhauses stellt die ausgestellte moderne Kunst fast in den Schatten. Einen »Tempel der Sinnlichkeit« hatte sich der New Yorker Millionär Solomon R. Guggenheim für seine Kunst gewünscht – und bekommen.

❻ Dim Sum in Chinatown (S. 74)
Wer in das geschäftige Treiben entlang der Canal Street eintaucht, ist im Herzen von Chinatown gelandet. In kleinen Esslokalen dampft es aus Kesseln, und knusprig gebratene Enten hängen in der Auslage. Die größte kulinarische Versuchung sind jedoch die Dim-Sum-Häppchen zu Mittag. Die mit Shrimps, Fleisch oder Gemüse gefüllten Teigtäschchen werden dampfend heiß serviert. Man bedient sich meist einfach von den Servierwagen, die unablässig durch die Tischreihen geschoben werden.

❼ Ein Musical am Broadway (S. 144)
Man mag Musicals mögen oder nicht, ein Besuch am Broadway gehört eigentlich zu jeder New-York-Reise dazu. Wenn Millionen von Lichtern am Great White Way leuchten, kann sich keiner dem Zauber der Theaterwelt entziehen. Wer gut Englisch kann, dem sei der Besuch eines anspruchsvollen Theaterstücks ans Herz gelegt, in denen oft Hollywood-Stars mitspielen – ein einzigartiges Erlebnis.

❽ Harlem entdecken (S. 214)
Längst vorbei sind die Zeiten, als Touristen sich nicht nach Harlem wagten. Das

im Norden gelegene Viertel möbelte in den letzten Jahren gehörig auf. Heute kann man hier einfach durch die Straßen wandern und die Architektur der schönen alten Backsteinhäuser bewundern oder am Sonntagvormittag in einer der vielen Kirchen eine Messe besuchen, wenn sich die frommen Kirchgänger fein herausputzen und Gospelmusik durch die Straßen klingt. Danach lockt dann eine satte Portion »Soul Food«, wie frittiertes Huhn oder Rippchen, dazu Süßkartoffeln und Maisbrot.

9 Auf dem grünen Band durch die Stadt: High Line (S. 110)

Auf einer alten Hochbahntrasse, die zum Park umfunktioniert wurde, in 6 bis 9 Metern Höhe durch die Stadt zu schlendern – das gibt es nur in New York. Mehr als 2 Kilometer windet sich die sicherlich ungewöhnlichste Grünanlage durch die West Side von Manhattan. Unter einem braust der Verkehr, rechts und links sind Häuser zum Greifen nah; auf der High Line ist man mittendrin und doch abgehoben von Lärm und Gewusel der Großstadt. Weil aber auch die High Line mittlerweile oft von Touristen überlaufen ist, empfiehlt sich ein Besuch möglichst früh am Tag.

10 Jenseits des East Rivers: Abstecher nach Brooklyn (S. 238)

Manhattan ist nicht gleich New York, und auch wenn es hier allein mehr als genug für eine Reise zu sehen gibt, sollte man unbedingt mal einen Blick hinüber in einen der anderen Stadtteile werfen, die nur wenige Subway-Stationen entfernt sind. Brooklyn allein ist größer als Manhattan und bietet eine spannende Mischung aus Kleinstadtatmosphäre und Weltmetropole und ganz verschiedenartigen ethnischen Enklaven. Wohl nirgendwo wird das so deutlich wie bei einem Spaziergang entlang der Bedford Avenue im Trendviertel Williamsburg. Was einst fest in Hand strenggläubiger orthodoxer und chassidischer Juden war, ist nun zunehmend auch von bärtigen Hipstern bevölkert – ein Mix, wie er unterschiedlicher nicht sein könnte. Aber so ist New York eben!

Ein Spaziergang im High Line Park bietet ungewöhnliche Ausblicke.

WILLKOMMEN IN NEW YORK

So sehen Empire State und Chrysler Building zur Dämmerstunde aus.

New York wird oft die Hauptstadt der ganzen Welt genannt. Seine 582 Wolkenkratzer sind zu Materie gewordener Ausdruck der führenden wirtschaftlichen und kulturellen Position, die die Metropole international einnimmt. Auch 9/11 und Hurrikan Sandy konnten der Stadt nichts anhaben. Mit 1287 Milliarden Dollar ist das Bruttosozialprodukt des Großraums New York größer als das von Österreich und der Schweiz gemeinsam. Bis zu 100 000 neue Einwanderer pro Jahr versuchen sich vom Goldkuchen eine Scheibe abzuschneiden. Manhattan, Brooklyn und Queens platzen aus allen Nähten. Trendsetter und Künstler wollen der Stadt trotz hoher Mieten nicht den Rücken kehren. Schließlich wurden hier der abstrakte Expressionismus und die Pop-Art geboren. Und der Hip-Hop, dessen Superstar Jay-Z eine Hymne auf die Stadt schrieb. Wenn Alicia Keys im Refrain so richtig abhebt, bringt sie die High-Stimmung zum Ausdruck, die Reisende bei einem New-York-Besuch erleben.

Als Julia Alvarez 1960 spätnachts schlaftrunken über New York schwebte, glaubte sie gestorben zu sein. Millionen von Lichtern blitzten der Zehnjährigen vom Boden entgegen. Glücklicherweise trog der Schein. Das Mädchen mit den dominikanischen Wurzeln befand sich in einem Flugzeug und nicht, wie befürchtet, in der Gesellschaft von Engeln. Das Bombardement mit neuen Eindrücken ging gleich nach der Landung weiter: Rolltreppen, Aufzüge, Wolkenkratzer schienen märchenhaft im Vergleich zu den zweistöckigen Gebäuden, die sie bis dahin gewohnt war. Und die ganze Stadt roch nach Schinkensandwich. Vornehm. So wie der Duft, der ihr immer in die Nase gestiegen war, wenn sie mit ihren Eltern in Santo Domingo zu einer feinen Gesellschaft eingeladen war. Ihre ersten Eindrücke von New York waren so stark, dass sie der späteren Schriftstellerin zum Erfolg verhalfen. Ihre Schilderungen finden sich in dem 1991 erschienenen Erfolgsroman *Wie die García Girls ihren Akzent verloren*.

Magnet für Einwanderer

Wie einst Julia Alvarez kommen noch immer jedes Jahr um die 100 000 Einwanderer nach New York. Über 20 Prozent der 19 Millionen Einwohner wurden in einem anderen Land geboren. Sie halten die Stadt in Schwung, arbeiten als Tellerwäscher, auf der Wall Street oder in der IT-Branche. Sie geben den verschiedenen »neighborhoods« ihr eigenes Gesicht oder leben bunt gemischt in ein und demselben Wohnhaus.

Innerhalb kürzester Zeit verwandeln sich die Neuankömmlinge jedoch in waschechte New Yorker. Sie sind stolz auf ihre Stadt und legen auch eine gewisse Attitüde an den Tag. Sie grinsen nicht scheinfreundlich wie die Gäste in einer amerikanischen Talkshow, sondern sind Leute, die wach hinterfragen. Und sie scheuen sich nicht, offen ihre Meinung auszusprechen. »Markante Nase« oder »hübscher Hut« schleudern sie Passanten auf der Straße entgegen. Diese Kommentare dienen hin und wieder als Sprungbrett für ein längeres Gespräch.

Aufstieg aus dem Bankrott

New York war nicht immer ein Touristenparadies. In den Siebzigerjahren stand die Stadt vor dem Bankrott. Gewaltakte waren an der Tagesordnung. Finanzgenie Felix Rohatyn, einem Exilanten aus Wien, ist es zu verdanken, dass New York aus dem Schlamassel wieder herauskam. In den frühen Neunzigerjahren brachte die Internetrevolution jede Menge Geld in die Stadt. Viertel, in denen bislang Menschen mit niedrigerem

Im Central Park lässt es sich bei warmem Wetter gut faulenzen.

Einkommen wohnten, wurden jetzt auch für Wohlhabendere wieder interessant. Da die Mietpreise in Manhattan ins Astronomische gestiegen waren, galt es als chic, in die historischen Reihenhäuser von Brooklyn zu ziehen. In der Zwischenzeit ist es dort genauso teuer wie in Manhattan geworden, und schlaue Grundstücksentwickler fassen jetzt Gegenden wie die einstmals gefährliche South Bronx ins Auge, um mehr Platz für die Einwohner der Stadt zu schaffen. Freilich sollte dies nicht geschehen, ohne auf die Bedürfnisse der Bevölkerung Rücksicht zu nehmen, die sich dort schon seit vielen Jahren zu Hause fühlt.

Wiederentdecktes Wasser

In den letzten zwanzig Jahren entdeckte New York auch wieder seine Flussufer.

400 Jahre lang war die Schifffahrt einer der Motoren der New Yorker Wirtschaft gewesen. 906 Kais und 100 Anlegestellen für Fähren zählte der *New York Sun*-Reporter Malcolm Johnson im Jahr 1948. Als jedoch Speditionsfirmen auf den Containertransport umstellten, hatte sich die Arbeit der Schauerleute erübrigt. Die gesamte Speditionsbranche verlegte ihren Standort nach New Jersey, wo mehr Platz vorhanden war, um Container zu verladen. Die Hafengegenden lagen in der Folge brach, und ihre riesige Industriearchitektur begann zu verrosten. New Yorker wandten sich vom Wasser ab und zunehmend dem Inneren der Stadt zu.

Vor circa zwanzig Jahren ging jedoch einigen Künstlern der Knopf auf. So wusste eine Gruppe von ihnen die Sicht auf den Hudson von den Piers in Tribeca zu schätzen und veranstaltete dort künstlerische Events und eröffnete ein Café. Als dann Medientycoon Michael Bloomberg im Jahr 2001 das Bürgermeisteramt übernahm, war die Revitalisierung des »sechsten Bezirks« von New York, wie der East und der Hudson River genannt werden, eines seiner Wahlversprechen. Schließlich wäre dieser »Bezirk« der größte, umfasst er doch ein Viertel der Fläche der Metropole. Als Bloomberg 2013 aus dem Amt schied, konnte er stolz auf seine Erfolge verweisen: Nicht nur, dass sich in den Gewässern Wolfsbarsche und vor Staten Island sogar Robben tummeln, die Stadtregierung schuf Tausende Quadratmeter von Parklandschaften am Wasserrand. Der 2,2 Quadratkilometer große Hudson River Park erstreckt sich zum Beispiel von Battery Place in der Nähe der Wall Street am Südzipfel von Manhattan bis zur 59th Street in Midtown. Im Mai erfreut sich der Great Saunter reger Teilnahme. An diesem Wandertag machen

die Bewohner der Stadt eine 50 Kilometer lange Stadtumrundung von Manhattan, deren Spazierwege sich hauptsächlich am Wasser entlangschlängeln.

Der New York City Water Trail verbindet zum Beispiel 47 Kajakstationen miteinander. Smarte New Yorker ziehen eine Reihe von Fähren der U-Bahn vor, die jetzt Manhattan mit Brooklyn, Queens und Staten Island verbinden. In hippen Gegenden wie dem Brooklyner Williamsburg schossen Hochhäuser am Ufer aus dem Boden, in denen junge Reiche ihre Aussicht auf Wasser und Himmel genießen können. Und was passierte eigentlich mit dem Pier 25 in Tribeca, auf dem Bohemiens diese Wasserrenaissance ins Rollen gebracht hatten? Die Stadtverwaltung renovierte ihn und errichtete einen funkelnagelneuen 18-Loch-Minigolfplatz mit einem Wasserfall und schüttete Sand für einen Beachvolleyplatz auf. Damit sich die betuchten Jugendlichen aus der Gegend in ihren Abercrombie & Fitch-Outfits auch körperlich ertüchtigen können. Die Künstler mussten sich mittlerweile auf die Suche nach einer neuen verlassenen Gegend machen.

Freilich bringt die Nähe zum Wasser im Zeitalter des Klimawandels auch große Gefahren mit sich. Deshalb schlug Michael Bloomberg am Ende seiner Amtsperiode einen Maßnahmenkatalog vor, der die Stadt davor beschützen soll, in einigen Jahrzehnten im Meer unterzugehen. 20 Milliarden Dollar sollen in diese Projekte fließen. Sie sehen Einrich-

Auch Babys planschen in New Yorks Parks in den Brunnen.

tungen vor, die sogar auf die topografischen Bedingungen einzelner Straßenblocks abgestimmt sind. So sollen zum Beispiel Esplanaden, Auengebiete und Hochwassermauern errichtet werden, um die Stadt für die zukünftigen klimatischen Herausforderungen zu rüsten.

Henry Hudsons Hafen

Die Ureinwohner der Stadt, das Volk der Lenape, lebte hauptsächlich von der Jagd und vom Fischfang sowie vom Anbau der »Drei Schwestern«: Mais, Bohnen und Kürbis. Was dem englischen Seefahrer Henry Hudson jedoch primär auffiel, als er in diesem Hafen im Auftrag der Dutch East India Company im Jahr 1609 landete, war die überreiche Biberpopulation. Sie sollte die Grundlage für den Fellhandel der holländischen Siedler darstellen, die im Jahr 1625 das Fort Neu-Amsterdam errichteten. Sie kauften den Ureinwohnern die Insel Manhattan für umgerechnet 1000 Dollar ab. Wer sich ihrem Eroberungsdrang in

Auf der Highline genießen Besucher eine kühle Brise.

den Weg stellte, wurde ermordet oder mit dem Pockenvirus angesteckt. Als New Amsterdam im Jahr 1664 von den Engländern erobert wurde, tauften sie die Siedlung kurzerhand in New York um, nach dem Herzog von York, dem späteren Jakob II. Nach der von 1775 bis 1783 währenden Amerikanischen Revolution wurde New York als wichtigstes Handelszentrum zur ersten Hauptstadt der neuen Republik auserkoren, bis Washington erbaut wurde.

Die Wirtschaft wuchs im 19. Jahrhundert ungehindert weiter, und Tausende Fabrikgebäude schossen aus dem Boden. Arbeitskraft strömte aus Europa heran, in den Vierzigerjahren des 19. Jahrhunderts aus Irland, nach dem Revolutionsjahr 1848 aus Deutschland, nach dem Amerikanischen Bürgerkrieg aus dem Süden und Ende des 19. Jahrhunderts aus Italien und Osteuropa. Nach dem Zweiten Weltkrieg gesellten sich noch Zehntausende Puerto Ricaner dazu, gefolgt von Dominikanern und in den letzten Jahren von Immigranten aus anderen Ländern in Lateinamerika und Asien. Sie alle tragen zum Bruttosozialprodukt der Stadt bei, das mit 1287 Milliarden Dollar größer ist als jenes der Schweiz und Österreich zusammen.

Raus ins Grüne

Bewohner der Stadt können dem Trubel jedoch auch leicht entfliehen. Brooklyn und Queens sind Teil von Long Island, der elftgrößten Insel der Vereinigten Staaten. Im Sommer haben es die Bewohner also nicht weit bis zum küh-

Beständig hält die Freiheitsstatue ihre Fackel in der Hand.

len Nass. Außer den exklusiven Hamptons können sie per Bahn und Fähre auch die Düneninsel Fire Island erreichen. Diese misst an ihrer breitesten Stelle gerade einmal 400 Meter und ist vollkommen autofrei. Perfekt also zum Spazierengehen und Radfahren. Das Hudson Valley nördlich von New York inspirierte viele Künstler im 19. Jahrhundert ob seiner sanften Hügellandschaft am mächtigen Fluss. Hier haben sich Hollywood-Stars wie Gwyneth Paltrow ein Landhaus gekauft und genießen das einfache Leben.

Wahrzeichen der Stadt

Wer zum ersten Mal nach New York kommt, wird auch einige Besonderheiten der Stadt bemerken: Die pittoresken Wassertürme auf den Dächern von Ge-

bäuden wurden in den Achtzigerjahren des 19. Jahrhunderts errichtet, um den Druck auf die Leitungen zu regulieren. 3000 Straßenverkäufer stechen ebenfalls ins Auge. Sie tummeln sich mit ihren auf Hochglanz polierten Verkaufswagen in der ganzen Stadt. Sie kommen in den frühen Morgenstunden mit der U-Bahn nach Manhattan, um Heerscharen von hungrigen Bürobienen und Touristen mit Brezeln, Hotdogs, Schisch Kebab und Bratwürsten zu verkösten. Und dann sind da natürlich die Taxis nicht zu übersehen: Die gelben Flitzer mit ihren schwarzen Karostreifen sind ein beliebtes Transportmittel. Viele New Yorker tragen durch ihren Verzicht auf ein eigenes Gefährt zum Umweltschutz bei. Da sie auch meist in relativ kleinen Wohnungen leben und oft die U-Bahn benutzen, verbrauchen sie nur ein Drittel der

Energie, die beispielsweise Bewohner von Dallas in Texas für sich in Anspruch nehmen.

Kreative Energie

Ist es die Monumentalität der Stadtlandschaft, die besonders viele kreative Geister hervorbringt oder in die Stadt zieht? Schließlich wurden Musikstile wie Disco, Punk und Rap in New York erfunden. Sie wurden von oft unbekannten Innovatoren geschaffen, die nicht im Rampenlicht standen, sondern in Stadtteilen wohnten, in denen die Straßen nicht mit Gold gepflastert waren. Ihre Kunst lief dem Establishment zuwider, wurde im Laufe der Zeit jedoch vom Mainstream usurpiert. So kreischte Blondie 1975 im Club CBGB ihre Punklieder ins Mikrofon, bevor sie auf Hits mit Reggae-Beat überwechselte, die sich dann 40 Millionen Mal verkauften. Denn nicht umsonst ist New York auch die Welthauptstadt der Vermarktung. Die Frage bleibt dennoch offen: Was kommt als Nächstes?

Als Nächstes kam im Jahr 2013 der demokratische Bürgermeister Bill de Blasio. Seine multikulturelle Familie verkörpert den Spirit New Yorks. Seine afroamerikanische Frau Chirlane McCray ist Dichterin und setzt sich für Frauenrechte ein. Seine Kinder Dante und Chiara besuchten im angesagten Brooklyner Bezirk Park Slope eine öffentliche Schule.

Die Energie der Stadt ist auf Schritt und Tritt fühlbar. Wer hierher eine Reise macht, der kann nicht nur etwas erzählen, sondern der tankt jede Menge Kreativität und Selbstvertrauen, um zu Hause etwas zu verändern. Und sei es nur, sich hin und wieder einen verrückten Filzhut aus einem Secondhandladen aufzusetzen. In New York würde es ja niemanden stören. Und den Gaffern daheim zeigt man einfach die lange Nase. Und singt vielleicht beim Refrain von *Empire State of Mind* mit Alicia Keys mit: »In New York, there's nothing you can't do, the streets will make you feel brand new!«

Von oben sehen die Straßen von Manhattan wie Lichtgirlanden aus.

Steckbrief New York

Lage: New York liegt im Nordosten der Vereinigten Staaten an der Flussmündung des Hudson River in den Atlantischen Ozean, einem der größten natürlichen Häfen der Welt.

Fläche: 789,4 km²

Einwohner: 8,245 Mio. in den fünf Bezirken Manhattan, Bronx, Brooklyn, Queens und Staten Island. New York ist damit die größte Stadt in den Vereinigten Staaten. Im Großraum New York leben jedoch um die 19 Mio. Menschen. Er umfasst umliegende Gebiete in Upstate New York, auf Long Island sowie in Connecticut und New Jersey.

Bevölkerungsdichte: 2050 Menschen pro km²

Amtssprache: Englisch. In New York werden jedoch 800 Sprachen gesprochen.

Stadtwappen:

Währung: U.S. Dollar (1 USD = ca. 0,74€)

Zeitzonen: Eastern Standard Time (EST), 6 Stunden hinter der Mitteleuropäischen Zeit zurück. Die Sommerzeit beginnt in den USA seit 2007 am zweiten Sonntag im März und endet am ersten Sonntag im November.

Geografie: Die Bezirke Manhattan und Bronx sind Teil des Newark-Beckens, das sich aus metamorphem Gestein zusammensetzt, auf dem Wolkenkratzer besonders stabil gebaut werden können. Staten Island ist eine Insel, Queens und Brooklyn sind Teil der Insel Long Island.

Stadt und Verwaltung: New York City steht ein Bürgermeister (*mayor*) vor. Er oder sie verwaltet das mit 50 Mrd. Dollar dotierte Stadtregierungsbudget. Die fünf Bezirke Manhattan, Bronx, Queens, Brooklyn und Staten Island wählen außerdem ihren eigenen Bürgermeister (*borough president*), der dem Bürgermeister von New York beratend zur Seite steht.

Wirtschaft und Tourismus: Das New Yorker Wirtschaftsaufkommen ist das größte regionale in den Vereinigten Staaten. Neben London ist New York auch das wichtigste Finanzzentrum der Welt. Gemessen an der Marktkapitalisierung von notierten Unternehmen ist die New Yorker Börse die größte auf der Welt. Weitere wichtige Branchen sind das Gesundheitswesen und der Immobiliensektor. In der Kunst ist New York tonangebend. Davon profitiert auch der stark anwachsende Kreativsektor.

Geschichte im Überblick

Tausende Jahre bevor New York von europäischen Eroberern besiedelt wurde, lebte das Volk der Lenape in einem Gebiet, das die Insel Manahatta, den heutigen Bundesstaat New Jersey sowie Teile von Pennsylvania und Connecticut umfasste. Obst und Nüsse gediehen hier zuhauf. Im Atlantik wimmelte es von Fischen und Schalentieren, und Robben, Wale und Delfine zogen ihre Kreise. Da sich an der Mündung des heute Hudson genannten Flusses Süßwasser mit Salzwasser aus dem Atlantik vermischte, lebte auch eine Vielzahl von Tieren in dem Gebiet. Die Lenape handelten mit anderen Völkern an der Atlantikküste und sprachen eine Algonquin-Sprache. Sie lebten in kuppelförmigen Hütten, die mit Baumrinde bedeckt waren. Ihre Nachfahren leben heute noch in Oklahoma und New Jersey sowie in der kanadischen Provinz Ontario.

1524 Giovanni di Verrazzano entdeckt den Hafen von New York im Auftrag der französischen Krone und nennt ihn Nouvelle-Angoulême.

1609 Henry Hudson entdeckt die Insel Manahatta für die holländische Krone und berichtet dem Hof in Europa nach seiner Rückkehr von der immensen Biberpopulation in der Region. Nach ihm ist der Fluss auf der Westseite von Manhattan benannt.

1624 Holländische Siedler lassen sich am südlichen Zipfel von Manahatta nieder und errichten 1625 das Fort Neu-Amsterdam. Ein reger Handel mit Biberfellen beginnt.

1626 Angeblich verkauften die Lenape Manahatta an den holländischen Gouverneur Peter Minuit, Gouverneur von Neu-Amsterdam. Die Lenape sahen den Austausch mit Waren im Wert von heutigen 1000 Dollar jedoch nicht als eine Übergabe, sondern als eine Möglichkeit, ihr Land mit anderen zu teilen. Sie lebten mit den Holländern bis zur Mitte des 17. Jh. friedlich zusammen.

1641 kommt es zu ersten kriegerischen Auseinandersetzungen zwischen den Lenape und den Siedlern.

1664 Der holländische Gouverneur Peter Stuyvesant überlässt Neu-Amsterdam den englischen Eroberern. Die Siedlung wird in der Folge nach dem Herzog von York umbenannt, dem späteren englischen König Jakob II. (1633–1701).

Um 1700 Die Lenape werden gezwungen, ihre Gebiete zu verlassen.

15. Sept. 1776 In der Schlacht von Long Island schlägt die britische Armee die aufständischen kolonialen Truppen. Die Briten halten New York bis zur amerikanischen Unabhängigkeit im Jahr 1783.

21. Sept. 1776 1000 Gebäude auf Manhattan, d.h. ein Viertel der Stadt, brennen ab.

1792 Gründung der New Yorker Börse

1811 Im Commissioners' Plan von 1811 wird der Straßenrasterplan für Manhattan von der 14. Straße bis zu Washington

Heights im Norden festgelegt. Dieser Plan gilt bis zum heutigen Tag.

1825 Eröffnung des Erie-Kanals, der den Hudson mit den großen Seen verbindet.

1883 Eröffnung der Brooklyn Bridge

1886 Die Freiheitsstatue, ein Geschenk Frankreichs an die Vereinigten Staaten, wird auf der Liberty Island im Hafen von New York enthüllt.

1890–1954 11 Mio. Einwanderer gelangen über Ellis Island in die USA.

1898 Manhattan, Brooklyn, Queens, Bronx und Staten Island werden zur Stadt New York vereint.

1902 Der erste Wolkenkratzer, das Flatiron Building auf der 23. Straße, wird vollendet.

1904 Die erste U-Bahn-Linie geht in Betrieb.

1931 Abschluss der Bauarbeiten am Empire State Building und am Chrysler Building.

1952 Die Vereinten Nationen errichten ihren Hauptsitz in New York.

27. Juni 1969 Bei den Stonewall-Unruhen widersetzen sich Homosexuelle und Transgender-Personen einer Polizeirazzia. Diese Krawalle werden als Wendepunkt im Kampf für die Gleichberechtigung angesehen.

1973 Abschluss der Bauarbeiten am World Trade Center.

1981–1985 Zehntausende schwule Männer sterben an AIDS. Organisationen wie Act Up setzen sich für bessere Medikamente ein.

1982 Das Musical *Cats* beginnt seinen 20-jährigen Lauf am Broadway.

1989 Als erster Afroamerikaner wird David Dinkins zum Bürgermeister gewählt.

1993 Erster Terroranschlag auf das World Trade Center.

1994 Rudolph Giuliani wird zum Bürgermeister gewählt. Er verstärkt das Polizeiaufkommen in der Stadt und erarbeitet ein neues Geschäftskonzept für den Times Square. In der Folge eröffnen Disney & Co. auf dem »Hauptplatz von New York« Megageschäfte.

11.9.2001 Fast 3000 Menschen werden beim Anschlag auf das World Trade Center getötet.

2011 New York erlaubt die Homoehe.

29. Okt. 2012 Hurrikan Sandy fällt in New York ein und richtet Schaden in Milliardenhöhe an. 48 Menschen fallen ihm zum Opfer.

2014 Bill de Blasio wird zum 109. Bürgermeister von New York ernannt. Seine gemischtrassige Familie spiegelt die Demografie der Stadt wider.

NEW YORK HARBOR

Symbol	Bedeutung
	Sehenswürdigkeit, Denkmal
	Aktivität
	Ausgehen
	Theater
	Museum, Galerie
	Shopping
	Restaurant, Bar, Café
	Übernachtungsmöglichkeit
	Kirche, Synagoge

0   250 m
N

Bay St.
St.
St.
Warren
Steuben
Christopher
Washington St.
Pearl St.
Columbus Drive
Hudson
Harborside Financial Center
PATH

Montgomery
Exchange Pl.
St.
York St.
St.
St.
Grand St.
Grand
St.
Sussex St.
Sussex
St.
Morris
Greene St.
St.
Hudson
Paulus Hook Pier

sex
Warren
St.
Rd. Dudley St.
Washington
Liberty Harbor North

Morris Canal

Harborside Financial Center

Hudson River

Audrey
Zapp
Drive
Visitor Center and Museum
Communipaw Terminal

Liberty State Park

Waterfront Walkway
Hudson River

SothW

Esplanade

South Cove

Museum of Jewish Heritage
R. F. W. Jr. P

Fire Boat Station

Castle Clin

2 *Ellis Island*

New Jersey
New York

Castle Williams
Road
Ande

Craig
Wheeler Av.
Hay Rd.
Clayton Rd.
Comfort
N.
Absecon Rd.
Rd.
Division

Liberty Island

1
Statue of Liberty National Monument

Governor Island Rd.

Craig
Gresham
Enright Rd.

Snug Harbor, Historic Richmond Town

1 Freiheitsstatue
Lady Liberty lässt grüßen

»On the boats and on the planes, they're coming to America«, besang Neil Diamond einst die Immigration seiner Großeltern in dem Film *The Jazz Singer*. »Never looking back again« ging die Strophe weiter. Wer einmal die Freiheitsstatue mit stolz erhobener Fackel sah, der vergaß die alte Heimat zwar nicht ganz, der Anblick der Skulptur beflügelte aber jeden, nach Glück und der Erfüllung des amerikanischen Traums zu streben.

Verklärte Gesichter gab es jedoch oft nur im Film. In Wahrheit fühlte sich die Überfahrt vor 100 Jahren nicht ganz wie eine Urlaubsreise an. Äußerst beengt waren die Räumlichkeiten auf den untersten Decks. Allein der Gestank und die sanitären Bedingungen brachten so manchen Passagier an den Rand der Verzweiflung. Aber wenn sich dann der 259 Quadratkilometer große New Yorker Hafen vor den Einwanderern ausbreitete, durften sie schon

Seite 22/23: St. Gallen ist weit weg: Ein Schweizer Ehepaar blickt fasziniert auf die Skyline von New York.
Unten: So sieht die Freiheitsstatue vom Ritz Carlton Battery Park bei Sonnenuntergang aus.

GUT ZU WISSEN

BEENGTE VERHÄLTNISSE

Seit dem 9. September 2001 regiert in den USA die Paranoia. Die Sicherheitskontrollen rund um die Freiheitsstatue sind besonders streng. Besucher, die das Innere der Mammutskulptur betreten wollen, müssen mit einer 2- bis 3-stündigen Anstell- und Kontrollzeit rechnen. Auch kann der Aufstieg in die Krone bei manchen klaustrophobische Gefühle wecken. Da stellt sich die Frage, ob sich ein solches Unternehmen wirklich lohnt. Schöne Aussichten auf den Hafen und »Lady Liberty« genießt man auch von der Staten Island Ferry. Und die ist gratis!

Freiheitsstatue

mal durchatmen. Denn dort, wo der Hudson River und der East River in den Atlantik münden, endet der große Teich.

Ein Geschenk Frankreichs

»Lady Liberty« blickt den Einwanderern bereits seit 1886 ernst entgegen. Die Fackel in einer Hand, die Gesetzestafel in der anderen steht sie auf zerbrochenen Eisenketten. Das 225 Tonnen schwere Geschenk der französischen Bevölkerung an die Bürger der Vereinigten Staaten verkörpert seit Generationen den amerikanischen Traum. Dabei war die Dame mit der grünen Patina ursprünglich als Denkmal für die Sklavenbefreiung gedacht. Dem französischen Bildhauer Frédéric-Auguste Bartholdi (1834–1904) gefiel die kleine, vor Manhattan gelegene und damals noch Bedloe Island genannte Insel bei seinem USA-Besuch im Jahr 1876. Inmitten eines sternenförmigen Forts von 1811 errichtete er dort seine 46 Meter hohe Riesin aus getriebenen und genagelten Kupferplatten. Gustave Eiffel (1832–1923), Erbauer des berühmten Turms, zeichnete für das Gerüst verantwortlich, das das Monumentalwerk zusammenhält. Aufgrund dieser Technik wurde die Statue bedeutend leichter, als wenn man sie in einem Stück gegossen hätte. Die für die Errichtung der Statue erforderliche gewaltige Summe von 250 000 Dollar wurde vom französischen Volk als Zeichen der französisch-amerikanischen Verbundenheit gespendet. Und das amerikanische Volk brachte 100 000 Dollar für den 47 Meter hohen Sockel auf.

Ein Date mit der Lady

Besucher erreichen die Statue mit einer Fähre der Statue-Cruises-Linie, die zwischen dem Battery Park im Süden von Manhattan und der Freiheits-

Nicht verpassen

AUSFLUG AUF LIBERTY ISLAND

Für zahlreiche Besucher aus der ganzen Welt ist die Freiheitsstatue eine Ikone. Und viele geben nicht auf, bis sie nicht auf ihrem Kopf herumgestiegen sind. Wer bis zur Krone der Freiheitsstatue gelangen will, sollte sich so früh wie möglich im Vorhinein ein Ticket über das Internet buchen. Pro Bestellung werden nur vier Tickets ausgegeben. Nur 290 Besucher werden täglich bis ganz hinauf zugelassen. Die Fährlinie »Statue Cruises« bringt Besucher vom Battery Park am südlichen Ende von Manhattan zur Freiheitsstatue. Wer mit einem Museumsbesuch im Sockel der Statue zufrieden ist, kann sich ein Pedestal/Museum-Ticket kaufen. Ausweis nicht vergessen. Kartenreservierungen empfehlen sich unbedingt an Wochenenden, Feiertagen und von Mai bis September.

Statue of Liberty. New York, NY 10004, www.statuecruises.com (Information und Ticketreservierung)

Das bronzene Antlitz fasziniert schon Generationen.

statue hin- und herfährt. Auf dem Boot entfliehen sie der Hektik und dem Verkehr der New Yorker Straßen für eine Weile. Ein angenehmer Wind weht ihnen gleich um die Ohren. Die Statue ist eine der beliebtesten Touristenattraktionen der Vereinigten Staaten. Jährlich kommen vier Millionen Besucher auf Liberty Island, um die über 100 Jahre alte Dame zu besuchen.

Sind Besucher einmal auf der Insel angekommen, genießen sie die umwerfende Aussicht auf das Wolkenkratzermeer am Südzipfel von Manhattan und den Hafen. All jene, die ein Ticket für den Besuch des Sockels gekauft haben, erfahren im Museum mehr über die Geschichte der Statue und bewundern ihre Innenraumstruktur durch eine gläserne Decke. Von der Aussichtsplattform auf dem Sockel verschaffen sie sich einen noch besseren Überblick.

Wer jedoch über das Internet ein Ticket zur Besichtigung der Krone im Vorhinein reserviert hat, der klettert über 377 Stufen bis zur Spitze der Statue hinauf. Ist man jedoch in der Krone angelangt, sieht man die Fackel von ganz nah. Und auch das Gesetzbuch in ihrer Hand, in das der 4. Juli 1776 eingemeißelt ist, der Tag, an dem die 13 amerikanischen Kolonien ihre Unabhängigkeit von England erklärten. Besucher sehen auch die Zacken in die Luft ragen. Die Krone von Lady Liberty trägt sieben davon. Sie versinnbildlichen alle Kontinente und Meere. Und vielleicht fällt den Besuchern auch das Gedicht von Emma Lazarus ein, das sie am Sockel gelesen haben: »Schickt die Heimatlosen, die Sturmzerzausten zu mir. Ich erhebe meine Lampe neben dem Goldenen Eingang.« Sturmzerzaust war Liberty Island selbst 2012 nach dem verheerenden Hurrikan Sandy. Die Freiheitsstatue blieb verschont, war aber dennoch fast ein Jahr lang geschlossen.

Oben: Fahnen wehen um die Wahrzeichen New Yorks genug.
Unten: Die »Staten Island Ferry« zieht an der Freiheitsstatue vorbei.

Infos und Adressen

ESSEN UND TRINKEN

SouthWestNY. In der Nähe des Battery Parks. Wirklich gute Küche aus dem amerikanischen Südwesten findet man in New York nur selten. Im SouthWestNY gibt es Krabbenküchlein wie auf der Baja California. South End Ave. 301/Albany Street, New York, NY 10280, Tel. 212 945 0528, www.southwestny.com

INFORMATION

National Park Service. Die Freiheitsstatue und die sie umgebende Insel wird vom National Park Service verwaltet. Nähere Informationen finden sich auf Englisch auf www.nps.gov/stli

All jene, die sowohl die Freiheitsstatue sowie Ellis Island in einem besuchen wollen, sollten bis spätestens 13 Uhr auf der Fähre sein. Beide Sehenswürdigkeiten sind am 25. Dezember geschlossen. Der National Park Service hat Statue Cruises

New Yorks wohl berühmtester Anblick ist die »Lady Liberty«.

offiziell damit beauftragt, den Fährendienst zur Freiheitsstatue durchzuführen und Eintrittskarten für die Besichtigung zu verkaufen. Ihre Schiffe ankern an den Stegen vor dem Battery Park. Kauft man eine Eintrittskarte über das Internet im Voraus, erspart man sich das lange Warten in der Schlange. Auf dem E-Ticket steht dann die genaue Zeit, zu der man sich auf dem Schiff einfinden muss. Jeder Besucher erhält auch einen Audio-Guide. Fähren verkehren von Manhattan aus tgl. von 8.30–18.30 (Sommer), 9.30–17 Uhr (Winter), www.statuecruises.com

ANFAHRT ZUR FÄHRENSTATION

Mit der U-Bahn-Linie 1 (local) zur Station South Ferry oder mit den Linien 4 oder 5 (express) nach Bowling Green. Mit der Linie R zur Station Whitehall.

Freier Blick zum Himmel im Restaurant »SouthWestNY«

2 Ellis Island
Endstation Sehnsucht

Wenn Amerikaner heutzutage dieses Museum besuchen, werden sie oft von Gefühlen überwältigt. Schließlich sind die Vorfahren von über 100 Millionen US-Bürgern über Ellis Island eingereist. Hier wurde geurteilt, ob sie gesund genug waren, um in den USA Fuß zu fassen. Souvenirs aus der alten Heimat zeigen, woran die Immigranten hingen.

Reisende verbinden einen Besuch der Freiheitsstatue oft gern mit einer Besichtigung von Ellis Island, dem einstmals größten Einwanderungszentrum in den Vereinigten Staaten. 40 Prozent der US-Bevölkerung können die Wurzeln ihrer Familie bis hierher zurückverfolgen. Dafür nehmen sie die Fähre vom Battery Park am Südzipfel von Manhattan.

Abfertigungszentrum für die Massen

Ellis Island erreichte durch ein künstliches Landgewinnungsprojekt seine gegenwärtige Größe von 11,10 Hektar. Als ab 1890 die Immigrationsziffer enorm anstieg, beschloss die amerikanische Regierung, eine größere Abfertigungszentrale zu errichten. In der Folge wurde im Jahr 1892 das erste Gebäude auf Ellis Island in Betrieb genommen. Nachdem es aber einem Brand zum Opfer fiel, wurde 1902 eine noch größere Anlage eröffnet. Die Architekten Edward Lippincott Tilton und William A. Boring ersannen ein riesiges schlossähnliches Gebäude im Stil der französischen Renaissance. Die ziegelrote Struktur mit ihren vier Türmen ist schon von Weitem erkennbar.

Neu renoviert: der Registry Room von Ellis Island

Hier kamen Millionen Menschen zum ersten Mal an.

Zwölf Millionen Einwanderer erreichten hier von 1892 bis 1954 amerikanischen Boden. Insgesamt wurden 98 Prozent aller Einwanderer aufgenommen. Während von 1820 bis 1880 Deutschland mit 3,1 Millionen Menschen die größte Zahl der Einwanderer in New York stellte, suchten gegen Ende des 19. Jahrhunderts hauptsächlich ärmere Leute aus Süd- und Osteuropa in den USA eine neue Heimat.

Ein vorbildliches Museum

Eindrucksvoll bringt das in ein Museum umgewandelte Immigrationszentrum die Geschichte der Neuankömmlinge näher. Der Ausstellungsbereich Treasures from Home – Schätze von zu Hause – vereint 1000 Objekte, die die Glückssucher in ihren Koffern mitschleppten: ein weißes Brautkleid, eine Kokosnuss aus Guyana und Fotografien von Familienangehörigen, die die Emigranten oft nie wiedersahen. Während all jene, die sich eine Reise in der ersten Klasse leisten konnten, auf dem Schiff abgefertigt wurden, trabten die hungrigen, schmutzigen und zumeist ziemlich mittellosen Menschen aus den untersten Decks durch die weiß gekachelte Halle und gleich eine Treppe hinauf. Dabei beobachteten Ärzte, wie gut sie

Geheimtipp

AHNENSUCHE PER INTERNET

Wer schon von zu Hause aus erforschen will, ob vielleicht Verwandte in der Vergangenheit in die Vereinigten Staaten ausgewandert sind, kann dies per Internet auf www.ellisisland.org tun. Nachdem man sich registriert hat, kann man Familiennamen und Vornamen eingeben und, falls man fündig wird, ganze Listen durchgehen. Mitglieder der Mormonen-Kirche haben die Schiffsregister und Namen freiwillig eingescannt. Schließlich glauben die Mormonen daran, dass bereits Verstorbene ins Himmelreich eingehen können, wenn sie nachträglich gemäß den Riten des Mormonenglaubens getauft werden. Auf der Website kann man einen Ausdruck des Einwanderungszertifikats sowie der Passagierliste auch käuflich erwerben.

GOVERNORS ISLAND

Geheimtipp

Das Besichtigen kann manchmal ganz schön anstrengend werden. Wer sich in den Sommermonaten ausruhen und eine Runde spazieren gehen oder Rad fahren und dabei den Ausblick auf Ellis Island und die Freiheitsstatue genießen will, sollte Governors Island besuchen. Der nordöstliche Teil dieser 70 Hektar großen Insel wurde der Öffentlichkeit im Jahr 2003 zugänglich gemacht. Der südwestliche Teil untersteht noch der Küstenwache, soll jedoch ebenfalls in eine Freizeitzone umgewandelt werden. Zurzeit wird an der Errichtung eines großen Parks gearbeitet. Wenn New Yorkern von Anfang Mai bis zum frühen Herbst der Sinn nach einem Ausflug steht, kommen sie auf einer Fähre gratis hierher.

Governors Island. New York, NY 10004, www.nps.gov/gois

Eine Jazz-Age-Party auf Governors Island

Stufen steigen konnten. Alle, die nicht so gut zu Fuß erschienen, erhielten ein Kreidezeichen auf den Rücken. Wurde bei der medizinischen Untersuchung ein Leiden festgestellt, kamen sie auf die Krankenstation und mussten manchmal wieder in ihr Ursprungsland zurückkehren. Manche versuchten daraufhin, heimlich nach Manhattan zu schwimmen – oder stürzten sich vor Verzweiflung ins Meer.

Beim Betreten des riesigen Registry Room mit seinen abgewetzten Schreibtischen ist es geradewegs so, als könnte man die Millionen Schritte der Einwanderer hören. Ein dicht mit Stockbetten gefüllter Schlafsaal zeugt davon, dass die Verhältnisse besonders eng waren, zumal in manchen Jahren anstatt der erwarteten 500 000 Personen eine Million abgefertigt werden mussten. Ein Bild erinnert daran, dass der berühmteste von ihnen Fiorello LaGuardia (1882–1947) war, ein wortgewaltiger Redner italienischen Ursprungs, der New York von 1934 bis 1945 als Bürgermeister mit New-Deal-Projekten durch die Weltwirtschaftskrise und den Zweiten Weltkrieg führte.

Endlich in den USA?

Am Ausgang des Registry Room steht auch der »kissing post«, ein Pfeiler, bei dem sich Einwanderer und Familienmitglieder, die es bereits ins Land geschafft hatten, in die Arme fielen. Immer wieder können Besucher auch den Erinnerungen von Einwanderern im Originalton lauschen. Viel Emotion kommt hoch, wenn sich alte Männer an das Hochgefühl erinnern, das sie beim ersten Anblick der Freiheitsstatue erlebten.

In den Schauräumen weisen jedoch Poster mit rassistischem Inhalt darauf hin, dass nicht alle Amerikaner die neuen Einwanderer mit offenen

Ellis Island

Vom Meer umspült ist die Governors Island.

Armen aufnahmen. Auf einem Poster führt Uncle Sam zum Beispiel die »Ratten aus Europa« nach Amerika. Sie schwimmen mit einem Messer im Mund an Land. Das Poster versinnbildlicht, mit welchen Vorurteilen Anhänger des Nativismus Menschen aus Griechenland, Italien und Osteuropa begegneten.

Auf Ellis Island stehen Besuchern auch 41 Computer zur Verfügung, auf denen sie eine riesige Datenbank nach ihren familiären Wurzeln durchsuchen können. Im American Family Immigration History Center können sie Passagierlisten und Schiffsregister in einer Datenbank abrufen. Diese Seiten zeigen auch auf, wie viel die Einwanderer wogen und welche Farbe ihre Augen hatten. Auch wie viel Bargeld sie mit sich führten, wurde genau notiert. Schließlich kamen sie ja in die Vereinigten Staaten. Und dass die Straßen nicht gerade mit Gold gepflastert waren, mussten sie oft am eigenen Leib feststellen, wenn sie nach der Einreise harter körperlicher Arbeit nachgingen.

Infos und Adressen

SEHENSWÜRDIGKEITEN

Castle Clinton. Erste Einwanderungszentrale in Manhattan. Tgl. 8.30 bis 17 Uhr. New York, NY 10004.

Battery Park. New York, NY 10004. Tel. 212 344 7220, www.nps.gov/cacl

INFORMATION

Ellis Island. Ellis Island steht unter der Schirmherrschaft des National Park Service. Der National Park Service hat Statue Cruises offiziell damit beauftragt, den Fährendienst nach Ellis Island durchzuführen und Eintrittskarten für die Besichtigung zu verkaufen. Ihre Schiffe ankern an den Stegen vor dem Battery Park. Ellis Island. New Jersey 07305, www.nps.gov/elis, www.statuecruises.com

ANFAHRT
Ellis Island
Mit der U-Bahn-Linie 1 (local) zur Station South Ferry oder mit den Linien 4 oder 5 (express) zu Bowling Green. Mit der Linie R zur Station Whitehall.
Fährenstation beim Battery Park
Mit der U-Bahn-Linie 1 (local) zur Station South Ferry oder mit den Linien 4 oder 5 (express) nach Bowling Green. Mit der Linie R zur Station Whitehall.

Governors Island
Mit der U-Bahn-Linie 1 (local) zur Station South Ferry oder mit den Linien 4 oder 5 (express) nach Bowling Green. Mit der Linie R zur Station Whitehall. Die Gratisfähre fährt vom Battery Maritime Building bei 10 South Street neben der Staten Island Ferry ab.

VOM GLÜCK

in New York zu leben

»Ich glaube an die New Yorker«, sagte der walisische Dichter Dylan Thomas, der New York Anfang der 1950er-Jahre mehrfach besuchte. »Ob sie je den Traum infrage gestellt haben, in welchem sie leben, weiß ich freilich nicht, denn ich würde nie wagen diese Frage zu stellen.« Doch fragen wir einfach einmal nach: Ist es denn ein Glück in New York zu leben?

Eines steht fest: New York lässt keinen kalt. Man liebt die Stadt oder man hasst sie. Man flieht entsetzt oder beginnt eine Liebesaffäre mit New York, die oft ein Leben lang andauert. Viele wollen eigentlich nur kurz bleiben, und dann kommen sie nicht mehr weg. Die Energie der Stadt schlägt sie in ihren Bann, und schon bald können sie sich nicht mehr vorstellen, woanders zu leben.

So wie die Künstlerin Meg Atkinson. »Als ich nach New York zog, dachte ich, dass ich nur bis zum Abschluss meines Kunststudiums in der Stadt bleiben würde. 32 Jahre später bin ich immer noch hier. Ich kann mir mittlerweile keinen besseren Ort vorstellen, an dem ich leben möchte. Für Künstler ist New York einfach ideal. Es gibt nicht nur fantastische

Stylische Liebeserklärung an eine großartige Stadt

Vom Glück in New York zu leben

Museen, sondern auch eine sehr lebendige zeitgenössische Kunstszene. Auf meinen wöchentlichen Streifzügen durch die Galerien lasse ich mich von den Werken anderer Kunstschaffenden inspirieren.«

Für viele Bewohner bleibt New York die aufregendste Stadt der Welt, eine »wunderbare Katastrophe«, wie der Architekt Le Corbusier sie einst nannte. Die Studentin Ananya Kumar-Banerjee liebt an New York besonders, dass die Stadt nie stillsteht. »New York ändert und verwandelt sich ständig. Immer wieder entdecke ich hier einen neuen Winkel oder Pfad, den ich noch nicht kenne. Neue Menschen mit frischen Ideen bringen fortwährend einen neuen Wind in das Leben der Stadt und tragen dadurch zu ihrer komplexen Dynamik und unvergleichlichen Atmosphäre bei. Manhattan, Brooklyn, Queens, die Bronx und Staten Island bergen die ganze Welt in sich. Wieso sollte ich in ein anderes Land fahren, wenn ich nur 20 Blocks in eine Richtung fahren muss?«

Die unglaubliche Dynamik der Stadt begeistert natürlich vor allem die Jungen. Lili Boenigk, eine Schülerin, weiß genau was sie an ihrer Stadt so liebt: »Was mich an New York am meisten beeindruckt, ist, dass immer etwas Neues passiert und vieles davon, ohne dass man einen Cent ausgeben muss – angefangen von Orchesterkonzerten im Central Park bis zum Gratis-Tennisunterricht im Sommer. Außerdem taugen mir die vielen Grünzonen der Stadt, in denen man

der Hektik der Stadt entkommen kann – von den großen Parks zur Highline und den kleinen Gemeinschaftsgärten. Aufgrund unseres gut funktionierenden öffentlichen Verkehrssystems kann ich der Stadt auch auf Ein-Tages-Trips entkommen.«

New York ist eine Stadt voller Gegensätze. Lana Turner, eine Archivarin, erzählt: »Ich lebe in einer Allee in Harlem, wo der Vogelgesang nur hin und wieder von Sirenen übertönt wird. Ich wohne im obersten Stockwerk eines 100 Jahre alten Gebäudes und habe freien Blick auf die George-Washington-Brücke und das Yankee-Stadion. Diese weiträumige, unbehinderte Aussicht wirkt sich auch auf mein Gemüt aus. Ich liebe diese zwei Welten in New York – meine ruhige Wohngegend und das Treiben der Stadt weiter unten. Die Straßen von Harlem gefallen mir am besten. Am Sonntag versammeln sich Gläubige in ihrem schönsten Outfit in den vielen Kirchen. Ich für meinen Teil liebe ausgefallene Hüte und Handschuhe. Ich ziehe mich oft im Stil der Fünfzigerjahre an und gehe gern tanzen. Ähnlich Gesinnte finden sich in dieser Stadt in konzentrischen Kreisen zusammen. Bei diversen Events bringen sie ihre Kreativität zum Ausdruck. Ich habe in meinem Leben schon viele schöne und aufregende Orte besucht, aber New York wird immer meine Heimat bleiben, zu der ich gerne zurückkehre.«

New York als Schmelztiegel der Völker hat schon immer die Menschen faszi-

Meg Atkinson vor einer ihrer lyrischen Abstraktionen

niert. So auch den Schriftsteller David Santos Donaldson. »Ein Besuch in New York ist sehr zu empfehlen. Noch besser hat man es, wenn man hier lebt, denn die Stadt ist ein Mikrokosmos der ganzen Welt: Am Morgen kann man sich an russischem Hering in Little Odessa in Brooklyn laben, am Abend eine echte neapolitanische Pizza in Little Italy in der Bronx verzehren.« Ganz entgegen ihrem schlechten Ruf findet er auch besonders die Menschen so wunderbar an New York. »Die New Yorker sind einfach einmalig, und ihr arroganter und kühler Ruf entspricht überhaupt nicht den Tatsachen. Wirkliche New Yorker sind unheimlich offen, freundlich und schließen gern Freundschaften.«

Genau diese Offenherzigkeit der Menschen liebt auch der Psychotherapeut John Welch an seiner Stadt. »New Yorker verbringen sehr viel Zeit damit, durch die Straßen zu wandern. Da begegnet man schon Menschen mit sehr unterschiedlichem kulturellem Hintergrund. Ich erinnere ich mich dann immer, dass meine Lebensweise einfach eine unter vielen ist. Verlangsame ich meinen Schritt, findet sich immer wer, der zu einem Gespräch bereit ist. Die Menschen führen auf der Straße politische Streitgespräche oder philosophische Dispute. Auf meinen Spaziergängen begegne ich auch Symbolen aus der Stadtgeschichte sowie den Stationen meines eigenen Lebens. Da Geschäfte ständig schließen und neu eröffnen, zeugt New York auch vom Verlust. So habe ich zum Beispiel den unauffälligen puertorikanischen Süßwarenladen schätzen gelernt, denn er steht schon seit 40 Jahren da. Und im Stillen würdige ich im Vorbeigehen das hässliche Gebäude, in dem ich mit meinem Ex einen Sommer lang gewohnt habe. Jetzt ist das Haus von Luxusgebäuden umzingelt und ich bewundere seine Standhaftigkeit.«

3 Brooklyn Bridge
Wunderwerk der Technik

Die einst längste Hängebrücke der Welt ersann ein deutsch-amerikanisches Vater- und-Sohn-Team, John und Washington Roebling. Dass das über 130 Jahre alte Verbindungsglied zwischen Manhattan und Brooklyn jedoch Wirklichkeit wurde, verdanken wir Washingtons Ehefrau Emily. Seit sie bei der Eröffnung 1883 als Erste die Brücke überquerte, genießen Spaziergänger den Ausblick auf die Skyline.

In einem warmen Goldton erstrahlen die Sandstein- und Granitpfeiler der Brooklyn Bridge bei Sonnenuntergang. Wie Eingänge zu einer riesigen Kathedrale nehmen sich die Doppelbögen zwischen den Pfeilern aus. Und dann sticht noch das Netz aus Stahlseilen ins Auge: Immer weiter verästelt es sich, um die Brücke mit seiner filigranen Kraft in der Höhe zu halten. Besucher, die auf dem hölzernen Fußweg über die Brücke von Manhattan ihren Spaziergang starten, sollten mal losgehen, ohne sich zunächst umzudrehen. Das Wow-Erlebnis stellt sich ein, wenn sie die Mitte der Brücke erreichen: Vor dem Auge breitet sich die atemberaubende Skyline von Manhattan aus. So oft hat man sie auf Fotos gesehen, aber live ist sie doch immer wieder ein Erlebnis.

Eine technische Meisterleistung

Die fast zwei Kilometer lange Brooklyn Bridge stellte bei ihrer Eröffnung im Jahr 1883 einen technischen Quantensprung dar: Für die Konstruktion der größten und längsten Hängebrücke der Welt wurden zum ersten Mal Stahlseile verwendet. Sogar insgesamt 24 000 Kilometer davon! Der

Mit einem Spinnennetz wurde die Brooklyn Bridge schon verglichen.

Brooklyn Bridge

Einfach gut!

deutsch-amerikanische Erbauer der Brücke, Ingenieur John August Roebling (1806–1869), hatte bereits eine Hängebrücke über die Niagarafälle und den Ohio River gebaut. Die gotischen Spitzbögen der Brückentürme empfand er den Kirchenfenstern der Divi-Blasii-Kirche seiner Heimatstadt Mühlhausen nach. Roebling starb jedoch bereits während der Vermessungsarbeiten an einer Tetanusinfektion, und auch seinem Sohn und Nachfolger Washington (1837–1926) erging es nicht besser: Er erlitt bei Arbeiten an dem Senkkastenfundament die Taucherkrankheit und war fortan an einen Rollstuhl gefesselt. Seiner Ehefrau Emily Warren Roebling (1843–1903) war es schließlich zu verdanken, dass die Brücke zu Ende gebaut wurde.

Frau Roebling als Baumeisterin

Sie hatte als Mädchen Mathematik gelernt, wurde jedoch nicht zu höheren Studien zugelassen. Das Wissen eines Zivilingenieurs eignete sie sich autodidaktisch an. Während ihr Ehemann von seiner Wohnung in Brooklyn das Voranschreiten der Konstruktion mit einem Teleskop verfolgte, erklärte seine Frau den Arbeitern am Bau seine Anweisungen.

Bei der Fertigstellung der Brücke im Jahr 1883 fuhr Emily Warren Roebling mit Präsident Chester Arthur in einer Kutsche über die Brücke. 15,5 Millionen Dollar hatte die Struktur gekostet. 27 Menschen waren während der Bauarbeiten ums Leben gekommen. John Roebling hatte für die Brücke auch ein eigenes Kabel konstruiert, das 28 Zentimeter dick war und 5400 Drähte in sich vereinte. Auch Bewegungsfugen brachte er an, damit sich das Baumaterial bei warmem Wetter ausdehnen und bei kaltem Wetter wieder zusammenziehen konnte. Wenn Besucher heute über die Brücke

PIZZA WARS

Beim fast zwei Kilometer langen Spaziergang über die Brooklyn Bridge kann man schon hungrig werden. Wer noch niemals in Brooklyn war, sollte sich nicht scheuen, diesen Stadtteil zu besuchen. Brooklyn Heights ist ein liebliches Viertel mit vielen historisch wertvollen Gebäuden sowie gemütlichen Cafés und Restaurants. Jahrzehntelang galt »Grimaldi's« gleich beim Ausgang der Brooklyn Bridge als erste Adresse für Pizza. Pasty Grimaldi verkaufte sein Lokal 1998 an Frank Ciolli. 15 Jahre später kam er jedoch aus der Pension zurück und eröffnete den nach seiner Mutter benannten Laden »Juliana's«. Seitdem ist der Pizzakrieg voll im Gang. Besucher probieren am besten ein Stück aus beiden Geschäften.

Juliana's Pizza. 19 Old Fulton Street, Brooklyn, NY 11201, Tel. 7185966700, www.julianaspizza.com
Grimaldi's Pizzeria. 1 Front Street, Brooklyn, NY 11201, Tel. 7188584300, www.grimaldis.com

gehen, kommt es ihnen vor, als spazierten sie durch ein enormes Spinnennetz.

Verbunden mit Brooklyn

Die Brooklyn Bridge stellte endlich eine Verbindung zwischen zwei unabhängigen Städten dar und bot auch noch genügend Raum, damit Ozeandampfer unter ihr hindurchfahren konnten. Da sich die meisten Fabriken Ende des 19. Jahrhunderts in Manhattan befanden, hatten Arbeiter eine gefährliche Fahrt auf der Fähre auf sich nehmen müssen, um zu ihrem Arbeitsplatz zu gelangen. Manhattan und Brooklyn, Queens, Bronx und Staten Island wurden 1898 schließlich zu einer Metropole vereinigt. Zogen anfangs noch Kutschen über die Brücke, so begann in den Zwanzigerjahren des letzten Jahrhunderts der Autoverkehr auf der sechsspurigen Fahrbahn unterhalb des Fußgängerwegs.

Im Jahr 2011 eröffnete auch der 340 000 Quadratmeter große Brooklyn Bridge Park. Damit wurde die vormals brachliegende Hafengegend revitalisiert. Kinder zieht es hier besonders zu dem Karussell aus dem Jahr 1992, für das Stararchitekt Jean Nouvel einen hübschen Glaspavillon geschaffen hat. Auch sechs Piers wurden renoviert – zum Herumtollen ist Platz genug.

Oben: Abendstund' hat Licht im Mund.
Unten: Ein heißes Eisen auf der Water Street.

Infos und Adressen

ESSEN UND TRINKEN

River Café. Elegantes Café mit fantastischer Aussicht auf die Skyline von Manhattan.
1 Water Street, Brooklyn, NY 11201,
Tel. 718 522 5200, www.rivercafe.com

ÜBERNACHTEN

Hampton Inn New York Seaport. Drei-Sterne-Hotel mit Gratisfrühstück und -internet.
320 Pearl Street, Manhattan, New York, NY 10038,
Tel. 212 571 4400, www.hamptoninn3.hilton.com

Marriott Brooklyn Bridge. Großes Hotel gleich bei der Brücke. Full service Spa.
333 Adams Street, Brooklyn, NY 11201,
Tel. 718 246 7000, www.marriott.com

EINKAUFEN

Brooklyn Industries. Seit Brooklyn hip geworden ist, verkaufen sich Klamotten mit dem Schriftzug des Stadtteils sehr gut. 70 Front Street, Brooklyn, NY 11201, Tel. 718 797 4240,
www.brooklynindustries.com

Jacques Torres Chocolate. Göttliche Schokolade, hergestellt von einem Franzosen. Nettes Café.
66 Water Street. Brooklyn, NY 11201
Tel. 718 875 1268, www.mrchocolate.com

ANFAHRT

Von Manhattan: U-Bahn-Linien 4, 5, 6, J oder Z zu Brooklyn Bridge/City Hall/Chambers Street. Von dort einfach Richtung East River und auf die Brooklyn Bridge Promenade gehen.
Von Brooklyn: U-Bahn-Linien A, C bis High Street. Rechts auf die Pearl Street, links auf die Prospect Street bis zur Washington Street gehen, wo sich links der Eingang zur Unterführung zum Fußweg befindet.
Die Rückfahrt von der Brooklyn Bridge ist je nach Saison auch mit einem New York Water Taxi möglich. Tel. 212 742 1969, www.nywatertaxi.com

Mit dem iPad bekommt jeder die Aufnahme der Brooklyn Bridge perfekt hin.

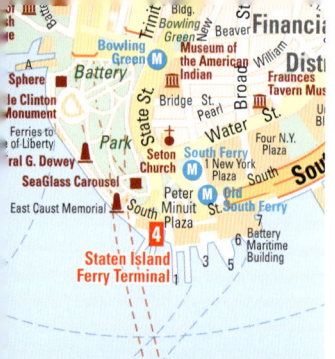

4 Staten Island Ferry
Aussicht mit Rückenwind

Wer für eine Aussichtsfahrt nichts bezahlen will, sollte von der U-Bahn-Station Whitehall einen Ausflug auf der »Staten Island Ferry« unternehmen. 60000 Menschen nehmen die Fähre tagtäglich zur Arbeit. Die Überfahrt zu New Yorks fünftem Bezirk dauert nur 25 Minuten, der Erholungsfaktor während eines anstrengenden Sightseeing-Tags ist jedoch enorm.

24 Stunden pro Tag und 365 Tage pro Jahr fährt die »Staten Island Ferry« zwischen Manhattan und Staten Island hin und her, zu Stoßzeiten sogar im 15-Minuten-Takt. Wer seine vom Sightseeing müden Füße erholen will, sollte sich diese wunderbare Gratisfahrt durch den New Yorker Hafen gönnen. Besucher von auswärts tun auf einheimisch und mischen sich unter die Pendler. Auf der 25-minütigen Fahrt fährt das Schiff an Ellis Island und der Freiheitsstatue vorbei. Mit einem Zoom-Objektiv können Reisende dem Antlitz von »Lady Liberty« ziemlich nahe kommen. Auch die 4175 Meter lange Verranzano Narrows Bridge, die von Staten Island nach Brooklyn führt, kommt in Sichtweite. Zur Zeit ihrer Fertigstellung im Jahr 1964 war sie die längste Hängebrücke der Welt.

Mit dem Schiff durch den Hafen

Mitte: 20 Millionen Passagiere fahren pro Jahr auf der »Staten Island Ferry«.
Unten: Auch Cops müssen manchmal das Wasser überqueren.

Ein regelmäßiger Fährendienst von Manhattan nach Staten Island besteht bereits seit 1817. Zuerst legte der Dampfer »Nautilus« den acht Kilometer langen Weg zurück. Dampf diente bis zum Jahr 1980 als Hauptantriebskraft. Drei der Schiffe des Fährendienstes wurden von der Armee im Bürgerkrieg von 1861 bis 1865 abgezogen.

Staten Island Ferry

Wie viele andere Schiffe waren die Fähren zuerst weiß. Seit 1926 werden sie jedoch orange gestrichen, damit man sie im Nebel und Schnee auch sehen kann. Am 11. September 2011 transportierte die Belegschaft der »Staten Island Ferry« Zehntausende Menschen aus Manhattan ab und brachte sie auf Staten Island in Sicherheit – und das, obwohl die Fährbediensteten aufgrund des Rauchs nichts sehen konnten. In den folgenden Tagen war die Fähre jedoch den Rettungsdiensten und militärischem Personal vorbehalten.

Ein Gratisvergnügen

Viele Jahre lang war eine Fahrt auf der Fähre die billigste Art, sich in New York am Wasser zu vergnügen. 200 Jahre lang kostete die Überfahrt zwischen 5 und 50 Cent. Im Jahr 1997 beschloss Bürgermeister Rudy Giuliani jedoch, Pendler und Touristen gratis fahren zu lassen – ein Geschenk an die Bewohner von Staten Island, die im Jahr 1993 in der Mehrheit für ihn gestimmt hatten (55 Prozent der Bevölkerung sind italienischen Ursprungs).

Die meisten New-York-Urlauber genießen bei warmem Wetter die Aussicht vom Deck, machen jedoch sofort eine Kehrtwendung, sobald sie auf Staten Island ankommen. Das ist jedoch ein Fehler. Ein »Outdoor Wonderland« nennt die Verwaltung von Staten Island ihren Bezirk. 6300 Quadratkilometer geschützte Parkgebiete befinden sich hier. Die Einwohner von Staten Island haben mit South Beach auf der Südküste sogar einen eigenen Strand! Im historischen Städtchen Richmond besuchen Reisende die älteste Schule in den Vereinigten Staaten. Das Voorlezer House deutet mit seinem holländischen Namen darauf hin, dass darin Schüler bereits im Jahr 1695 paukten. 30 historische Gebäude können im Freilichtmuseum besichtigt werden.

Infos und Adressen

SEHENSWÜRDIGKEITEN

Mit der Metro Card kann man auch die Busse auf Staten Island benutzen. Mit dem S-40-Bus geht es zwei Meilen von der Fährenstation entfernt zum Snug Harbor Cultural Center & Botanical Garden, einem botanischen Garten und Kunstzentrum. Mit dem S74 geht es von der Fähre in 40 Minuten zu Historic Richmond Town, einem Dorfensemble von 27 Gebäuden aus der Zeit der holländischen Siedler.

Snug Harbor. Di–So 10–16 Uhr, 1000 Richmond Terrace, Staten Island, NY 10301, Tel. 718 448 2500, www.snug-harbor.org

Historic Richmond Town. Sept.– Juni Mi–So 13–17 Uhr, Juli, August Mi–Sa 10–17, So 13–17 Uhr, 441 Clarke Ave, Staten Island, NY 10306.

ANFAHRT

Mit der U-Bahn-Linie R zu Station Whitehall, mit der Linie 1 nach South Ferry, mit den Linien 4 und 5 nach Bowling Green und mit den Linien J und Z zur Broad Street

Pendler haben oft ein Buch dabei.

DOWNTOWN

45

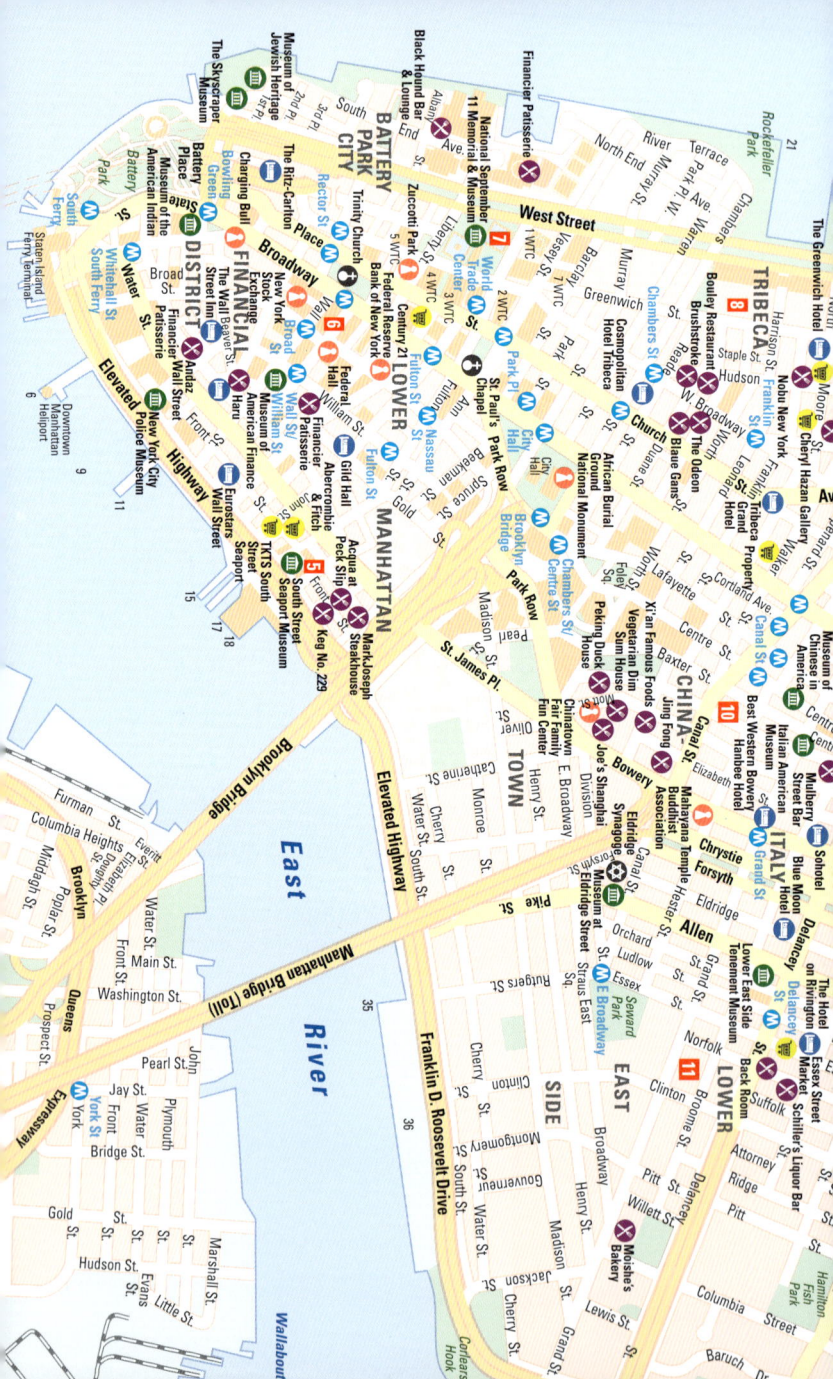

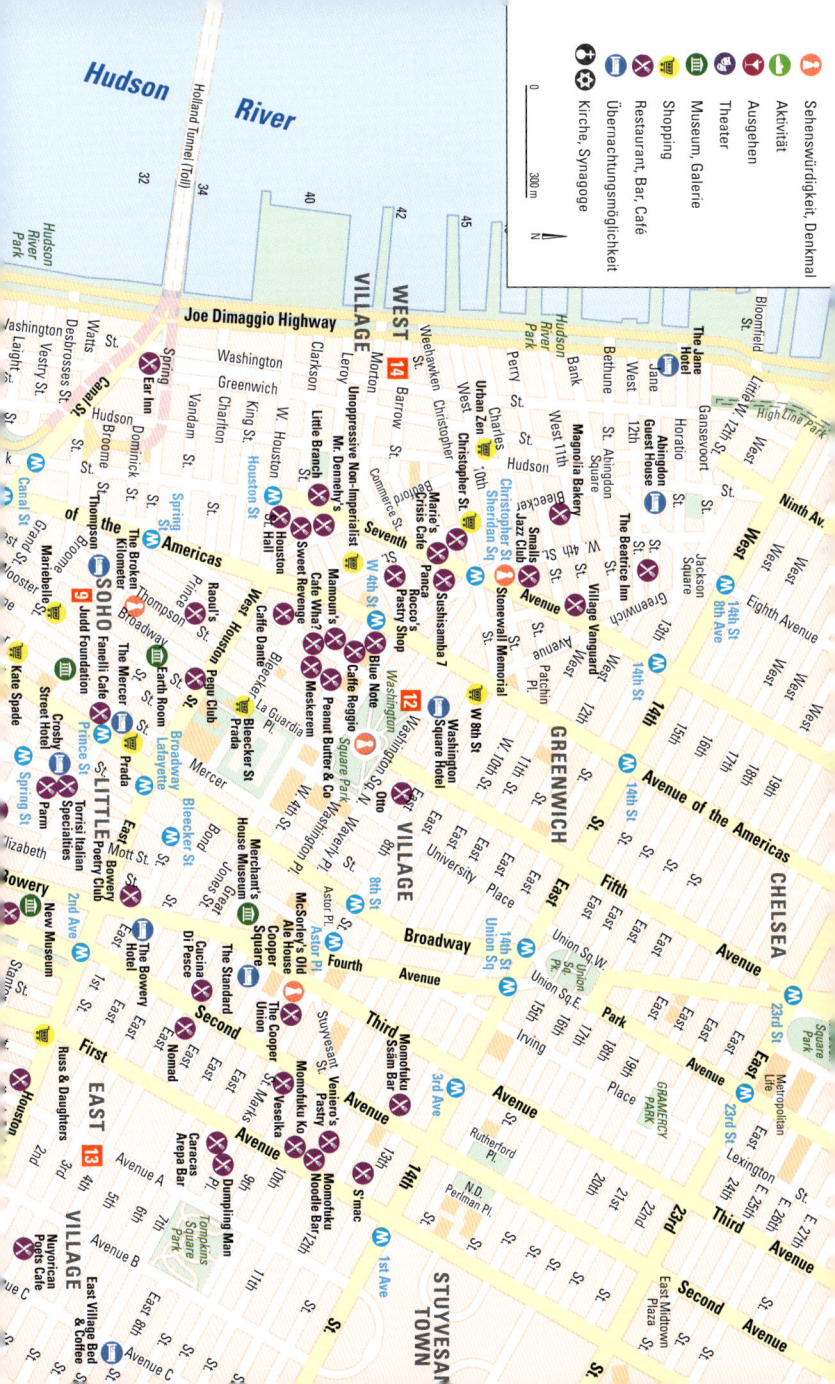

5 South Street Seaport
Schiff ahoi!

Ein Hauch von Meeresluft durchzieht die städtebaulich älteste Gegend von Manhattan. Im Gegensatz zum Wolkenkratzermeer rund um die Wall Street sind die einfachen Ziegelhäuser aus dem 18. Jahrhundert nur ein oder zwei Stockwerke hoch. Nach Hurrikan Sandy möbelt die Fußgängerzone am südlichsten Teil des East River wieder auf. Eine Reihe von historischen Schiffen verleiht der Gegend ihr nautisches Flair.

Als der vermeintliche Pirat William Kidd (1645 bis 1701) an England ausgeliefert wurde, gehörte ihm ein großer Teil der New Yorker Hafengegend. Mit seiner Frau Sarah Oort lebte er einige Jahre lang als angesehener Kaufmann in der Pearl Street 119. Dann heuerte ihn die englische Krone an, um als Freibeuter gegen Piraten vorzugehen. Das tat er auch. Aufgrund einiger Fehlentscheidungen und politischer Intrigen wurde er im Jahr 1701 jedoch in New York verhaftet und nach London überstellt. Dort musste er sich vor dem Parlament verantworten. Schließlich wurde er zum Tod durch den Strang verurteilt, und sein Körper wurde zur Abschreckung künftiger Piraten an der Themse in einem Eisenkäfig aufgehängt.

Nautische Fundstücke

Captain Kidds Geist wacht noch immer über die heute South Street Seaport genannte Gegend am East River. Einige Geschäfte verkaufen hier nautische Souvenirs und antiquarische Fernrohre. Die Gegend hat sich jedoch seit Captain Kidds Zeiten sehr verändert. Als der Freibeuter in der

Seite 44/45: Umwerfend ist der Anblick des Empire State Building, wenn man es zum ersten Mal sieht. **Mitte:** Ein Wassertaxi steht im South Street Seaport bereit. **Unten:** Alte Hafenarchitektur im Financial District

Auf dem Kopfsteinpflaster im South Street Seaport
betreiben mehrere Restaurants einen Gastgarten.

Einfach gut!

Pearl Street lebte, hatte er noch freie
Sicht auf den Hafen. Dem ist heute nicht
mehr so. Aufgrund von Landgewinnungspro-
jekten wuchs die Fläche um den alten Hafen auf
der South Street an, und die Pearl Street ist jetzt
drei Straßen von dem East River genannten Mee-
resarm entfernt. Zu Captain Kidds Zeiten stand
auch noch eine Mauer der alten Befestigungsan-
lage ein paar Straßen von seinem Haus entfernt.
Diese wurde im 18. Jahrhundert abgetragen, und
die Straße erhielt den Namen Wall Street.

Wer heute bei den U-Bahn-Stationen Fulton Street
und Broadway-Nassau aussteigt und in Richtung
East River spaziert, der fängt ein bisschen von der
Hafenatmosphäre des 19. Jahrhunderts ein, sind
die Water Street, Pearl Street sowie South Street
doch einige der ältesten Straßen New Yorks. Rund
200 Jahre lang war die South Street das Zentrum
der amerikanischen Seefahrt. 62 Prozent aller ins
Land kommenden Importe wurden hier gelöscht.
In der Gegend rund um den Pier 17 ankerte einst
auch ein Großteil der lokal verkehrenden Fähren.
Als die Brooklyn Bridge im Jahr 1883 eröffnet
wurde, ging es mit der Gegend jedoch langsam
bergab. In den Sechzigerjahren des 20. Jahrhun-

FRISCHE MEERES-
FRÜCHTE

In der Hafengegend am
South Street Seaport dürfen
natürlich echte Meeresspezialitäten
nicht fehlen. Im Restaurant »Acqua« in
der kopfsteingepflasterten Straße
Peck Slip wird italienische Kost perfekt zubereitet. Chefkoch Ivan Beacco
stellt Ravioli und Spaghettoni Filetto
selbst her und serviert sie mit einer
Sauce aus Muscheln, Shrimps und
Knoblauch. Die Seebrasse schwimmt
in einer Safransauce, der Thunfisch
wird mit einer Artischockentapenade
übertüncht. Als Dessert steht die
Schokoladensalami auf dem Programm.

Acqua Restaurant & Wine Bar.
21 Peck Slip, New York, NY 10038,
Tel. 212 349 4433,
www.acquarestaurantnyc.com

WO DIE COPS ZU HAUSE SIND

Nicht verpassen

Das Museum muss aufgrund von Hurrikan Sandy leider renoviert werden, sollte aber bald wieder öffnen. Wenn das der Fall ist, können Besucher mehr über die Geschichte der New Yorker Polizei erfahren. Mithilfe eines Feuerwaffensimulators können sie eine Schießerei nachvollziehen und beurteilen, ob die Schüsse gerechtfertigt waren. Krimifans finden hier den Tommy-Revolver von Al Capone. Mutige können sich auch in einer Gefängniszelle einsperren lassen, wo das Klo gleich neben dem Bett steht. Auch alle Arten von Drogen und die beim Konsum gebrauchten Utensilien sind zur Warnung ausgestellt. Das Museum ist in einem eindrucksvollen Neo-Renaissance-Palazzo angesiedelt, der einige Jahrzehnte als Hauptwache diente.

New York Police Museum. Nach der Wiedereröffnung Mo–Sa 10–17 Uhr, So 12–17 Uhr, 100 Old Slip, New York, NY 10038, Tel. 212 480 3100, www.nycpolicemuseum.org

derts sollte der historische Baubestand vollkommen abgerissen werden und einer Ansammlung von Wolkenkratzern weichen. Dank einer Bürgerinitiative konnten die historisch wertvollen Häuser und die Hafengegend jedoch gerettet werden. Als Hurrikan Sandy am 29. Oktober 2012 Teile von New York und New Jersey verwüstete, war auch der South Street Seaport betroffen, doch inzwischen ist die Gegend wieder auf die Füße gekommen.

Lagerhäuser und Schiffe

Das South Street Seaport Museum widmet sich seit 1967 der Geschichte der New Yorker Seefahrt. Es hat die Schermerhorn Row bezogen, eine Ziegelhäuserzeile von der Front Street zur South Street, die im Jahr 1812 eine der größten Gebäudestrukturen in Manhattan war. Hier wurden Ein- und Ausfuhren verrechnet und die Warenbestände genau aufgezeichnet. In der Fulton Street 12 wandelte das Museum eine Reihe von Lagerhäusern aus dem frühen 19. Jahrhundert in Schauräume um. Auch eine alte Druckerei in der Water Street 209 steht unter der Schirmherrschaft des Museums.

Im Besitz des South Street Seaport Museum befinden sich auch acht historische Schiffe aus dem späten 19. und frühen 20. Jahrhundert. Sie ankern vor dem Pier 17 und können besichtigt werden.

Einkaufen und Bier trinken

Am Pier 17 stand bis zum Hurrikan Sandy auch ein bekanntes Einkaufszentrum, das gerade aufwendig renoviert wird. Bis im Jahr 2017 hier ein neuer Glaspalast mit Luxusgeschäften entsteht, bieten Besitzer der früher im Einkaufszentrum an-

South Street Seaport

sässigen Läden in der warmen Saison ihre Ware in »pop up«-Geschäften an.

Besucher gehen am South Street Seaport auch durch Straßen, die die Bezeichnung »Slip« im Namen führen – Peck Slip, Coentis Slip, Old Slip. Diese alten Marschgebiete des East River deuten darauf hin, dass man hier Schiffe einst leicht zu Wasser lassen konnte. Sie wurden jedoch auch mit Sand gefüllt und so Teil der Stadtlandschaft. Läuft man die Pearl Street Richtung Battery Park entlang, findet sich ein weiteres Stück altes New York. In Nummer 54 findet sich die »Fraunces Tavern«. George Washington verabschiedete sich in dieser Taverne 1783 nach erfolgreichem Abschluss des Amerikanischen Unabhängigkeitskriegs von seinen Truppen. Angeblich soll das Haus das älteste, seit der Kolonialzeit bestehende in Manhattan sein. Das Gebäude wurde im Laufe der Jahrzehnte immer wieder renoviert und umfasst ein Restaurant sowie mehrere Bars.

Die »Fraunces Tavern« ist auch Teil des American Whiskey Trails, einer vom Verband der amerikanischen Spirituosenindustrie zusammengestellten Whiskey-Tour durch die Vereinigten Staaten. Auf dieser Tour können verschiedene Arten des amerikanischen Nationalgetränks verkostet werden. In Sachen Bier hat sich die Taverne jedoch ganz Irland verschrieben. Hier werden nur Erzeugnisse der Porterhouse Brewing Company aus Dublin ausgeschenkt. Und diesem Gerstensaft kann herkömmliches amerikanisches Bier nicht das Wasser reichen. Das Plain Porter wurde schon das beste Schwarzbier auf der Welt genannt. Dem Oyster Stout verleihen frische Austern im Lagertank eine süßliche Note. Ob dieses Bier auch Piraten wie Captain Kidd geschmeckt hätte? Ist anzunehmen. Er hätte es wahrscheinlich literweise getrunken.

Infos und Adressen

ESSEN UND TRINKEN

Mark Joseph Steakhouse. Herrliche Prime Dry Aged Porterhouse Steaks. 261 Water Street, New York, NY 10038, Tel. 212 277 0020, www.markjoseph-steakhouse.com

AUSGEHEN

Keg No. 229. Diese coole Bier-Bar serviert auch »American comfort food«: fried pickles, macaroni & cheese, pigs in a blanket und buffalo chicken wings. 220 Front Street, New York, NY 10038, Tel. 212 374 WINE, www.kegno229.com

TKTS South Street Seaport. Dieser Verkaufsschalter für Broadway-Tickets verkauft Eintrittskarten am Tag der Aufführung zum halben Preis, für Nachmittagsvorstellungen am Tag davor. Ecke Front Street und John Street, New York, NY 10038, www.tdf.org/tktslive

MUSEEN

South Street Seaport Museum. Museum mit nautischen Artefakten. Um den Pier 17 liegen die drei historischen Schiffe des Museums, die ebenfalls besichtigt werden können. Öffnungszeiten: Mi–So 11–17 Uhr, 12 Fulton St, New York, NY 10038, Tel. 212 748 8600, www.southstreetseaportmuseum.org

ANFAHRT

U-Bahn-Linien 2, 3, 4, 5, A, C, J, M oder Z zur Fulton Street.

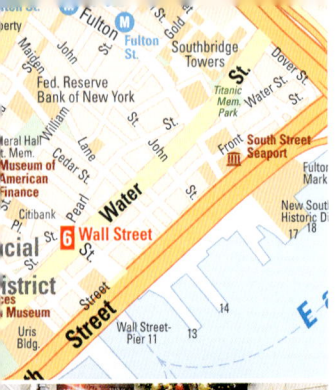

6 Wall Street
Wo das Geld zu Hause ist

Im Herzen des FiDi, des Financial District, finden sich historisch bedeutsame Gebäude wie die New Yorker Börse, die Zentralbank des Staates New York, der Sitz des ersten amerikanischen Kongresses und die Trinity Church. Auf den Straßen regiert jedoch der Stress. Zehntausende Finanzexperten jagen hier dem höchsten Gewinn nach.

Wer ein Börsenmakler sein will, muss gestylt sein.

Der Bulle ist los! Kraftvoll schnaubt er mit den Nüstern. Sein goldbraunes Fell glänzt in der Sonne. Seine strammen Beine sind zur Attacke bereit. Nur vom Fleck kommt er nicht, denn schließlich wiegt er 7000 Pfund und ist aus Bronze gefertigt. Der *charging bull* ist über die letzten drei Jahrzehnte zum inoffiziellen Wahrzeichen der Wall Street avanciert. Die Stierskulptur im Bowling Green Park am Broadway symbolisiert die Hoffnung auf einen *bull market*, eine Börsenhausse. Der Bildhauer Arturo DiModica stellte sie 1989 als Zeichen der Hoffnung illegal auf, nachdem die Wall Street im Jahr 1987 einen Börsenkrach erlebt hatte. Als die Stadtverwaltung die Statue wegschaffen wollte, kam es zu Protesten in der New Yorker Bevölkerung. Und seitdem darf der Stier ungestört in Angriffspose verharren.

Wie stehen die Aktien?

Die New Yorker Börse ist zwar seit dem Terroranschlag vom 11. September 2001 für die Öffentlichkeit gesperrt, doch allein die Außenfassade von 1903 imponiert: Sechs riesige korinthische Säulen heben, für jeden sichtbar, die Bedeutung des Aktienumschlagplatzes als wichtigster Finanztempel der Welt hervor.

Wall Street

Dabei hatte es mit der Börse recht einfach angefangen: Am 17. Mai 1792 unterzeichneten 24 Börsenmakler vor dem Haus in der Wall Street 68 ein Abkommen, demzufolge sie Aktien nur untereinander handeln würden. Von 1793 bis 1817 tätigten sie ihre An- und Verkäufe im heute nicht mehr existierenden »Tontine Coffee House« in der Wall Street, in dem auch mit den auf den Schiffen importierten Gütern und versklavten Menschen gehandelt wurde. Im Jahr 1817 wurde schließlich der New York Stock and Exchange Board gegründet, der Vorgänger der heutigen Börse. Und auch die Regeln änderten sich. Neue Mitglieder konnten zum Board nur hinzugewählt werden. Maklerpositionen können bis zum heutigen Tag vermietet und verkauft werden.

Die Geschichte des Dollars

Gleich neben der Börse können sich New-York-Besucher über die amerikanische Geldhandelsgeschichte informieren. In der Wall Street 48 eröffnete 2008 im ehemaligen marmorverkleideten Hauptsitz der Bank of America das Museum of American Finance seine Pforten. Hier erfahren Besucher, wie das Finanzsystem funktioniert und auch versagt. Eine Aktie der South Sea Company aus dem Jahr 1720 beweist, dass auch Genies mit Börsengeschäften Pech haben können. Sie ist von Sir Isaac Newton gezeichnet. Newtons Aktie verlor ihren Wert, als eine Spekulationsblase Anfang des 18. Jahrhunderts platzte.

In der Wall Street 26 stand die Federal Hall, New Yorks erstes, im Jahr 1700 erbautes Rathaus, das auch als das erste Kapitol des Landes diente, als New York nach dem Revolutionskrieg 1789 Hauptstadt des Landes wurde. Drei Jahre lang tagte hier der amerikanische Kongress. George Washington

Geheimtipp

GILD HALL

Wer mit den Börsenhaien schwimmen will, sollte sich im schicken Hotel »Gild Hall« einmieten. Schon Name und Adresse deuten auf die Hoffnungen der exklusiven Klientel hin: Die »güldene Halle« ist in der Gold Street gelegen. Die Inneneinrichtung des Hotels orientiert sich am männlichen Geschmack: Kronleuchter aus Geweihen und eine Rhinozerosstatue wecken den Jagdtrieb mancher Herren. Lobby und Zimmer sind wie die Bibliothek eines englischen Gentlemans gestaltet, der in den Siebzigerjahren zu viele James-Bond-Filme gesehen hat. In der Bar fließen die *dirty martinis* in Strömen. Ihnen wird neben Wermut und Gin ein wenig Salzlauge von eingelegten Oliven beigemischt. In den Zimmern verbreiten Orchideenblüten frischen Duft.

Gild Hall. 15 Gold St./Ecke Platt St, New York, NY 10038, Tel. 212 232 7700, www.thompsonhotels.com

HARU SUSHI

Einfach gut !

Wer mit Aktien handelt, der muss beweglich im Geist sein. Ein mit schweren Gerichten vollgestopfter Magen denkt bekanntlich langsam. Deshalb finden sich rund um die Wall Street auch viele japanische Restaurants. Eines der besten unter ihnen ist »Haru Sushi«. Das Lokal befindet sich in einem ehemaligen Kakaoumschlagplatz, ist ganz auf Shinto-Tempel gestylt und serviert exzellente Fischgerichte. Der Küchenchef lässt sich bei seinen Kreationen auch von anderen Kulturen inspirieren und bereitet Fischtacos und Hummer-und-Mango-Ceviche mit japanischer Präzision zu. Für ein Carpaccio schneidet er ein Gelbschwanzmakrelenfilet in hauchdünne Scheiben. Sushirollen haben ausgefallene Namen wie Red Hot Mama und Kiss of Fire.

Haru. 1 Wall St. Court, New York, NY 1005, Tel. 2127856850, www.haruwallstreet.com

legte in dem Gebäude seinen Amtseid ab. Eine Bronzestatue des ersten Präsidenten begrüßt Besucher auf der Treppe des aus dem Jahr 1842 stammenden Zollamtshauses, das die Federal Hall ersetzte. Die Gebäudefassade ist dem Athener Parthenon nachempfunden. Man spaziert um eine riesige Rotunde und erfährt, dass die Kongressabgeordneten an dieser Stelle die Bill of Rights verabschiedeten, die ersten zehn Zusatzartikel zur Verfassung, die die Bürgerrechte garantieren.

Goldreserven underground

Drei Straßen weiter nördlich in der Liberty Street 33 steht die Federal Hall Reserve Bank of New York, die Zentralbank des Staates New York. In ihren Tresorräumen im Felsboden der Insel Manhattan ruht angeblich ein Viertel der Goldreserven der ganzen Welt. Und das 15 Meter unter dem Meeresspiegel. Besucher müssen eine Tour zwischen vier Monaten und einer Woche im Voraus über das Internet buchen. Sie erfahren bei ihrem Besuch, welche Rolle die New Yorker Zentralbank bei der Festlegung der Geldmarktpolitik spielt. Wer sein letztes Geld an der Börse verloren hat, der kann in der Trinity Church an der Ecke Broadway und Wall Street Zuflucht suchen. Hier stand schon im Jahr 1698 eine anglikanische Kirche. Eine zur Trinity Church gehörende Kapelle aus dem Jahr 1766 steht am Broadway zwischen der Fulton und Vesey Street und ist das älteste erhaltene Kirchengebäude in Manhattan. Die erste Trinity Church fiel nämlich dem Großen Brand des Jahres 1776 zum Opfer. Nachdem sich ein Kirchenbau aus dem Jahr 1790 als nicht stabil erwies, wurde die heutige neogotische Kirche mit einem 86 Meter hohen Turm im Jahr 1846 eingeweiht. An diesem Turm orientierten sich im 19. Jahrhundert die Kapitäne im New Yorker Hafen.

Infos und Adressen

SEHENSWÜRDIGKEITEN

Charging Bull. Bronzeskulptur im Bowling Green Park am Broadway südlich der Wall Street.

Federal Hall National Memorial. An dieser Stelle tagte der erste Kongress der USA. Gratis zu besuchen, da Teil des National Park Service. Mo–Sa 9–17 Uhr, Wall Street 26, New York, NY 10005, www.nps.gov/feha

Federal Reserve Bank of New York. Zentralbank des Bundesstaats New York mit den angeblich größten Goldreserven der Welt. Besuch nur nach vorheriger Anmeldung über das Internet möglich. 33 Liberty Street, New York, NY 10045, www.newyorkfed.org

New Yorker Börse. Seit dem 11. September 2001 für Besucher gesperrt. Wall Street 11, New York, NY 10005.

St. Paul's Chapel. Das älteste Kirchengebäude in Manhattan stammt aus dem Jahr 1766. 209 Broadway., New York, NY 10007, Tel. 212 233 4164, www.trinitywallstreet.org

Das Jugendstilmosaik aus dem Jahr 1913 wurde im Jahr 2000 auf der Fulton Street installiert.

Trinity Church. Die traditionsreichste Episkopalkirche in New York. 74 Trinity Place, New York, NY 10001, Tel. 212 692 0800, www.trinitywallstreet.org

Zucotti Park. Zwischen dem Friedhof der Trinity Church und dem Park der Weltverbesserer steht nur ein Gebäude am Broadway. New York, NY 10006.

ESSEN UND TRINKEN

Financier. Verführerische französische Patisserie mit vier Standorten im Financial District. Stone Street 62, World Financial Center 3–4, Cedar Street 35, Liberty Plaza 10, New York, NY 10005, www.financierpastries.com

ÜBERNACHTEN

Wall Street Inn. Kleines Hotel in kolonialem Stil. Für all jene, die Spitzen und Rüschen lieben. South William Street 9, New York, NY 10004, Tel. 212 747 1500, www.thewallstreetinn.com

MUSEEN

Museum of American Finance. Museum zur Geschichte des amerikanischen Geldwesens. Di–Sa 10–16 Uhr, Wall Street 48, New York, NY 10005, Tel. 212 908 4110, www.moaf.org

ANFAHRT

U-Bahn-Linien 2, 3, 4, 5 bis zur Station Wall Street.

Das Wall Street Inn hat am Wochenende günstige Preise.

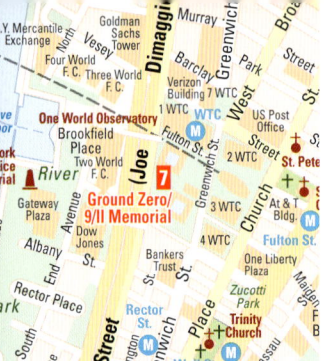

7 World Trade Center
Ein Neubeginn

Mehr als ein Jahrzehnt nach dem Terror-anschlag vom 11. September 2001 er-wacht der Ground Zero zu neuem Leben. Nicht zwei, sondern vier neue Wolken-kratzer werden sich hier über die nächs-ten Jahre in die Lüfte erheben. Berühmte Architekten zeichnen dafür verantwortlich. Zwei riesige Wasserfälle in 4000 Quadrat-meter großen Becken erinnern daran, dass das Leben ein niemals enden wollender Fluss ist.

Niemand kann sich der Betroffenheit und der Tränen erwehren, die unwillkürlich am Ground Zero aufsteigen. Vom Rand des National September 11 Memorial blicken Besucher in zwei riesige Becken, über die sich zwei zehn Meter hohe Wasserwände ergießen. Die Umrisse dieser Brun-nen erinnern an die Zwillingstürme, die am 11. September 2001 in sich zusammenbrachen. Um die Brunnen ranken sich bronzene Tafeln, auf denen die Namen der 2983 Menschen eingemei-ßelt sind, die dem Anschlag in New York, im Pen-tagon, auf dem United-Airlines-Flug 93 und der Attacke am 26. Februar 1993 zum Opfer fielen.

Das Mahnmal von Michael Arad heißt auf Englisch Reflecting Absence. *Reflect* heißt einerseits »über das Fehlen reflektieren«. Das vom Wasser erzeugte Geräusch soll Besucher vom Straßenlärm ablenken und ihnen einen Platz der Andacht bieten. Garten-architekt Peter Walker pflanzte rund um das Denkmal 415 Bäume. Das Grün der Hoffnung sprießt wieder. Die beiden Brunnen werden durch einen Gang im Freien mit einer Estrade verbun-den, auf der Besucher eine Kerze anzünden oder

Von der Aussichtsplattform des neuen One World Trade Center hat man einen fantastischen Rundum-blick aus gut 380 Metern Höhe.

Am Gedenktag, dem 9. September, erhoben sich
zehn Jahre lang zwei Lichtkegel in den Himmel.

Nicht verpassen

ein kleines Artefakt in Erinnerung an die
Opfer des Terroranschlags hinterlassen
können.

Eine neue Wolkenkratzergruppe

Reflect heißt aber auch »widerspiegeln«. In den
Becken wird sich tatsächlich ein hypermodernes
Wolkenkratzerensemble widerspiegeln. Das One
World Trade Center von David Childs ist das mit
symbolischen 1776 Fuß (dem Jahr der Unabhän-
gigkeit) bzw. 541,30 Metern höchste Gebäude der
Vereinigten Staaten. Mit seiner zentralen Turm-
spitze ahmt es das Empire State Building und das
Chrysler Building nach. Und von seiner Aussichts-
plattform im 102. Stock haben Besucher einen
atemberaubenden Rundumblick. Das Two World
Trade Center vom britischen Architekten Norman
Foster wird aus vier scheinbar einzeln stehenden
Türmen bestehen, die dann doch wie magisch mit-

DISKONTLABELS
New Yorks beliebtestes
Wühl-Kaufhaus bietet De-
signermoden zu Preisen, die
bis zu 70 Prozent reduziert sind.
Unter den Horden von Käufern muss
man sich schon seinen Weg bahnen,
aber dann findet man auch Ralph-
Lauren-Hemden, Donna-Karan-Klei-
der und eine Calvin-Klein-Lederjacke
für weniger als 600 Dollar. Die Ware
wird jeden Tag aufgefrischt. Sehr
begehrt sind auch preisgünstige
Kaschmirpullis, die weggehen wie
die warmen Semmeln. Das Kaufhaus
ist in einem Art-déco-Gebäude
angesiedelt, das einen Rundumblick
wert ist.

Century 21. 22 Cortlandt St, New
York, NY 10007, Tel. 2122279092,
www.ct21stores.com (U-Bahn-Linien
N und R bis Cortlandt Street)

Rundgang 9/11 Memorial

A Eingang zum 9/11 Memorial und Museum an der 180 Greenwich Street

B **South Reflecting Absence Pool.** Die beiden über 4000 Quadratmeter großen Brunnen liegen auf dem Areal, wo sich einst die Twin Towers befanden.

C **North Reflecting Absence Pool.**

D **911 Memorial Museum:** Tickets können bei 911memorial.org bis zu 6 Monate im Voraus gekauft werden. Mit dem New York City Pass (citypass.com) ist der Eintritt um 42% vergünstigt, mit dem New York Pass (newyorkpass.com) ist er gratis.

E **One World Trade Center.** Das von David Childs entworfene höchste Gebäude in der westlichen Hemisphäre erreicht eine Höhe von 1776 Fuß (541 Metern).

F **Two World Trade Center.** Norman Foster gestaltete den mit 387 Meter zweithöchsten Wolkenkratzer im World Trade Center.

G Santiago Calatrava empfand den »Transportation Hub«, die Metro- und Bahnstation, einem Vogel mit ausgebreiteten Flügeln nach.

H **Three World Trade Center.** Das von Richard Rogers gestaltete Gebäude soll 2016 seine Pforten öffnen.

I Das Four World Trade Center von Fumihiko Maki ist ein einfacher, eleganter Wolkenkratzer, der an die Twin Towers erinnert.

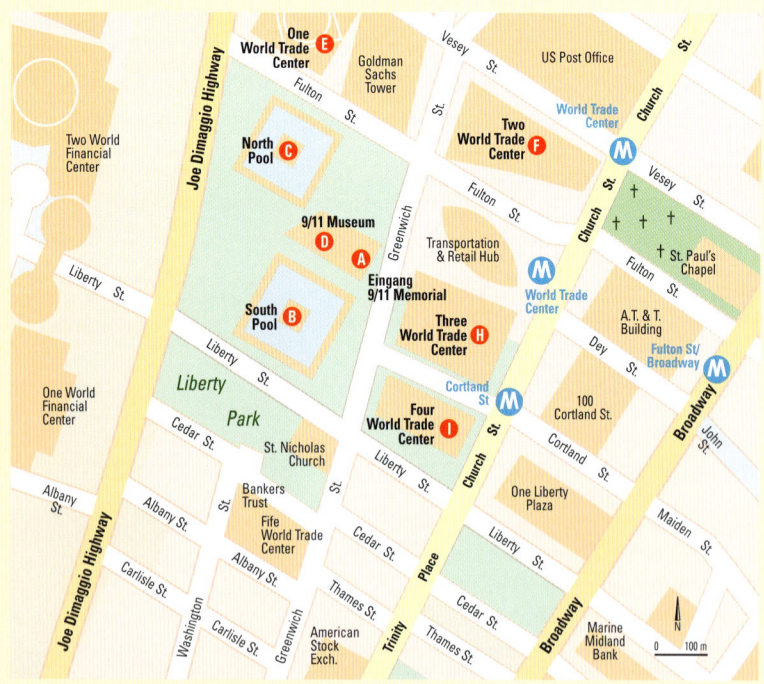

einander verbunden sind. Sein abgeschrägtes Dach reflektiert bei gutem Wetter allmorgendlich das Sonnenlicht auf das Denkmal. Der Lichteinfall des Turms ist so konzipiert, dass Arads und Walkers Denkmal jedes Jahr am 11. September kein Schatten bedeckt. Die anderen Gebäude wurden von berühmten Architekten wie Richard Rogers und Fumihiko Maki entworfen. Frank Gehry soll ein Zentrum für darstellende Künste entwerfen. Santiago Calatrava kreierte eine Metro- und Bahnstation.

Erinnern an die Opfer

Bis zu 21 Meter unter dem Mahnmal befindet sich das 9/11 Museum mit seiner dekonstruktivistischen Eingangshalle. Hier wird das letzte Stück Stahl ausgestellt, das nach der Trümmeraufräumung am Ground Zero abtransportiert wurde. Ein wichtiger Teil des Museumsbesuchs sind auch die Interviews mit Überlebenden, die sich an die Katastrophe und die Zeit danach erinnern.

Auf dem 24 000 Quadratmeter großen Areal des Mahnmals steht auch ein chinesischer Wildbirnenbaum. Als einzige Pflanze überlebte er das Desaster. Das Team der Arthur-Ross-Gärtnerei schaffte den gebrochenen und angeschwärzten Baum in die Bronx und hegte und pflegte ihn einige Jahre lang. Im Dezember 2010 wurde er wieder in seine ursprüngliche Heimat verpflanzt.

Geht man vom One World Trade Center auf der am Hudson River gelegenen Esplanade entlang, sieht man nicht nur viele Schiffe vorbeiziehen, sondern spaziert auch durch Battery Park City, ein 37 Hektar großes Areal. Dieses Landgewinnungsprojekt entstand in den Jahren 1967 bis 1976. Biegt man am 1st Place ab, gelangt man an der Ecke Battery Place zum Skyscraper Museum,

Einfach gut!

RITZ CARLTON BATTERY PARK

Mit direkter Sicht auf die Freiheitsstatue residieren Reisende nur im »Ritz Carlton Battery Park«. Es liegt fast direkt am Südzipfel von Manhattan und bietet von seinen riesigen Fenstern eine fantastische Aussicht. In manchen Zimmern steht auch ein Teleskop bereit, damit Gäste die »Lady Liberty« ganz nah heranzoomen können. Wer sich kein Zimmer leisten will, kann die Atmosphäre auch vom »2 West Restaurant« genießen, wo am Wochenende von 11 bis 14.30 Uhr ein herrlicher Brunch angeboten wird, bei dem Gäste amerikanische Frühstücksspezialitäten wie Eggs Benedict und French Toast ausprobieren können.

Ritz Carlton Battery Park.
2 West Street, New York, NY 10004,
Tel. 212 344 0800,
www.ritzcarlton.com

Das »Ritz Carlton Battery Park« befindet sich gleich neben einer Marina.

dessen Besuch sich angesichts der vertikalen Gebäuderiesen in der Gegend lohnt. In Wechselausstellungen beleuchtet es die architektonische Entwicklung der Stadt im 20. und 21. Jahrhundert. Auch die gesamte Geschichte der »Twin Towers« hat es archiviert.

Museum für jüdisches Erbe

Das Museum of Jewish Heritage liegt genau gegenüber vom Skyscraper Museum. Es wurde im Andenken an all jene eingerichtet, die im Holocaust ihres Lebens beraubt wurden. Subtil, jedoch eindrücklich vermittelt eine Fotowand mit 2000 Bildern von jüdisch-französischen Kindern die Gräuel des Genozids. In luftigen Sommerkleidern und mit Schleifen in den Haaren strahlen manche Mädchen in die Kamera. Nicht auszudenken, was diesen unschuldigen Kindergesichtern später widerfuhr. Das Museum informiert jedoch auch über vielfältige jüdische Gemeinden im Laufe der Jahrhunderte.

Ein Museumsjuwel befindet sich ein paar Straßen weiter an der Ecke Battery Place und State Street. Wertvolle Artefakte von diversen indianischen Stämmen stellt das National Museum of the American Indian aus. Es befindet sich am Beginn des Broadway, jener Straße, die ursprünglich von den Ureinwohnern als Pfad quer durch Manhattan angelegt wurde. Nachfahren von amerikanischen Ureinwohnern waren auch maßgeblich an der Gestaltung des Museums beteiligt. Das Museum gibt Einblick in 12 000 Jahre indianische Geschichte und 1200 Kulturen in Nord- und Südamerika und der Karibik. Besucher sehen hier so eindrucksvolle Handarbeiten wie eine Schultertasche des Volkes der Oklahoma Delaware, die aus Tierhaut, Seidenbändern und Tausenden blauen, weißen und roten Perlen gearbeitet ist.

Oben: Eine Kugelskulptur beim World Trade Center
Mitte: Ein Feuerwehrmann wurde in einem Relief verewigt.
Unten: Das Museum of the American Indian befindet sich im ehemaligen Zollgebäude.

Infos und Adressen

ÜBERNACHTEN

Andaz Wall Street. Hyatt macht mit der Andaz-Marke auf hip. Wall Street 75, New York, NY 10005, Tel. 212 590 1234, www.newyork.wallstreet.andaz.hyatt.com

AUSGEHEN

Black Hound Bar. Jeremy Strawn mixt unbeschreibliche Cocktails, zu denen ihn Schriftsteller und Haustiere inspirierten. 301 South End Ave., New York, NY 10006, Tel. 212 945 0562, www.blackhoundbar.com

SEHENSWÜRDIGKEITEN

One World Trade Center Observatorium. Aussichtsplattform auf drei verschiedenen Ebenen mit jeweils 360°-Aussicht über New York. Tgl. 9–20 Uhr, Anfang Mai bis Sept. bis 22 Uhr, 285 Fulton Street, New York, NY 10007, www.oneworldobservatory.com

MUSEEN

Museum of Jewish Heritage. Holocaust-Geschichte und Einblick in verschiedene jüdische Gemeinden auf der ganzen Welt. So–Di, Do 10–17.45 Uhr, Mi 10–20 Uhr, Fr 10–15 Uhr, Mitte März bis Nov. 10–17 Uhr, Battery Place 36, New York, NY 10280, Tel. 646 437 4202, www.mjhnyc.org

Ahnenfotos im Museum of Jewish Heritage

Eleganter Tresen in der »Black Hound Bar«

National Museum of the American Indian. Das von Natives gestaltete Museum erfasst die Vielfältigkeit indianischer Kulturen in Nord- und Südamerika und der Karibik. Tgl. 10–17 Uhr, Do 10–20 Uhr, Alexander Hamilton U.S. Customs House. Bowling Green 1, New York, NY 10004, Tel. 212 514 3700, www.nmai.si.edu

National September 11 Memorial & Museum. Mahnmal und Museum zum 11. September 2001. Tgl. 10–18 Uhr, One Liberty Plaza, New York, NY 10006, www.911memorial.org

Skyscraper Museum. Museum zur Wolkenkratzer-Geschichte. Mi–Sa 12–18 Uhr, Battery Place 39, New York, NY 10280, Tel. 212 968 1961, www.skyscraper.org

ANFAHRT

U-Bahn-Linien A, C, J, M, Z, 2, 3, 4, 5 bis Fulton Street/Broadway-Nassau. Linie E bis World Trade Center. Linie R bis Cortland Street, Linie 1 bis Rector Street.

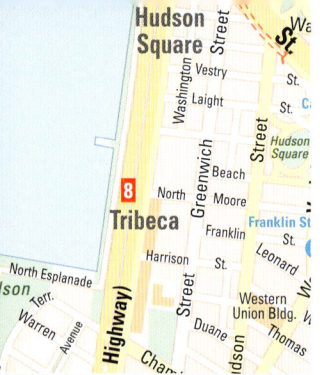

8 Tribeca
Living Next Door to De Niro

Amerikas Filmlegende brachte Anfang der Neunzigerjahre neues Leben in die Lagerhausgegend aus dem 19. Jahrhundert. Das Viertel mit den riesigen Lofts und hohen Fenstern boomt. Die Immobilienpreise sind in den letzten 20 Jahren um das Achtfache angestiegen. Deshalb sind Beyoncé und Gwyneth Paltrow auf der Hudson Street auch Nachbarinnen. Wenn große Limos auf dem Gehsteig stehen, sind sie zu Hause.

Was macht man, wenn man das gesamte künstlerische Œuvre seines Vaters erbt, das Hunderte von Zeichnungen und Malereien umfasst? Heißt man Robert De Niro, baut man einfach ein Hotel und hat somit genug Platz, das abstrakt-expressionistische Werk des gleichnamigen Seniors auszustellen. Sein »Greenwich Hotel« ließ der Filmstar auf einem Parkplatz gleich neben seinem Büro hochziehen. So musste er auch nicht mehr auf eine leere Betonfläche schauen, sondern kann sich in der Landhausatmosphäre seines »home away from home« entspannen.

Ein Filmmekka downtown

Robert De Niro ist es zu verdanken, dass Tribeca, das »Triangle below Canal Street«, zum Zentrum des kreativen Filmschaffens avancierte. Tribeca erstreckt sich von der Canal Street im Norden bis zur Murray Street im Süden. Östlich wird es vom Broadway und westlich vom Hudson River begrenzt. Riesige Lagerhäuser aus dem 19. Jahrhundert standen hier leer, nachdem die Hafen- und Textilarbeiter in andere Gegenden abgewandert waren.

Kopfsteinpflaster gibt es in Tribeca immer noch.

Das Woolworth Building thront über Tribeca.

Geheimtipp

Künstler wie Richard Serra nutzten diese Lofts in den Achtzigerjahren, um an ihren großräumigen Projekten zu arbeiten. De Niro richtete sich hier 1989 häuslich ein. Im Martinson Coffee Building, einem ehemaligen Kaffeedepot, eröffnete er das Tribeca Film Center, ein Bürohaus für innovative Filmschaffende. Mit Restaurantimpresario Drew Nieporent eröffnete er auch eine Reihe von Lokalen: zuerst »Tribeca Grill«, in dem amerikanisch gekocht wird, dann den japanischen Gourmettempel »Nobu«, bis heute eine Spitzenadresse für frischen rohen Fisch und ausgefallene Kreationen. Als der 11. September 2001 schwer auf der Stadt lastete, ersann De Niro das heute sehr angesehene Tribeca Film Festival, für das die Tribeca Cinemas aus dem Boden gestampft wurden.

Neu macht auf alt

Sein jüngster Streich ist das »Greenwich Hotel«. Ein moderner Glaspalast kam für Robert De Niro nicht infrage. Er selbst wuchs als Kind in Lower Manhattan auf und weiß die historische Architektur seiner Heimatstadt zu schätzen. Deshalb sieht das Hotel auch so aus, als wäre es vor 100 Jahren errichtet worden. Für den achtstöckigen Bau wurden nur handgeschöpfte rote Ziegel verwendet, für die Fenster des Restaurants sogar Glas vom berühmten Flatiron Building, in dem noch ein-

AFRICAN BURIAL GROUND MEMORIAL

Vor dem Amerikanischen Unabhängigkeitskrieg war New York die Stadt mit dem zweitgrößten Bevölkerungsanteil von versklavten Menschen. Eine anglikanische Kirchenregelung erlaubte ihre Bestattung im Friedhof der Trinity Church jedoch nicht. Bis zu 20 000 Opfer der Sklaverei wurden deshalb in einem Areal bestattet, das sich von der heutigen Chambers Street über den Broadway bis zum Foley Square erstreckt. Als 1991 ein neues Regierungsgebäude in diesem Gebiet errichtet werden sollte, wurden 419 Gräber entdeckt. Auf der 7,60 Meter hohen Skulptur von Rodney Leon und Nicole Hollant-Denis ist der Kreis der Diaspora eingezeichnet, eine Landkarte, die den Sklavenhandel und -transport zwischen Westafrika und den Vereinigten Staaten verdeutlicht. Die sterblichen Überreste der 419 Menschen wurden hier ebenfalls bestattet.

African Burial Ground. Tgl. 9–17 Uhr, 290 Broadway/Duane Street, New York, NY 10007, Tel. 212 637 2019, www.nps.gov/abgm

BOULEY RESTAURANT

Einfach gut!

David Bouley ist einer der Gourmet-Pioniere in Tribeca. Als er 1985 in Drew Nieporents Restaurant »Montrachet« am Herd stand, fuhren zwar keine Taxis nach Tribeca, doch das Lokal war trotzdem ständig ausgebucht. In der Zwischenzeit hat er seine eigenen Restaurants in Tribeca eröffnet. Wer New York besucht und sich nicht das fünfgängige, relativ preisgünstige Mittagsmenü gönnt, ist selber schuld. Der publicityscheue Starkoch versteht es wie fast kein anderer, leichte Gerichte mit einer ungeheuren Geschmacksvielfalt zuzubereiten. Er nimmt dabei Anleihen aus der japanischen Küche und bereitet Zutaten mit französischer Technik zu. Gourmets dürfen sich auf Auster mit Kiwi als Geschmacksknospenöffner und Taschenkrebse sowie Steinpilze in einem Dashi-Flan freuen.

Bouley. Duane Street 163, New York, NY 10013, Tel. 212 964 2525, www.davidbouley.com

geschlossene, von Mund geformte Luftblasen zu sehen sind. In der Lobby stehen bequeme Fauteuils, die alle unterschiedlich gemustert sind. Sie könnten vom Landsitz eines englischen Lords stammen. Antike tibetische Teppiche verbreiten ein Gefühl von Wärme. Holzbalken wurden von einem alten Bauernhof abgetragen. Sie verstärken den rustikalherrschaftlichen Charme des Hotels. Hinter der Rezeption sind bereits die ersten Kunstwerke von Robert De Niro senior zu bewundern – zügig geschwungene Aktzeichnungen.

Obwohl das Hotel auf der viel befahrenen Greenwich Street liegt, dringt kein Autobrummen in die 88 Zimmer. Sie sind zu 95 Prozent schalldicht. Keines von ihnen gleicht dem anderen. Auf recycelten Holzbrettern aus sibirischer Föhre stehen solide, geradlinige Antiquitäten aus ganz Europa. Seidengebundene antiquarische Literaturklassiker in den Bücherregalen laden zum Lesen ein. Ein Gedicht sind auch die Dux-Betten, die ein bequemes Schlafvergnügen bereiten. Aus den besten Zimmern blickt man auf den mit Arkaden angelegten Innenhof.

Edle Spirituosen

Tribeca strotzt nur so vor guten Bars und Restaurants. Auf Feinsinniges hat sich die »Brandy Library« in der North Moore Street spezialisiert. Nur ein paar Schritte vom früheren Apartment in Nummer 20 von John F. Kennedy jun. erzeugen dunkles Holz, Kaminfeuer und indirekte bernsteinfarbene Beleuchtung eine gemütlich-gediegene Atmosphäre. Anstatt mit Büchern füllt diese »Bibliothek« ihre Schränke jedoch mit edlen braunen Spirituosen. Kellnerinnen fahren auf Leitern die Wände entlang, um einen Pierre-Ferrand-Cognac aus dem Jahr 1914 oder einen Darroze-Armagnac aus dem

Tribeca

Jahr 1945 für die Gäste zu holen. »Wir wollen die klassischen Cocktails wie Sidecar oder Brandy Alexander genauso wie vor 70 Jahren zubereiten«, erklärt Besitzer Flavien Desoblin. Zu diesem Zweck wird jeder Mitarbeiter zum Spirituosensommelier geschult. Hollywood-Star Harvey Keitel wohnt gleich über der Bar und schaut auch gern auf einen »night cap« vor dem Schlafengehen vorbei.

Ein alter Hase in Tribeca ist Kurt Guttenbrunner. Er führte in die New Yorker Kulinarik etwas ganz Exotisches ein: deutsche und österreichische Gerichte! In seiner »Blauen Gans« kommen Blunzengröstl mit frisch geriebenem Meerrettich, Räucherforelle mit Kohlrabi, Gulasch und natürlich jede Menge Würste auf den Tisch.

Hotels und Shopping

Deutscher Herkunft sind auch die Besitzer des schicken Hotels »Tribeca Grand« an der Sixth Avenue oder Avenue of the Americas, wie sie auch genannt wird. Max Stern, der Gründer der Hartz Mountain Industries, kam in den Zwanzigerjahren auf einem Überseedampfer mit 2100 Kanarienvögeln nach New York. Innerhalb von ein paar Jahrzehnten hatte er den größten Tierhandel in den Vereinigten Staaten aufgezogen. An diese Großtat erinnert heute der Goldfisch im »Tribeca Grand Hotel«. Sobald ein Gast ankommt, steht ein Glas mit dem pflegeleichten Haustier im Zimmer. Den Fisch können die Gäste bei ihrer Abreise nach Hause mitnehmen. Er erinnert sie an die minimalistisch inspirierte, jedoch komfortable Atmosphäre ihres Zimmers und das glasüberdachte Atrium, in dem sich die New Yorker Schickeria allabendlich ein Stelldichein gibt.

Amerikas Architekturstar Frank Gehry wurde ebenfalls in Tribeca aktiv. Wie um das Guggenheim Museum in Bilbao winden sich Titaniumschleifen

Oben: Kulinarische Genüsse im Wirtshaus »Blaue Gans«
Mitte: JFK jr. wohnte bis zu seinem Tod auch in Tribeca.
Unten: Eine romantische Minute im Künstlerviertel

durch das Geschäft des japanischen Modedesigners Issey Miyake in der Hudson Street. Sie ergänzen damit Miyakes Modekreationen perfekt: Der Meister ist ebenfalls für seine wallenden Kleider, Röcke und Pullover bekannt. In diesem Multimillionendollargeschäft finden sich auch A-POCs, Klamotten, die nur aus einem ungeschnittenen Stück Stoff bestehen.

Cheryl Hazans Galerie in der North Moore Street erinnert an eine Zeit, als es in Tribeca noch von jungen, bildenden Künstlern nur so wimmelte. Sie vertritt »up-and-coming talents«. Der ursprünglich aus Ungarn stammende Pál B. Stock ist einer davon. Er bedeckt Holztafeln zuallererst mit einer Schicht Bienenwachs. Nachdem sie getrocknet ist und er sie abgeschliffen hat, malt er geometrische Formen in Ölfarbe darauf, die dann fast über der Oberfläche zu schweben scheinen. Wer weiß, vielleicht kommt ja mal Kunstliebhaber Robert De Niro vorbei und begeistert sich für sein Werk? Sein Hotel bietet ja Ausstellungsfläche genug, um junge Künstler der Öffentlichkeit bekannt zu machen.

Oben: Manhattan hat auch ein Leihfahrradangebot.
Unten: New Yorker sind immer auf Trab.

Infos und Adressen

ESSEN UND TRINKEN

Blaue Gans. New Yorks beliebtestes Wirtshaus mit wunderbaren Wurstspezialitäten. Duane St. 139, New York, NY 10013, Tel. 212 571 8880, www.kg-ny.com/blaue-gans

Brushstroke. David Bouleys japanisches Kaiseki-Restaurant hat nur abends geöffnet. Hudson Street 30, New York, NY 10013, Tel. 212 791 3771, www.davidbouley.com/brushstroke-main

Nobu. Hier geht Robert De Niro Sushi essen. Hudson St. 105, New York, NY 10013, Tel. 0212 219 0500, www.noburestaurants.com/new-york

Odeon. Diese Art-déco-Bar eröffnete als Erste in der vormals abgelegenen Gegend. West Broadway 145, New York, NY 10013, Tel. 212 233 0507, www.theodeonrestaurant.com

ÜBERNACHTEN

Cosmopolitan Hotel. Hundert Jahre altes Hotel, neu renoviert, preisgünstig. 95 West Broadway, New York, NY 10007, Tel. 212 566 1900, www.cosmohotel.com

Greenwich Hotel. Robert De Niros jüngste Spielwiese, auf »Old New York« gestylt. 377 Greenwich

Im »Greenwich Hotel« haben Gäste viel Platz.

Werke von De Niro sen. hängen in dem Hotel.

Street, New York, NY 10013, Tel. 212 941 8900, www.thegreenwichhotel.com.

Tribeca Grand Hotel. Die Lagerhausarchitektur des 19. Jahrhunderts wird hier neu interpretiert. 2 Avenue of the Americas, New York, NY 10013, Tel. 212 519 6600, www.tribecagrand.com

AUSGEHEN

Brandy Library. Diese Bar besinnt sich auf die amerikanische Cocktailtradition. Branntweine vom Feinsten. 25 North Moore St., New York, NY 10013, Tel. 212 226 5545.

EINKAUFEN

Cheryl Hazan Gallery. Galerie für junge, aufstrebende Künstler. 35 North Moore St., New York, NY 10013, www.cherylhazan.com

Issey Miyake. Die amerikanische Vertretung des japanischen Designers. Frank Gehry übte hier für das Guggenheim Bilbao. 119 Hudson St., New York, NY 10013, www.tribecaisseymiyake.com

ANFAHRT

U-Bahn-Linien 1, 2, 3, A, C zur Chambers Street, Linie 1 zur Franklin Street.

9 SoHo
Das Boutique-Viertel

Das einstige Künstlerviertel mit den imposant-luftigen Gusseisengebäuden ist heutzutage ein Einkaufsparadies. Tausende von Besuchern strömen durch die Prince und Spring Street. Neben schicken Restaurants und Luxushotels befinden sich hier Geschäfte für den erlesenen Geschmack. In Museen wie dem Earth Room und Donald Judds Wohnhaus tritt vor Augen, wie sich »Loft Living« für ein minimalistisches Kunstkonzept eignete.

In SoHo heißt der Leibhaftige nicht Beelzebub, sondern Moses, Robert Moses, um genauer zu sein. Der allmächtige New Yorker Städteplaner bestimmte von den Dreißiger- bis in die Sechzigerjahre die New Yorker Stadtlandschaft. Durch den Bezirk südlich der Houston Street wollte er 1962 eigentlich eine Autobahn ziehen. Fast 250 historisch wertvolle Gusseisengebäude mit großen Fensterflächen und riesigen Lofts wären diesem Projekt zum Opfer gefallen. Glücklicherweise traten Altstadtbewahrer wie Jane Jacobs auf den Plan. Sie erreichten, dass SoHo (SOuth of HOuston) 1973 unter Denkmalschutz gestellt wurde.

Wie vor hundert Jahren

Besucher, die heutzutage die Metrolinie N oder R bis zur Prince Street nehmen, werden im Cast Iron Historic District ausgespuckt. Gleich auf dem Broadway sticht mit der Nummer 561 das liebliche »Little Singer Building« ins Auge. Die Nähmaschinenfirma ließ hier 1902 von Architekt Ernest Flagg eine zwölfstöckige Fabrik errichten, deren verspielte Jugendstilfassade aus Terrakotta, Ziegel,

Mitte: Riesige Plakate regen in SoHo zum Kaufen an.
Unten: Die Designerin Morgane Le Fay betreibt auf der Wooster Street ein Geschäft.

SoHo

Einige alte Häuser in SoHo sind elfenbeinfarben gestrichen.

Stahl und Glas darüber hinwegtäuscht, dass dahinter einst schwer gearbeitet wurde. In Nummer 550 auf der gegenüberliegenden Straßenseite eröffnete Edeljuwelier Charles Tiffany im Jahr 1853 sein drittes Geschäft. Zwei Straßen weiter südlich, an der Ecke Broadway/Broome Street, wächst das mächtige Haughwout Building im venezianischen Stil in die Höhe. Als »King and Queen of Greene Street« werden die beiden Gebäude mit den Nummern 72–76 und 28–30 bezeichnet. Mit Elfenbeinfarbe wurde die Fassade des »Königs« gestrichen, dessen zum Himmel strebende Dachfenster die französische Renaissance imitieren.

Auf der Greene Street blieb das Straßenbild des späten 19. Jahrhunderts komplett erhalten. Schon bevor Jane Jacobs und ihre Mitstreiter die Gegend vor dem Abbruch gerettet hatten, zog es viele Künstler in die aufgelassenen Fabrikhallen. Sie brachten »Loft Living« in Mode. Als die Gegend in den Sechziger- und frühen Siebzigerjahren nicht einmal von der Müllabfuhr bedient wurde, organisierten sie Ausstellungen für Kenner zeitgenössischer Kunst. Renommierte Galerien wie die von Leo Castelli und Ileana Sonnabend folgten ihnen. Danach kamen die kleinen Geschäfte und dann wiederum die großen Mode- und Wohndesignfirmen.

Nicht verpassen

RAOUL'S RESTAURANT

Der Elsässer Serge Raoul ist ein Pionier in SoHo. Gemeinsam mit seinem Bruder Guy eröffnete er 1974 in der Prince Street ein französisches Bistro, in dem sich die Stars die Klinke in die Hand gaben. Das schummrige Lokal mit den Lederbänken, der großen hölzernen Bar und der gemusterten Aluminiumzierdecke war ursprünglich ein italienisches Restaurant. Serge und Guy begannen hier gebratene Gänseleber mit Weintraubenpüree, Austern, Entenbrust und Crème brûlée zu servieren. »Mick Jagger stellte sich manchmal selbst in die Küche und briet sich einfach ein Steak«, erzählt Serge Raoul. Auch Andy Warhol und Robert Rauschenberg tafelten hier gern. Das Lokal hat sich die Atmosphäre von anno dazumal erhalten. Die Wände sind mit Dutzenden Gemälden gespickt, die Künstler manchmal in Ermangelung von Bargeld hinterließen.

Raoul's Restaurant. Prince Street 180, New York, NY 10012, Tel. 212 966 3518. www.raouls.com

Rundgang SoHo

Auf einem Rundgang durch SoHo erwarten Spaziergänger hyperschicke Auslagen angesagter Modedesigner, einladende durchgestylte Restaurants und Museen für minimalistische Kunst. Bemerkenswert sind jedoch die historischen Gusseisengebäude des Viertels.

A Little Singer Building. Dieses Gebäude aus dem Jahr 1902 sieht aus, als hätte Jugendstilarchitekt Ernest Flagg grüne Spitze über die Balkone gelegt. Loft-Apartments kosten hier um die 10 Millionen Dollar.
Broadway 561.

B In dem Geschäft in diesem Gebäude verkaufte Edeljuwelier Tiffany im Jahr 1853 seine Geschmeide und Lampen. Es war das dritte Geschäft von Amerikas berühmtem Glaswaren- und Schmuckerzeuger.

In SoHo mag man es farbenfroh

Die Firmengeschichte begann im Jahr 1837. Broadway 550.

C E. V. Haughwout Building. An den Palazzi in Venedig orientierte sich John P. Gaynor, als er im Jahr 1857 das 24 Meter hohe Bauwerk entwarf. Das hübsche, luftige Gebäude war ursprünglich ein Kaufhaus, in dem auch Abraham Lincolns Frau Mary Todd Lincoln das Geschirr für das Weiße Haus bestellte.
Broadway 488–492.

D Queen of Greene Street. Isaac Duckworth nahm 1873 beim zweiten Empirestil und beim Barock Anleihen für dieses elegante Gebäude. Freistehende Säulen schmücken die Fassade. Selbst das Fenster zum Mansardenzimmer ist noch von Säulen umrahmt.
Greene Street 28.

E King of Greene Street. Die französische Renaissance inspirierte Isaac Duckworth beim Bau dieses Gebäudes im Jahr 1873. Aber selbst an so einem eindrucksvollen Bauwerk dürfen die Feuertreppen nicht fehlen.
Greene Street 72–76.

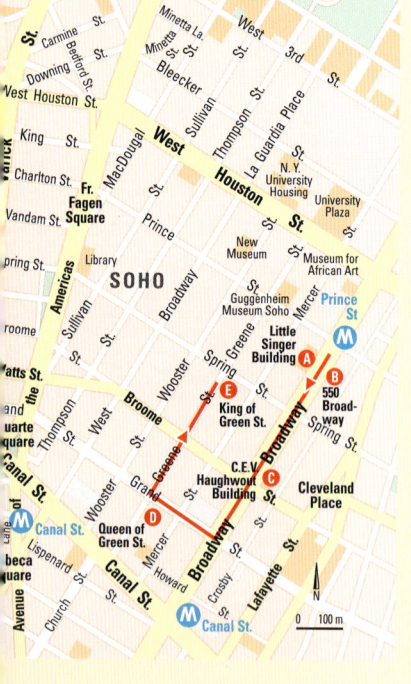

Konzeptkunst im Loft

Der deutsche Kunstimpresario Heiner Friedrich
wohnte in den Siebzigerjahren am West Broadway
und betrieb auf der Mercer Street eine Galerie.
Sein eigenes Wohnloft stellte er 1980 dem Land-
schaftskünstler Walter De Maria zur Verfügung.
Dieser legte in seiner Installation *Broken Kilometer*
500 runde, auf Hochglanz polierte Messingstäbe
horizontal auf den Boden, die allesamt zwei Meter lang und fünf Zentimeter breit sind. Die
500 Stäbe liegen in fünf parallelen Reihen. Der
Abstand zwischen den Stäben wächst jeweils um
fünf Millimeter, sodass ein Eindruck von Weite
und Unendlichkeit entsteht. Kontemplative Gedanken kommen auch bei Walter De Marias zweitem
Kunstwerk *Earth Room* in der Wooster Street auf.
Der Künstler füllte einen Raum mit 197 Kubikme-
tern, sprich 140 000 Kilogramm Erde.

Ein Prototyp für »Loft Living« ist in Nummer 101
Spring Street zu bewundern. Hier wohnte in den
späten Sechziger- und frühen Siebzigerjahren der
minimalistisch arbeitende Künstler Donald Judd.
Nach seinem Tod wurde das Haus in ein Museum
umgewandelt. Gediegen simpel sind die Arvo-Aalto-
und Gerrit-Rietveld-Sessel. Im dritten Stock, Judds
Atelier, steht eine seiner einfachen Stahlskulpturen
im Raum. An den Wänden hängen Werke von Frank
Stella und Claes Oldenburg. Kunstinteressierte
müssen den Besuch dieses minimalistischen Klein-
ods vorher per Internet reservieren. Vor Ort ist das
aufgrund der begrenzten Besucherzahl schwierig.

Licht spielte eine wichtige Rolle für den französischen Stararchitekten Jean Nouvel, als er das
Wohnhaus Mercer Street Nummer 40 plante. Wie
ein dreidimensionales Gemälde von Piet Mondrian
sieht das Gebäude aus dem Jahr 2007 aus. Rote und
blaue Scheiben benutzte der Architekt, um die riesigen Glasfenster zu umrahmen. Diese sind die

Oben: Die Prince Street ist eine der
Hauptstraßen von SoHo.
Mitte: In den gemütlichen Cafés
lässt es sich gut lesen.
Unten: Über Feuerleitern entkamen
Fabrikarbeiter einst gefährlichen
Situationen.

71

CROSBY STREET HOTEL

Tim und Kit Kemp, Besitzer der Firmdale-Hotelgruppe, begannen ihre Karriere im Londoner Soho. Jetzt bringen sie auch in den gleichnamigen New Yorker Stadtteil ihren schicken Stil. Seit mehr als zwei Jahrzehnten ist Designerin Kit Kemp für ihren »Mix & Match«-Look bekannt. In Londoner Firmdale-Hotels wie »Covent Garden Hotel« und »Charlotte Street Hotel« kombiniert sie zielsicher poppige Muster in gewagten Farben mit Antiquitäten und Möbeln, deren Formensprache vom 18. Jahrhundert bis zur Gegenwart reicht. Das »Crosby Street Hotel« wurde im Jahr 2009 eröffnet und reflektiert die Gusseisengebäude der Umgebung in seiner Architektur. Von seinen riesigen Fenstern genießen Gäste den Ausblick über die Häuserlandschaft von SoHo. Englische Tradition wird beim Nachmittagstee gepflegt, bei dem Gäste erlesene Teesorten von Harney & Sons probieren können.

Crosby Street Hotel. 79 Crosby Street, New York, NY 10012, Tel. 212 226 6400, www.crosbystreethotels.com

Einfach gut!

Auch nette Unterwäsche gibt es hier.

größten ihrer Art, die je in einem Wohngebäude in den Vereinigten Staaten angebracht wurden.

Ein Meer an Geschäften

Eine der besten Barfrauen der Welt ist ebenfalls in SoHo aktiv. Audrey Saunders gewann 2007 die Cocktail Spirit Awards und mischt in ihrem kolonial-asiatisch inspirierten »Pegu Club« in der West Houston Street Cocktails auf Ginbasis.

Das Geschäft der italienischen Luxusdesignerin Miuccia Prada liegt in der Prince Street. Der berühmte niederländische Architekt Rem Koolhaas brachte im riesigen Verkaufsraum eine Rampe an, die Kritiker die »größte Skateboardbahn der Welt« genannt haben. Die amerikanische Designerin Kate Spade (Geschäft in der Broome Street) gilt als erster Name in Sachen Taschen. Sie ist für ihre klassischen, jedoch auch praktischen Kreationen in gewagten Farben bekannt. Das Möbelgeschäft in der Walker Street verkörpert den Spirit von SoHo. Die Designerin Sabrina Schilcher bietet hier handverlesenes Mobiliar im Retro-Look an. »Property« nannte Schilcher ihren Laden, was so viel heißt wie »Besitz« oder »Liegenschaft«. Künstler, die die Lofts vor 40 Jahren bezogen, besitzen jetzt ein Vermögen.

Infos und Adressen

SEHENSWÜRDIGKEITEN

Broken Kilometer. Installation des Landschaftskünstlers Walter De Maria. Mi–So 12–18 Uhr (15–15.30 Uhr Pause). 393 West Broadway, New York, NY 10012, Tel. 212 989 5566, www.diaart.org

Donald Judd Foundation. Das ehemalige Wohnhaus des Künstlers Donald Judd. Führungen Di, Do, Fr 12, 15 und 17 Uhr, Sa 11, 13, 15 und 17 Uhr, 101 Spring St., New York, NY 10012, Tel. 212 219 2747, www.juddfoundation.org, Anmeldung unter 866 811 4111 oder newyork@juddfoundation.org

Earth Room. Bei diesem Kunstwerk von Walter De Maria ist der Name Programm. Mi–So 12–18 Uhr (15–15.30 Uhr Pause), 141 Wooster St., New York, NY 10012, Tel 212 473 8072, www.diaart.org

ESSEN UND TRINKEN

Fanelli's Café. Eine Barinstitution in SoHo. 94 Prince St., New York, NY 10012, Tel. 212 226 9412.

ÜBERNACHTEN

60 Thompson. Modernes Gebäude, tolle Dachterrasse. 60 Thompson St., New York, NY 10012, Tel. 877 431 0400,www.thompsonhotels.com

Mercer Hotel. Dieses Designhotel gehört Uma Thurmans Ex-Freund. In der Die Lobby gibt es eine großartige Bibliothek mit Büchern und Zeitschriften, im Restaurant The Mercer Kitchen wird ausgezeichnete amerikanische Küche in entspannter Atmosphäre serviert. 147 Mercer St., New York, NY 10012, Tel. 212 966 6060, www.mercerhotel.com

Sohotel. Renoviertes Hotel in historischem Ambiente. 341 Broome St., New York, NY 10013, Tel. 212 226 1482, www.thesohotel.com

AUSGEHEN

Ear Inn. Skurrile alte Bar mit vielen Antiquitäten. 326 Spring St., New York, NY 10013, Tel. 212 473 7348, www.earinn.com

Edelkonfitüre bei Marie Belle auf der Broome Street

Pegu Club. Die besten Cocktails von New York auf Ginbasis, Jazzmusik. 77 West Houston St., 2. Stock, New York, NY 10012, Tel. 212 473 7348, www.peguclub.com

EINKAUFEN

Kate Spade. Der Vorzeigeladen der amerikanischen Handtaschendesignerin. 454 Broome St., New York, NY 10012, www.katespade.com

Mariebelle Sweets. Schokoladenladen und Teesalon wie im Frankreich der Belle Époque. 484 Broome St., New York, NY 10013, www.mariebelle.com

Prada. Rem Koolhaas entwarf den riesigen Verkaufsraum für den italienischen Luxusladen. 575 Broadway, New York, NY 10012, www.prada.com

Property. Coole Möbel für hochkarätige Kunden. 57 Walker St., New York, NY 10013, www.propertyfurniture.com

ANFAHRT

Mit den U-Bahn-Linien N, R, Q zur Prince Street, mit den Linien 6, C, E zur Spring Street.

10 Chinatown & Little Italy
Dim Sum & Tagliatelle

Ein Viertel der 400 000 Einwohner New Yorks mit chinesischen Wurzeln lebt in Chinatown. Anfang des 20. Jahrhunderts umfasste der Bezirk nur sieben Straßenblocks. Jetzt sind es 40. Da viele der Bewohner von Little Italy wegzogen, hat Chinatown das Viertel fast für sich eingenommen. Ein paar legendäre Restaurants sind verblieben. Zwei junge Köche servieren eine interessante chinesisch-italienische Fusionsküche.

Einmal im Jahr lassen es die Bewohner von Chinatown so richtig krachen. Wenn sie zwischen dem 20. Januar und dem 21. Februar Neujahr feiern, schleudern sie Tausende von Knallfröschen rund um die Canal Street auf den Boden. Die Götter steigen an diesem Tag angeblich vom Himmel auf die Erde herab. Riesige bunte Drachen mit wildem Ausdruck tanzen durch die Straßen. Tschinellen und Gongs erschallen so laut, als wollten sie die Schneeflocken vertreiben. Und viele der 200 Res-

Mitte: Girlanden und eine Leuchtschrift markieren die Grenze zu Little Italy.
Unten: Ein riesiges Shoppingzentrum in Chinatown

GUT ZU WISSEN

AUFPASSEN AM ABEND
Untertags empfiehlt sich ein Besuch von Chinatown sehr. Im Menschengewühl gehen Touristen leicht unter. Abends herrscht jedoch eine andere Stimmung. Die Läden sind geschlossen, und auf der Straße gehen nicht viele Leute herum. Da kann man schon ein bisschen ängstlich werden. Wer nächtens also Gusto auf chinesisches Essen hat, sollte seinen Hunger besser weiter nördlich im East oder West Village stillen.

taurants setzen Spezialitäten auf die Speisekarte, die Glück und Wohlstand bringen sollen: Acht-Schätze-Kräutersuppe mit Schweinerippchen und klebrigen Nian-Gao-Kuchen, der dem Küchengott den Mund stopfen soll, damit er die Familie vor den anderen Göttern nicht schlechtmacht.

Samstags zum Dim Sum

Kochen und Essen hat in der größten chinesischen Siedlung außerhalb des Landes der Mitte eine große Bedeutung. Besonders am Samstag zur Mittagszeit. Auch Hunderte nichtchinesische Besucher stellen sich dann bei Dim-Sum-Restaurants wie »Jin Fong« in der Elizabeth Street an. Eine Rolltreppe führt sie in den ersten Stock in einen riesigen Bankettsaal, in dem die Gäste an runden Zwölfertischen zusammengesetzt werden. Kellnerinnen rollen gläserne Servierwagen mit vielen kleinen Tellern und Bambuskörben zwischen den Tischen hin und her. Dim Sum sind kleine gedämpfte oder frittierte Häppchen, die ursprünglich in den Teehäusern auf der Seidenstraße als Wegzehrung gereicht wurden. Zum Großteil sprechen die Bedienungen kein Englisch. Das macht aber nichts, denn ein Fingerzeig reicht und schon landen die mit Krevetten- oder Schweinefleisch gefüllten Klößchen, Teigtäschchen und Jungzwiebelpfannkuchen auf dem Tisch. Ganz Mutige trauen sich sogar an Fung Zao heran, gebratene Hühnerkrallen in Sojasauce. Chinatown in Manhattan entstand in der Mitte des 19. Jahrhunderts, als erste chinesische Einwanderer in die Stadt kamen, die zuvor am Bau der amerikanischen Eisenbahn mitgearbeitet hatten. Nach dem Zweiten Weltkrieg wuchs die chinesische Gemeinde so sprunghaft an, dass sich viele von ihnen in Wohnhäuser einmieteten, die sich traditionellerweise im Besitz der italo-amerikanischen Gemeinde befanden.

Nicht verpassen

DIE BESTEN NUDELN IN CHINATOWN

Die im westlichen Teil des Landes gelegene Stadt Xi'an war einst die Hauptstadt Chinas. In der am Anfang der Seidenstraße gelegenen Stadt vermischten sich die Einflüsse aus dem arabischen Raum mit der chinesischen Küche. Ein junges Unternehmerteam aus Xi'an propagiert seit einigen Jahren die westchinesische Küche und eröffnete in New York bereits fünf Zweigstellen. Die Köche ziehen den Nudelteig mit der Hand aus und mischen 30 (!) verschiedene Gewürze in eine pikante Geheimsauce. Gäste schätzen auch das Lamm mit Kreuzkümmel, das in einem Fladenbrot serviert wird.

Xi'an Famous Foods. Bayard Street 67, New York, NY 10013, kein Tel., www.xianfoods.com

Bombardement der Sinne

Wer heute durch die Straßen von Chinatown schlendert, fühlt sich wie auf einem bunten Jahrmarkt. Lebendige Aale schlängeln sich in den Körben der Fischgeschäfte. Mechanische Papageien plappern aus Billig-Krimskramsläden. Stachelige Durian-Früchte verbreiten in den Gemüseläden ein exotisches Aroma. In den Teesalons des 20.Jahrhunderts ist Bubble Tea der Renner: Junge Leute saugen süße Tapiokaperlen mit Strohhalmen aus diesem Eistee.

Der Fußgängerverkehr auf der Canal Street kommt tagsüber dem der Fifth Avenue in Midtown gleich. Mit ihren Rufen »Handbag, Chanel, Louis Vuitton, Prada, come inside« locken die Verkäufer kaufwütige Damen in ihre Verkaufsräume. Die Luxustaschenimitate haben bei der Polizei einen schlechten Ruf. Hin und wieder kommt es auch zu Razzien. Das mindert aber die Nachfrage nicht. Ebenfalls in der Canal Street decken Künstler in mehreren Geschäften ihren Bedarf. Hier kaufen sie zum Beispiel mit filigranes Reispapier und kalligrafische Instrumente.

Maya Lins Museumsarchitektur

Aber nicht nur Konsum und Gastronomie werden in Chinatown groß geschrieben. Das Museum of Chinese in America (MOCA) in der Center Street hat es sich zum Ziel gesetzt, die Geschichte der Gemeinde nicht in Vergessenheit geraten zu lassen. Der Historiker John Juo Wie Tchen und der Aktivist Charles Laiand begannen bereits im Jahr 1980, die älteren Bewohner des Bezirks zu interviewen. Im Jahr 2009 bezog MOCA ein von der Architektin Maya Lin entworfenes Gebäude. Lin hatte bereits 1981 als Studentin die Ausschreibung für das Vietnamkrieg-Denkmal in Washington, D.C. gewonnen. Eindrucksvoll ist ein komplett erhaltenes Geschäft aus dem frühen 20. Jahrhun-

Oben: Eine Buddhafigur lächelt aus einer Auslage zu.
Mitte: Auf dem Markt wird allerlei Exotisches feil geboten.
Unten: Bei Big Wong gibt es eine riesige Auswahl kantonesischer Gerichte.

dert. Die Interviews und Geschichten geben Aufschluss darüber, dass chinesischstämmige Amerikaner bis zum heutigen Tage mit Rassismus zu kämpfen haben. Sonderausstellungen beleuchten zum Beispiel die Mode im florierenden Shanghai in der Zwischenkriegszeit.

Meditation und Videospiele

Eine Oase der Ruhe ist der buddhistische Mahayanna-Tempel in der Canal Street bei der Manhattan Bridge. Ein fast fünf Meter großer goldener Buddha thront in der Mitte des Saales. Ihm bringen Nonnen Äpfel, Orangen und Blumenblüten dar. Besucher können sich am Eingang ein Glücksröllchen kaufen, in dem eine kurze buddhistische Legende die Antwort auf die vom Käufer gestellte Frage gibt.

Wer New York mit Videospiel-Champions im Teenager-Alter besucht, sollte einen Abstecher zum Chinatown Family Fun Center in der Mott Street machen. Jugendliche bewegen sich auf der Dance-Revolution-Maschine ungeheuer schnell. Danach zerhacken sie beim Fruit-Ninja-Spiel alles Obst, das sich ihnen digital in den Weg stellt.

Oben: Zum San-Gennaro-Fest wird Little Italy schön geschmückt.
Unten: Im Police Building wohnte einst Richard Gere.

Erfindungsort der Pizza

TORRISI ITALIAN SPECIALTIES

Kein New Yorker fährt nach Little Italy, um Spaghetti Bolognese zu essen. Das ist den Touristen vorbehalten. In Restaurants wie dem »Puglia« serviert man ihnen die Lasagne, während die Kellner ihren italienischen Charme versprühen. Zwei junge Küchenchefs haben es sich jetzt zum Ziel gesetzt, mit diesem Klischee aufzuräumen. Rich Torrisi und Mark Carbone kauften einen alten Delikatessladen auf und eröffneten im Jahr 2010 einen »tasting room«, in dem sich Gäste quer durch die kulinarische Geschichte New Yorks kosten können. Die Köche servieren hübsch angerichtete Speisen wie chinesische Cashew-Hühneraustern und *gnoccho fritto* mit geräuchertem Kabeljau, Rogen und Mohn. Ihrem italienischen Erbe widmen sie sich im benachbarten Restaurant »Parm« – aber diesmal sind auch Feinschmecker zufrieden. Reservierung unbedingt erforderlich! www.torrisinyc.com

Torrisi Italian Specialties. Mulberry Street 250, New York, NY 10012, Tel. 212 965 0955, **Parm.** Mulberry Street 248, New York, NY 10012, Tel. 212 993 7189, www.parmnyc.com

Einfach gut!

Little Italy erstreckt sich heute hauptsächlich um die Mulberry Street nördlich der Canal Street. Obwohl die Nachfahren der ursprünglichen Einwanderer nach Brooklyn, Queens, New Jersey und Long Island gezogen sind, erinnert das über die Straßen gespannte rot-weiß-grüne Lametta an Zeiten, in denen hier vorwiegend Neapolitanisch gesprochen wurde. An der Theke der »Mulberry Street Bar« standen schon im Jahr 1908 echte Mafiosi. In jüngerer Zeit fanden sich hier die Film-Gangster ein: Frank Sinatra, Al Pacino und Mickey Rourke. Von »Lombardi's« in der Spring Street trat eine italienische Spezialität ihren Siegeszug in die ganze Welt an: Das kleine Lokal verkaufte als Erstes in den USA Pizza! Eine überlebensgroße Mona Lisa bietet heute in der Auslage eine »pie« an, wie Pizzas oft kurz genannt werden. Wie vor über hundert Jahren schwören die Besitzer darauf, dass die leicht angeschwärzte Unterseite der Pizza eine geräucherte Geschmacksnote verleiht. »Lombardi's« bäckt auch eine weiße Pizza, belegt mit Mozzarella, Ricotta und Romano-Käse. Die italienisch-amerikanische Gemeinde nahm sich ein Beispiel an der chinesisch-amerikanischen Bevölkerungsgruppe und errichtete 2001 ebenfalls ein Museum. Es ist im historischen Gebäude der Banca Stabile in der Mulberry Street angesiedelt, einer ehemaligen Bank, in der vielen Immigranten gleich nach ihrer Ankunft mit mehr als nur Geldgeschäften geholfen wurde. Ausstellungen beleuchten zum Beispiel das Leben von Giuseppe Garibaldi, der 1848 einige Zeit auf Staten Island verbrachte und sogar amerikanischer Staatsbürger wurde. Der kulinarische Einfluss der Apenninen-Halbinsel auf Amerika wird beim mehrtägigen San-Gennaro-Straßenfest im September zelebriert, bei dem die Statue des Heiligen durch die Gegend getragen wird. Nach dem Ave-Maria tönt die Tarantella-Musik aus den Lautsprechern.

Ein Pläuschchen bei einer Pizza

Infos und Adressen

Allerlei Schnickschnack gibt es in vielen Läden.

ESSEN UND TRINKEN

Jin Fong. Riesiges Dim-Sum-Restaurant. Elizabeth Street 20, New York, NY 10013, Tel. 212 964 5256, www.jingfongny.com

Joe's Shanghai. Berühmt für seine Klößesuppe. Pell Street 9, New York, NY 10019, Tel. 212 233 8888, www.joeshanghairestaurants.com

Lombardi's. Die erste Pizzeria der USA. Spring St. 32, New York, NY 10012, Tel. 212 941 7994, www.firstpizza.com

Mulberry Street Bar. Hier wurden viele Mafiafilme gedreht. Mulberry Street 176½, New York, NY 10013, Tel. 212 226 9345.

Peking Duck House. Die beste Adresse für Entengerichte. Mott Street 28, New York, NY 10013, Tel. 2122271818, www.pekingduckhousenyc.com

ÜBERNACHTEN

Best Western Bowery Hanbee Hotel. Renoviertes, günstiges Hotel. Besonders geeignet für Familien. Grand Street 231, New York, NY 10013, Tel. 212 925 1177, www.bestwestern.com

AKTIVITÄTEN

Chinatown Fair Family Fun Center. Spielhalle für Video-Junkies. Mott Street 8, New York, NY 10038, www.chinatownfair.biz

MUSEEN

Italian-American Museum. Das Museum widmet sich u. a. dem Beitrag der italienischen Einwanderer zur amerikanischen Kultur und Gesellschaft. Sa 11–18 Uhr, So 12–18 Uhr, unter der Woche gegen Voranmeldung, Mulberry Street 155, New York, NY 10013, Tel. 212 965 9000, www.italianamericanmuseum.org

Mahayanna Buddhist Temple. Freier Eintritt, um die größte Buddha-Statue der Stadt zu sehen. Mahayanna Buddhist Temple. Canal Street 133, New York, NY 10013.

Museum of the Chinese in America. Präsentiert 160 Jahre amerikanisch-chinesische Geschichte in innovativen Ausstellungen. Di, Mi, Fr, Sa, So 11–18 Uhr, Do 11–21 Uhr, Centre Street 215, New York, NY 10013, Tel. 212 619 4785, www.mocanyc.org

FESTE UND VERANSTALTUNGEN

Chinesisches Neujahr. Januar/Februar. Das genaue Datum steht im Internet.
Feast of San Gennaro. Größtes italo-amerikanisches Fest in New York. Genaues Datum unter www.sangennaro.org

ANFAHRT

U-Bahn-Linien A, C, E und N, R zur Canal Street, Linie 6 zur Spring Street.

Frischer Fisch für den Dinnertisch

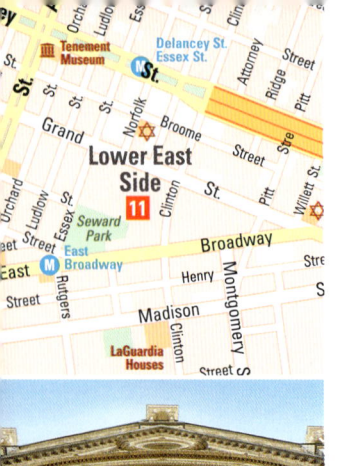

11 Lower East Side
Back to the roots!

New York ist die Stadt mit der weltweit höchsten Anzahl jüdischer Einwohner. Wenn Amerikaner mit jüdischen Wurzeln der Stadt einen Besuch abstatten, zieht es sie oft auf die Lower East Side, wo sich viele Einwanderer Ende des 19. und Anfang des 20. Jahrhunderts niederließen. Im Tenement Museum erfahren Sie mehr über die Geschichte der Immigration. Die Eldridge Street Synagogue erstrahlt jetzt wieder in neuem Glanz.

Mitte: Die Rosette der Eldridge-Street-Synagoge wurde der von Notre Dame nachempfunden.
Unten: Viele Besucher zieht es in den neu renovierten Tempel.

»Hat Bubbys Bubby wirklich einmal so eng mit anderen Leuten zusammenwohnen müssen?«, erkundigt sich die kleine Naomi aus Chicago über ihre Ururgroßmutter. Sie besucht mit ihren Eltern das Tenement Museum, ein Zinshaus in der Orchard Street, das von 1863 bis 1935 rund 7000 Einwanderer in 20 kleinen Wohnungen beherbergte. Von den Wänden blättern 18 Schichten Tapete ab. Naomi und die anderen der Gruppe erfahren die Geschichten verschiedener Familien, die in diesem Gebäude gewohnt haben. Die preußische Familie Gompertz z. B. zog 1872 hier ein. Vater Julius verschwand jedoch 1874 spurlos, und seine Frau Natalie brachte die vier Kinder mit Näharbeiten durch. Die Singer-Maschine im Wohnzimmer erinnert daran, dass Natalie oft bis tief in die Nacht nähen musste. Und das beim Schein der Petroleumlampe, denn Strom kam erst Anfang des 20. Jahrhunderts in die Orchard Street. Einige der Wohnungen wurden in den letzten Jahren auch renoviert. Hier treten Schauspieler in historischen Kostümen auf. Die 14-jährige »Victoria Confino« ist z.B. eine sephardische Jüdin aus Griechenland, die 1916 in die USA kam.

Auf der Lower East Side haben die Hipster ihre
Zelte aufgeschlagen.

I'm having what she's having

Die Straßen rund um das heutige Tenement
Museum barsten einst vor Menschen. Hausierer
zogen mit Handkarren durch die Straßen. Kessel-
flicker schlugen lautstark auf Töpfe, damit Frauen
ihre Hauswaren zum Reparieren brachten. Aus
den Läden drang der Geruch von Essiggurken.
Ein Teller davon steht auch heute noch auf jedem
Tisch von »Katz's Delicatessen« in der East Houston
Street, dem Paradebeispiel für ein jüdisches Deli-
restaurant. »Katz's« mit der riesigen roten Neonleuchtschrift ging in die Filmgeschichte ein, als
Meg Ryan beim Genuss eines Pastrami-Sandwiches
einen Orgasmus vortäuschte. Reuben-Sandwiches
gibt es hier, dick mit Corned Beef, Käse und Sauerkraut bestückt.

Als noch viel mehr Menschen koscher kochten als
heutzutage, wurden in »Delicatessen«-Läden wie
»Katz's« nur Fleisch und Wurst verkauft. Wollte man
Fisch, ging man in »Appetizing Stores« wie »Russ &
Daughters«, ebenfalls in der East Houston Street. Es
ist das Letzte seiner Art auf der Lower East Side.
Im chromverbrämten Laden schmieren Verkäufer

Geheimtipp

BLUE MOON HOTEL

Ein altes Zinshaus in der
Orchard Street wandelte
die Settenbrino-Familie in
das »Blue Moon Hotel« um. Auf
die ursprünglich fünf Stockwerke
setzten sie noch drei weitere drauf.
Sie brachten das hölzerne Treppen-
geländer, die Wandtäfelung und die
schweren Flügelfenster auf Hochglanz und statteten die Zimmer mit
schmiedeeisernen Betten und gemütlichen Ledersofas aus. Jedes Zimmer
ist nach einem Filmstar aus der Zeit
benannt, als die Bilder laufen lernten.
Das Marx-Brothers-Zimmer verfügt
über eine große Terrasse mit Blick
über ganz Lower Manhattan. An der
Rezeption stehen DVDs der Klamauk-
brüder zur Verfügung. Zum Frühstück
werden gratis Bagels und Bialys
serviert, frisch von »Kossar's Bakery«
in der Grand Street.

Blue Moon Hotel. Orchard
Street 100, New York, NY 10002,
Tel. 212 533 9080,
www.bluemoon-nyc.com

Spaziergang durch die Lower East Side

Auf der Lower East Side fühlen sich Spaziergänger in die Zeit zurückversetzt, als Ströme von Immigranten in New York Fuß fassten. In den alten Zinshäusern befinden sich jetzt schicke Wohnungen. Die Gegend ist jedoch auch im 21. Jahrhundert angekommen, wie ultramoderne Bauwerke wie das »Hotel on Rivington« beweisen.

A Katz's Delicatessen. Hoch reckt sich ein Schild mit der Aufschrift »Katz's« auf der East Houston Street in die Luft. Kenner wissen, dass es zu dem 1888 eröffneten Deli gehört, das durch den Film *Harry & Sally* Berühmtheit erlangte. Besucher bestellen am besten ein Pastrami-Sandwich, für das »Sally« Meg Ryan so schwärmte. Besonders

schmackhaft ist auch die Matzo Ball Soup mit Klößen aus Mazzemehl. East Houston Street 205.

B Hotel on Rivington. Dieser 20-stöckige Glas- und Aluminiumturm gilt als das Nonplusultra in Sachen Design auf der Lower East Side. Für das Penthouse muss man pro Nacht schon mehrere Tausend Dollar hinblättern, aber dafür hat man auch eine umwerfend transparente Aussicht auf Manhattan.
Rivington Street 107.

C Economy Candy. Etwas Wegzehrung gefällig? Bei Economy Candy gibt es allerlei Süßwaren, von Gummischlangen bis Lakritze, von Dörraprikosen bis Halva. Dieses Geschäft erinnert an die Zeit, als viele Spezialgeschäfte auf der Lower East Side ansässig waren.
Rivington Street 108, www.economycandy.com

D Essex Street Market. Ein wahres Schlaraffenland an kulinarischen Versuchungen. Kenny Shopsin brät in dem nach ihm benannten Lokal zwar herrliche Pfannkuchen mit Kürbisstücken und Zimt, ist aber als der exzentrischste Wirt von ganz New York bekannt. Wenn er mit einem Gast schlechte Erfahrungen gemacht hat, kann es schon vorkommen, dass er »I won't serve you asshole« sagt.
Essex Street 120.

E Tenement Museum. Bei Führungen durch dieses Museum erfahren Besucher Interessantes über mehrere Generationen von Einwanderern aus verschiedenen Ländern.
Orchard Street 103.

F Eldridge Street Synagogue. Nach Jahrzehnten der Vernachlässigung erstrahlt diese Synagoge wieder in neuem Glanz.
Eldridge Street 12.

dicke Schichten Weißfischaufstrich auf New Yorks beliebtestes Gebäck, den Bagel. Diese Brötchen mit dem Loch in der Mitte werden vor dem Backen gekocht und sind dann knusprig und saftig zugleich.

Lobpreiset den Herren!

Als 1887 die Eldridge Street Synagogue in der gleichnamigen Straße als erstes Gebetshaus der osteuropäischen jüdischen Gemeinde ihre Pforten öffnete, drängten sich Tausende in ihren Räumen. Sie diente als Zentrale, um die Neuankömmlinge zu Verwandten zu lotsen und ihnen Arbeit und Unterkunft zu verschaffen. Edel sind ihre der Kathedrale von Notre Dame nachempfundene Rosette, die Davidsternmosaike und die Edelholzböden.

Als Simon Hammersteins Ururgroßvater Oscar 1864 aus Stettin in New York einwanderte, fegte er zuerst Böden in einer Zigarrenfabrik. Ab 1889 baute er bereits mehrere Theater, darunter auch eines am Longacre Square, dem späteren Times Square. Oscars gleichnamiger Enkel ging als einer der bedeutendsten Musical-Librettisten in die Geschichte ein. In Zusammenarbeit mit dem Komponisten Richard Rodgers lancierte er Erfolge wie *Der König und ich* am Broadway. Mit seinem Nachtklub »The Box« in der Chrystie Street schlägt Simon Hammerstein eine Brücke in die Zeit seines Ururgroßvaters. Am Freitag und Samstag ist in dem perfekt auf alt getrimmten kleinen Theater die Hölle los. Master of Ceremonies Raven O führt durch das Programm. »What's up, motherfuckers«, schreit er ins dicht gedrängte Publikum. Der ehemalige Cirque-du-Soleil-Performer wirbelt mit den »Hammerstein Beauties« im Cancan über die Bühne. Ihre Beine sind unglaublich lang, so wie sie nur Supermodels und Männer haben. Da Supermodels eine zu hohe Gage verlangen würden,

Geheimtipp

BACK ROOM

Wer eine Zeitreise in die Zwanzigerjahre antreten will, sollte im Back Room in der Norfolk Street vorbeischauen. Mit ihrer rot-goldenen Brokattapete und schummrigem Licht macht die im Besitz von Hollywoodschauspieler Tim Robbins befindliche Bar ganz auf Jahrhundertwendebordell. In den Zwanzigerjahren war sie auch einmal ein »Speakeasy«, ein geheimer Alkoholausschank. Cocktails werden hier wie zur Zeit der Prohibition in dicken weißen Kaffeetassen serviert. Ob die Polizei diesem Trick wirklich auf den Leim ging? Um Halloween finden Kostümbälle statt, bei denen sich Frauen in Flatterkleider aus den Zwanzigerjahren kleiden. Für New York ungewöhnlich: Am Eingang wird streng kontrolliert, ob die Besucher schon über 25 sind. Die Bar will nämlich keine College-Kids, die sich nur volllaufen lassen wollen.

Back Room. Tgl. 19.30–2 Uhr, Norfolk Street 102, New York, NY 10002, Tel. 212 228 5098

Der nächste Bus kommt bestimmt.

stellte »The Box« gleich perfekt auf Frau gestylte Dragqueens an.

Neue Zeiten im alten Viertel

Dass auf der Lower East Side auch Platz für Neues ist, beweisen das hypermoderne »Hotel on Rivington« und das New Museum. Das Glasturmhotel fügt sich erstaunlich gut in die Ziegellandschaft ein. Die beste Aussicht genießen Gäste ab dem zwölften Stockwerk.

Das New Museum in der Bowery sieht so aus, als hätte ein Riesenkind ein paar Kartons ungeschickt aufeinandergestapelt. Dieses scheinbare Ungleichgewicht hat jedoch Methode: Dadurch, dass jedes Stockwerk ein bisschen weiter zurückgesetzt ist, gewinnt das darunterliegende Geschoss eine Zeile von Glasdachfenstern. Das vom japanischen Architektenteam Sanaa gestaltete Museum ist der Gegenwartskunst gewidmet. Ausstellungen mit witzigen Titeln wie *Jünger als Jesus* stellen Künstler vor, die alle unter 33 sind. Noch ein paar Jahre weiter und sie landen vielleicht im Museum of Modern Art oder im Metropolitan Museum. Für ihre Kunst gekreuzigt werden sie hoffentlich nicht.

Oben: Wie durch eine Höhle dringen Gäste in das »Hotel on Rivington«.
Unten: Im New Museum hat die zeitgenössische Kunst ein Heim gefunden.

Infos und Adressen

SEHENSWÜRDIGKEITEN

Eldridge Street Synagogue. Eine der ersten von osteuropäischen Juden errichtete Synagoge in den USA. So–Do 10–17 Uhr, Fr 10–15 Uhr, einstündige Führungen zu jeder vollen Stunde, Eldridge Street 12, New York, NY 10002, Tel. 212 219 0888, www.eldridgestreet.org

ESSEN UND TRINKEN

Katz's Delicatessen. Harry und Sally speisten hier. East Houston Street 205, New York, NY 10002, Tel. 212 245 2246, www.katzsdelicatessen.com

Schillers's Liquor Bar. Bar wie aus dem Berlin der dreißiger Jahre. 131 Rivington St., New York, NY 10002, Tel. 212 260 4555, www.schillersnyc.com

ÜBERNACHTEN

Hotel on Rivington. Hypermoderner Glaspalast mit schönen Aussichten. Rivington Street 107, New York, NY 10002, Tel. 212 475 2600, www.hotelonrivington.com

AUSGEHEN

The Box. Das schrägste Kabarett von New York. Tgl. ab 23 Uhr, Chrystie Street 189, New York, NY 10002, Tel. 212 982 9301, www.theboxnyc.com

Blick auf das Empire State Building vom Hotel on Rivington

Was wäre ein Friseur ohne seinen Hund?

EINKAUFEN

Essex Street Market. Bürgermeister LaGuardia ließ 1940 diesen Markt bauen, um Straßenhandel zu unterbinden. Amerikanischer Brunch bei »Shopsin's General Store« (Mo–Sa), sehr originell. Essex Street 120, New York, NY 10002, www.essexstreetmarket.com

Russ & Daughters. Jüdisches Fischgeschäft. Seit 1914 gibt es in diesem familiengeführten jüdischen Delikatessen- und Fischgeschäft eine riesige Auswahl an geräuchertem Fisch, Kaviar, Bagels und mehr. East Houston Street 179, New York, NY 10002, Tel. 212 475 4880, www.russanddaughters.com

MUSEEN

New Museum. Zeitgenössische Kunst aus der ganzen Welt. Mi, Fr, Sa 11–18 Uhr, Do 11–21 Uhr, Bowery 235, New York, NY 10002, Tel. 212 219 1222, www.newmuseum.org

Tenement Museum. 7000 Menschen aus 20 Ländern wohnten im Laufe von 70 Jahren in diesem Gebäude. Tgl. 90-minütige Führungen von 10.15–17 Uhr, Fr 10–15 Uhr nach Voranmeldung, Orchard Street 108, New York, NY 10002, Tel. 212 982 8420, www.tenement.org

ANFAHRT

U-Bahn-Linie F zur 2 Avenue, East Broadway oder Delancy/Essex Street, Linien B, D zur Grand Street.

NEW YORKER
Küche

Burger schmecken in einem klassischen Diner wie dem Empire Diner in Chelsea gleich nochmal so gut.

Dass New York eine Einwandererstadt ist, macht sich auch in der Küche bemerkbar. Die ist von jeher multikulturell geprägt. Von äthiopischen bis albanischen, von afghanischen bis armenischen Lokalen findet sich hier alles. New York gilt als die Restauranthochburg Amerikas. Nirgend-wo anders auf der Welt essen die Menschen so gern auswärts. Wo je-doch, das ist die Frage.

Schließlich sollen es an die 17 000 Restaurants sein und es herrscht steter Wechsel. Keine Stadt der Welt hängt so sehr an den neuesten Restaurantbewertungen ihrer Stadtzeitung, der New York Times. Ihr Chefkritiker wird wie ein Gott verehrt. Er oder sie hebt Restaurantbesitzer in den Olymp oder schickt sie in den Hades. Deshalb geht der Kritiker auch immer inkognito zum Abendessen, mit Perücke oder aufgeklebtem Bart, mit falscher Kreditkarte, fünfmal die Woche. Die Zeitung hat extra für diese Tests ein Jahresbudget von mehreren Hunderttausend Dollar eingerichtet.

In New York traten auch die Superstars unter den Köchen zum ersten Mal ans Licht der Weltöffentlichkeit – Jean-Georges Vongerichten, Nobu Matsuhisa oder David Bouley etwa. In den Nobelrestaurants der Stadt ist mittags das Essen oft durchaus erschwinglich. Aber es gibt natürlich auch jede Menge Alternativen, vor allem ein breites Angebot an »street food«. Ob Hotdog, Falafel oder Tacos, dank der allgegenwärtigen Imbisswägen kann man fast an jeder Ecke einen Snack bekommen. Eine typisch New Yorker Institution sind auch die Delis, kurz für Delicatessen. In diesen Ladenlokalen kann man meist nicht nur essen, sondern auch einkaufen, und das fast rund um die Uhr. Berühmte Delis wie Katz's haben die Klassiker der jü-

disch-amerikanischen Küche auf der Karte, wie etwa Matzo-ball-Suppe oder dick belegte Pastrami-Sandwiches und natürlich Bagel, das kulinarische Wahrzeichen New Yorks. Der Teigkringel mit dem Loch in der Mitte wurde im 19. Jahrhundert von osteuropäischen Juden importiert. Das Backwerk aus Weizenmehl und Hefe muss zuerst kurz in kochendem Wasser schwimmen, bevor es in den Ofen kommt. Mit Sesam oder Mohn bestreut und mit Cream-Cheese und Räucherlachs belegt, stillt es oft den Hunger für den ganzen Tag.

Unbedingt probieren sollte man natürlich auch eine New Yorker Pizza mit dem typisch dünnen Teig, die italienische Einwanderer Anfang des 20. Jahrhunderts nach New York brachten. Am besten bestellt man ein »slice«, also ein großes Pizzastück. Besonders gute Pizza gibt es bei John's (278 Bleecker St.), Joe's (7 Carmine St.) und Lombardi's (32 Spring St., keine slices!), angeblich die erste Pizzeria in den USA. Und zum Nachtisch lockt dann ein Stück cremiger New York Cheesecake. Ruth Reichl, ehemalige Restaurantkritikerin der New York Times, meinte einst, dass der Rest von Amerika glaube, dass ganz New York nach Cheesecake schmecke. Tut es zwar nicht, aber bei Junior's in Brooklyn oder Lindy's bei der Carnegie Hall wird er fantastisch zubereitet.

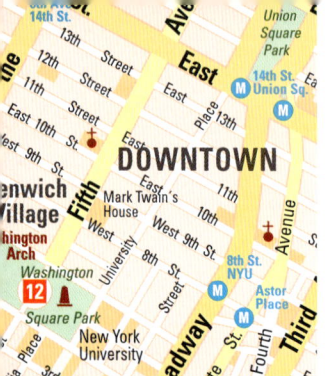

12 Washington Square
Das Herz von Greenwich Village

Rund um den Triumphbogen zu Ehren des ersten amerikanischen Präsidenten dehnt sich das einstige Künstlerviertel aus. In seinen verwinkelten Straßen schrieb einst Allen Ginsberg seine Beat-Gedichte und Bob Dylan seine Folk-Songs. In seinen fast 200 Jahre alten Gebäuden hat sich die New York University eingenistet. Ihre Studenten hängen im Washington Square Park auch heute noch revolutionären Ideen nach.

Als im Jahr 1822 eine Gelbfieberepidemie über New York hereinbrach, flüchteten viele der Bewohner des Stadtzentrums um die Wall Street in die ländliche Gegend weiter nördlich, die englische Siedler Anfang des 18. Jahrhunderts Greenwich Village genannt hatten. Hier bauten sie sich hübsche einstöckige Einfamilienhäuser rund um einen Exerzierplatz, der 1850 in einen Park umgewandelt wurde. Angesichts der militärischen Geschichte des Platzes wurde hier drei Jahre nach der 100-Jahr-Feier der Vereidigung George Washingtons zum ersten amerikanischen Präsidenten 1892 ein Triumphbogen errichtet. Beaux-Arts-Architekt Stanford White (1853–1906) empfand den 23 Meter hohen Triumphbogen dem Pariser Vorbild auf den Champs-Élysées nach. Zwei Marmorfiguren von George Washington – einmal als Soldat, dann als Staatsmann – blicken ernst auf den Anfang der Fifth Avenue. Regelmäßige Parkbesucher finden sich heutzutage hier zu einem Schach- oder Bocciaspiel ein. Oder sie lassen ihren Hunden in einem eigens abgegrenzten Bereich freien Lauf. Im nordwestlichen Teil des Parks steht eine Ulme, an der Häftlinge angeblich aufgehängt wurden.

Der Washington Arch ist dem Triumphbogen in Paris nachempfunden.

Einfach gut!

Ein Hauch von Grün in der Großstadt tut wohl.

Campus der New York University

Wenn es nicht zu kalt ist, bevölkern Studenten der New York University den Park. In seiner Mitte steht ein riesiger Brunnen, in dem kleine Kinder im Sommer gern planschen. Studenten des Musikprogramms legen vor dem Bogen ein paar heiße Jazz-Nummern hin. Ein Publikum finden sie immer.

An der Nordseite des Parks gibt es noch schöne Reihenhäuser aus dem frühen 19. Jahrhundert. Wie viele andere Gebäude im Greenwich Village befinden sie sich heute im Besitz der New York University. In einem von ihnen siedelte der amerikanische Schriftsteller Henry James (1843–1916) die Handlung seines Romans *Washington Square* an. Auf der Südseite des Parks zeichnete Stanford White auch für die 1893 errichtete Judson Memorial Church verantwortlich. Hier ließ er den romanischen Stil wiederaufleben. Der 50 Meter hohe Campanile der Kirche würde auch vorzüglich in die toskanische Landschaft passen. Die baptistischen Pastoren der Kirche setzten sich auch immer für progressive Ideen ein. So stand die Kirche Obdachlosen offen, und die Geistlichen entwickelten in den Fünfzigerjahren das erste Drogenbera-

OTTO

Restauranttausendsassa Mario Batali eröffnet gleich beim Washington Square ein Restaurant, bevor er sein kulinarisches Imperium Eataly am Madison Square eröffnet. Otto Enoteca & Pizzeria ist zwei Lokale in einem. In der Enoteca werden Wein, Käse und im Haus geselchte Wurstspezialitäten an Stehtischen serviert, im großen Speiseraum gibt es Pizza mit ausgefallenen Auflagen wie Kartoffeln, Sardellen und Ricotta oder Fenchel und Bottarga (geselchter Fischrogen). Man darf dem Küchenchef vertrauen – einschließlich des hausgemachten Gelato schmeckt alles wunderbar. Auch die Atmosphäre ist stimmig: das Lokal ist in einem »pre-war building«, einem vornehmen Gebäude aus der Zeit vor dem Ersten Weltkrieg, angesiedelt. Das Konzept schlug so ein, dass es auch nach Las Vegas exportiert wurde.

Otto Enococeta & Pizzeria. Täglich 11:30 – 24 Uhr, One Fifth Avenue/8th Street, New York, NY 10003, Tel. 212 995 9559, www.ny.ottopizzeria.com

In der warmen Jahreszeit dinieren New Yorker gern »al fresco«.

tungsprogramm im Village. Die Kirche und die zu ihr gehörigen Gebäude dienten auch Künstlern der Avantgarde als Ausstellungsraum. Claes Oldenburg (*1929), Jim Dine (*1935) und Robert Rauschenberg (1925-2008) zeigten hier 1957 zum ersten Mal ihre Werke, die zum Teil die Pop-Art vorwegnahmen.

Das Flair der Bohème

Vielleicht war es der Einfluss der Kirche, der nonkonformistische Künstler und Philosophen von den Zwanziger- bis in die Siebzigerjahre des 20. Jahrhunderts ins Village ziehen ließ. In kleinen Lokalen wie dem »Caffè Dante« und dem »Caffè Reggio« auf der Macdougal Street schmiedeten Beat-Poeten wie Jack Kerouac und Allen Ginsberg ihre gefühlsgeladenen Verse. Ab 1950 führte die aus Österreich emigrierte, feministische Literaturwissenschaftlerin Eva Kollisch das jetzt leider nicht mehr bestehende »Caffè Rienzi« im Kollektiv. Dort kam auch Bob Dylan zum Abwaschen dran.

Im Greenwich Village herrschte im Gegensatz zum Rest der Vereinigten Staaten auch keine Rassentrennung. Schwarze und weiße Musiker gaben am Ende der Vierzigerjahre in Jazzclubs wie »Village Gate« und dem Café »Society« ihr Bestes. Ella Fitzgerald und Charlie Parker beboppten vor sich hin, während Les Paul und Mary Ford ihre musikalische Akrobatik mit Spannung verfolgten.

Wer heute durch die Gassen rund um den Washington Square Park bummelt, kann sich hier noch immer verirren – in den Kellerlokalen, in die ein äthiopisches Restaurant mit erschwinglichen Preisen für die Studentenbevölkerung oder ein Falafelladen eingezogen sind oder in Musikclubs wie »Café Wha«, in dem die Hausband Brazooka Sambaklänge mit Jazz mischt.

Oben: Begnadete Musiker spielen am Washington Square oft gratis.
Unten: Bei guter Musik schwingen Zuseher gern das Tanzbein.

Infos und Adressen

SEHENSWÜRDIGKEITEN

Judson Memorial Church. Kirche für Nonkonformisten. Washington Square Park, New York, NY 10012.

Washington Square Park. Um den Triumphbogen gab es schon Demonstrationen für das Frauenwahlrecht und gegen den Vietnamkrieg.

ESSEN UND TRINKEN

Caffè Reggio. Macdougal Street 119, New York, NY 10012, www.cafereggio.com

Caffè Dante. Macdougal Street 79–81, New York, NY 10012, www.caffe-dante.com
Seit fast 100 Jahren servieren beide Cafés Espresso und Cappuccino bis in die frühen Morgenstunden.

Mamoun's Falafel. Authentisches levantinisches Stehcafé. Macdougal Street 119, New York, NY 10012, www.mamouns.com

Meskerem. Einfaches äthiopisches Restaurant mit pikant-geschmackvollen Spezialitäten. Macdougal Street 124, New York, NY 10012, Tel. 212 777 8111.

Peanut Butter & Co. Sandwich Shop. Erdnussbutter ist in Amerika eine Religion. In das Elvis-

Wasserspiele im Washington Square Park

Sandwich kommen Bananen und Speck. Sullivan Street 240, New York, NY 10012, Tel. 212 677 3995, www.ilovepeanutbutter.com/sandwichshop

ÜBERNACHTEN

Washington Square Hotel. 100 Jahre altes Hotel im Art-déco-Stil. Waverly Place 103, New York, NY 10011, Tel. 212 777 9515, washingtonsquarehotel.com

AUSGEHEN

Blue Note. Legendärer Jazzclub. W 3rd Street 131, New York NY 10012, Tel. 212 475 8592, www.bluenote.net

Café Wha? Dieser Nachtclub gehörte dem Onkel von David Lee Roth. Van Halen gab hier schon mal ein Überraschungskonzert. Macdougal Street 115, New York, NY 10012, Tel. 212 254 3706, www.cafewha.com

GALERIEN

Grey Art Gallery. Das Kunstmuseum der New York University hat ein hochqualitatives Ausstellungsprogramm und zeigt z. B. Fotografie aus Kuba und von Diane Arbus. Di, Do, Fr 11–18 Uhr, Mi 11–20 Uhr, Sa 11–17 Uhr, Washington Square 100, New York, NY 10003, www.nyu.edu/greyart

ANFAHRT

U-Bahn-Linien A, B, C, D, E, F, M zur West 4th Street, Linien N, R zu 8th Street NYU.

Sitzgelegenheiten am Washington Square

13 East Village
Unter Bohemiens

Was der Montmartre für Paris Ende des 19. Jahrhunderts bedeutete, war das East Village für New York im ausgehenden 20. Jahrhundert: Tausende Kreative in einer billigen Wohngegend, die auf die bürgerliche Moral pfiffen. Hundert Jahre nachdem Giacomo Puccini mit seiner Oper *La Bohème* über das Leben im Montmartre einen Welterfolg feierte, adaptierte der New Yorker Komponist Jonathan Larson den Stoff 1996 für das Rockmusical *Rent*.

Die im Musical *Rent* dargestellten Bohemiens lebten in den fünfstöckigen, rot geziegelten Zinskasernen des East Village und sangen sich auf der Feuerleiter fast die Seele aus dem Leib. Larsons Mimi litt nicht an Tuberkulose, sondern an AIDS. Traurigerweise imitierte das echte Leben das Musical: Einen Tag nachdem Jonathan Larson der renommierten *New York Times* ein Interview gegeben hatte, verstarb er an einem Herzaneurysma. Seine Rockoper spielte am Broadway 280 Millionen Dollar ein.

Der Charme des Gammelns

Der Musicaltitel *Rent* kommt nicht von ungefähr. Ein Immobilienhai hat das Wohngebäude der Bohemiens gekauft und jagt jetzt seiner Miete hinterher. In den Neunzigerjahren wurde es nämlich zusehends chic, in die Gegend östlich vom Washington Square zu ziehen. Die Apartmentpreise vom Broadway bis zur Avenue C zwischen der East Houston und der 14th Street schnellten rasant in die Höhe. Heute zahlt man selbst für eine Einzimmerwohnung mehrere Tausend Dollar Miete.

Mitte: So hübsch ließen Besitzer einst ihre Häuser verzieren.
Unten: Künstler verschönerten die Fassade mit einer surrealistischen Wandmalerei.

East Village

Nicht verpassen

Am St. Mark's Place befinden sich viele Studentenlokale.

COOPER UNION

Am südwestlichen Rand des Astor Place thront ein riesiges Backsteingebäude im Neo-Renaissancestil. Die Cooper-Union-Universität öffnete 1859 ihre Tore. Der Großindustrielle und Erfinder Peter Cooper wollte mit dieser technischen Hochschule Jugendlichen aus der Arbeiterklasse Zugang zu einer Ausbildung in technischen Fächern, Architektur und bildenden Künsten verschaffen. Viele Jahre lang war die Universität gratis. Seit 2013 müssen all jene, die es sich leisten können, jedoch 20 000 Dollar pro Jahr an Studiengebühren zahlen. Wohl auch deshalb, weil die Universität 2009 ein brandneues Gebäude von Architekt Thom Mayne am Cooper Square 41 errichten ließ. Dem Gebäude wurde ein Platinum-LEED-Zertifikat verliehen, da man den Licht- und Wärmeeinfall mit Paneelen auf seiner Außenwand regulieren kann.

Cooper Union. 41 Cooper Square, New York, NY 10003, www.cooperunion.edu

Dennoch hat sich das East Village seinen künstlerischen Charme erhalten. Im Bowery Poetry Club und im Nyuorican Poets Café reimen wortgewaltige Rastas mit langen Dreadlocks »tyranny« auf »virginity« und »liberty«. Performancekünstler treten auch in der Kirche St. Mark's in the Bowery auf. Sie wurde 1799 an jener Stelle gebaut, an der Peter Stuyvesant, der letzte Gouverneur von New Amsterdam, einen Bauernhof betrieb. Stuyvesant liegt auf dem kleinen Friedhof von St. Mark's begraben. Ein riesiger Skandal spielte sich im Jahr 1969 ab: Von dieser freidenkerischen episkopalen Kirche wurde die erste Rock-'n'-Roll-Messe live im amerikanischen Fernsehen übertragen. Auch heute nährt der Pastor noch die Subkultur: Neben Tanz- und Poetry-Events werden Vorträge beispielsweise auch über 9/11-Verschwörungstheorien gehalten.

Geburtsort des Punk

Als der Musikclub »CBGB« 2006 seine Türen schloss, trauerten Punkrocker auf der ganzen Welt. Ihr Musikstil wurde in diesem Kellerlokal 1974 geboren, als die Ramones in wildem Tempo ihre Texte ins Mikrofon schrien. Junge Leute mit bunten Igel-

frisuren, die bereits die Enkel der Ramones sein könnten, laufen heutzutage am St. Mark's Place herum und shoppen in den ausgeflippten Läden. Auf der inoffiziellen Hauptstraße des East Village und in ihren Seitenstraßen finden sie viele kleine kreative Lokale, deren Gerichte sich auch Punks leisten können. »Dumpling Man« Lucas Lin knetet jeden Tag Teig für chinesische Klöße und füllt sie mit Krevetten und Kokosmilch. Maribel Araujo backt in ihrer »Caracas Arepa Bar« saftige Brötchen aus Maismehl und löffelt jede Menge schwarze Bohnen, Hackfleisch und weißen venezolanischen Käse darauf. In ihrem freundlichen, hellen Lokal »s'mac« hat sich Sarita Ekya auf »American comfort food« eingeschossen: Sie bereitet *macaroni & cheese* zu, eine Leibspeise von Kindern im Vorschulalter, jedoch verfeinert mit Manchego-Käse und Shiitake-Pilzen.

Triumph des »Momofuku«

Der ungekrönte König der Food-Szene im East Village heißt David Chang. Der junge Küchenchef wurde in den letzten Jahren mit fünf James Beard Awards ausgezeichnet, dem Oscar in der Gastronomie. In seiner »Momofuku Noodle Bar« zaubert Chang eine köstliche japanische Ramensuppe mit scharfem koreanischem Kimchi-Krautsalat und Schweineschulterstücken in Windeseile. Die Brühe ist ein Traum, kommen doch jeden Tag 70 Pfund Hühnerbeine, geröstete Schweineknochen, Schweinshaxen und Speck hinein. Zu seinem kleinen Imperium gehören jetzt auch die »Momofuku Ssäm Bar«, in der er asiatische Burritos zubereitet. Einen Tisch im »Momofuku Ko« zu reservieren ist fast so schwer wie eine Audienz beim Papst zu erhalten. Nur zwölf erlesene Gäste setzen sich allabendlich an die Holztheke des Gourmettempels. Für 125 Dollar genießen sie acht Gänge, darunter Lasagne mit Weinbergschnecken, Porcini-Pilzen,

Oben: Ruhepause auf der Feuertreppe
Unten: Wer große Burger will, ist hier richtig.

Einfach gut!

Spargel, Ricottaschaum und getrockneten Brokkoliblättern.

Dem East Village haben auch verschiedene Einwandererwellen ihren kulinarischen Stempel aufgedrückt. »Moishe's Bakery« auf der Second Avenue backt riesige Bagels, festteigige Brötchen, die vorzugsweise mit Cream-Cheese bestrichen werden. Bei der italienischen Konditorei »Veniero's« auf der 11th Street sieht es so aus, als würde gleich der Pate reinkommen und sich einen kleinen Mokka mit Mandelbiscotti bestellen. Zeitgenössische Migranten wie der Algerier Mehenni Zebentout konnten sich im East Village ebenfalls etablieren. Vor fast 20 Jahren begann er als Hilfskraft im Restaurant »Frutti di Mare«. Mit viel Fleiß hat er sich zum Besitzer des Fischrestaurants »Cucina di Pesce« hochgearbeitet. Sein zweites Restaurant »Nomad« ist ein gastronomischer Traum aus 1001 Nacht.

Der Geist von Miss Havisham

In eine vergangene Zeit entführt auch das Merchant's House Museum auf der East 4th Street. Hier lebte von 1835 bis 1933 die wohlhabende Tredwell-Familie. Das letzte Mitglied der Familie, Gertrud Tredwell, beließ das Haus bis zu ihrem Tod unverändert, und so blieb es uns auch erhalten. Gertrud soll auch heute noch in ihrem Haus herumspuken.

Das trendig-romantische »Bowery Hotel« versucht die Geister aus Gertruds Zeit zu beschwören. Sein Logo-Maskottchen, der Bowery Boy, trägt eine knallrote, doppelreihige Jacke und einen Zylinder wie Daniel Day Lewis in dem Scorsese-Film *Gangs of New York*. Derartig livriert öffnet auch ein »Doorman« die Tür zum Fünf-Sterne-Haus. Obwohl für das Hotel ein neues Gebäude errichtet wurde, ist es innen auf alt gestylt. Komfortable Le-

EAST VILLAGE BED & COFFEE

Vor 20 Jahren spielte sich noch ein Großteil des Drogenhandels in der »Alphabet City« – den Avenues A, B und C – ab. Jetzt ist auch diese Gegend ein begehrtes Wohnviertel für Yuppies und Hipster. Anne Edris zog vor fast 30 Jahren in die Gegend, und als sich auch Touristen in die Gegend wagten, verwandelte sie ihr Haus in eine kleine Pension. Anne nannte sie »East Village Bed & Coffee«, da sie kein Frühstück zubereitet. Ihre Gäste können dies jedoch in zwei Küchen selbst tun. Sie vermietet zehn Zimmer, die alle individuell gestaltet sind. Gäste können zwischen einem afghanisch und einem mexikanisch angehauchten Zimmer oder einem Zen-Raum wählen. Die Badezimmer teilt man mit anderen Gästen. Auch ein kleiner Garten schließt an das Haus an. Die Pension erlangte auch schon Filmruhm: Audrey Tatou »lebte« in dem Film *Happy End* hier.

East Village Bed & Coffee.
Avenue C 110, New York, NY 10009,
www.bedandcoffee.com,
anne@bedandcoffee.com

Im East Village sind auch einige Edelhotels zu Hause.

Oben: Die Aussicht von einer Suite im »Standard East Village Hotel« ist umwerfend.
Unten: Das alte Hochhaus des Elektrizitätswerks Con Edison

derlehnsessel verbreiten »old world charm«, wie man das in den USA nennt. Alle Zimmer haben Fenster, die vom Boden bis zur Decke reichen. Besonders Kluge nehmen sich ein Eckzimmer, von dem aus sie verschiedene Seiten von Manhattan überblicken.

Unterhosen im Wind

Im Gegensatz dazu kündigt das »Standard East Hotel« an, dass architektonisch neue Zeiten im East Village angebrochen sind. Der Weg dahin war nicht leicht: Drei Mietshäuser wollte der ursprüngliche Besitzer Klaus Ortlieb für den Hotelbau abreißen lassen. In einem der drei weigerten sich zwei Bewohnerinnen jedoch auszuziehen. Der findige Architekt Carlos Zapata schloss ihr Haus einfach an seinen Neubau an. Wenn die Damen es jetzt betreten, werden sie vom Concierge begrüßt. Von hier aus geht es in den Glas- und Aluminiumpalast. 145 eher kleinere Zimmer befinden sich hier. Von den Zimmern in den obersten Stockwerken kann man sogar die beleuchteten Brücken von Lower Manhattan sehen. Andere wiederum geben den Blick frei auf das East Village, wie es leibt und lebt: Unterhosen flattern hier auf Wäscheleinen im Wind, so als würden die Bohemiens aus *Rent* gleich über die Straße wohnen.

Infos und Adressen

SEHENSWÜRDIGKEITEN

St. Mark's Church in the Bowery. Progressive, multikulturelle Kirche. E. 10th Street 131, New York, NY 10003, www.stmarksbowery.org

ESSEN UND TRINKEN

Caracas Arepa Bar. Venezolanische Küche wie bei abuela. E. 7th St. 93 ½, New York, NY 10003, www.caracasarepabar.com

Cucina di Pesce. Preisgünstiges Fischrestaurant. E. 4th St. 87, New York, NY 10003, Tel. 212 260 6800, www.cucinadipesce.com

De Roberti's Pasticceria. Italienische Leckereien. First Ave. 176, New York, NY 10009, www.derobertiscafe.com

Dumpling Man. Chinesische Klöße. St. Mark's Place 100, New York, NY 10009, www.dumplingman.com

Little India. Eine Reihe von indischen Restaurants auf der Sixth Street zwischen First und Second Avenue. New York, NY 10003.

Momofuku Noodle Bar. Traumhafte asiatische Suppen: First Ave. 171, New York, NY 10003, für alle anderen Restaurants in David Changs Imperium: www.momofuku.com

s'mac. Mac & Cheese vom Feinsten. E. 12th St. 345, New York, NY 10003, www.smacnyc.com

Veniero's. Amerikas älteste italienische Bäckerei. East 11th St. 342, New York, NY 10009, www.venierospastry.com

Im McSorley's Old Ale House riecht es nach Bier.

ÜBERNACHTEN

Bowery Hotel. Komfortables Fünf-Sterne-Hotel mit »old world charm«. Bowery 335, New York, NY 10012, Tel. 212 505 9100, www.theboweryhotel.com

Standard East Hotel. Die Zimmer bieten eine grandiose Aussicht auf Lower Manhattan und das East Village. Cooper Square 25, New York, NY 10003, Tel. 212 475 5700, www.standardhotels.com/eastvillage

Seit dem 19. Jahrhundert unangetastet: das Merchant House Museum.

AUSGEHEN

Bowery Poetry Club. Bietet bekannten Künstlern und denen, die es werden wollen, eine Bühne. Bowery 308, New York, NY 10012, www.bowerypoetry.com

McSorley's Old Ale House. Einer der ältesten Pubs der Stadt. Sehr stimmig! E. 7th St. 15, New York, NY 10003.

Nuyorican Poets Café. Zwei Cafés mit Live-Poesie-Events. E. 3rd St. 236, New York, NY 10009, www.nuyorican.org

MUSEEN

Merchant's House Museum. New Yorks einziges, aus dem 19. Jh. stammendes und vollständig erhaltenes Wohnhaus einer Kaufmannsfamilie. Mo, Do–So 12 bis 17 Uhr, E. 4th Street 29, New York, NY 10003, Tel. 212 777 1089, www.merchantshouse.org

ANFAHRT

U-Bahn-Linie 6 zum Astor Place.

14 West Village
Wo New York zum Dorf wird

Viele hübsche Reihenhäuser aus dem frühen 19. Jahrhundert. Eines davon diente der Hauptfigur der Serie *Sex & the City* als Wohnstätte. Auf der Bleecker Street reihen sich Tätowierläden an exklusive Herrenausstatter. Die Regenbogenfahne weht auf der Christopher Street im Wind. Sie liegt unweit des Sheridan Square, wo sich 1969 die erste Bürgerrechtsbewegung für Schwule formierte.

In der Serie *Sex and the City* schrieb 66 Perry Street Fernsehgeschichte. Auf der Treppe zum schokoladenbraunen viktorianischen Reihenhaus saß die Schauspielerin Sarah Jessica Parker und dachte als Carrie Bradshaw laut darüber nach, wieso ihr der Mann fürs Leben immer durch die Finger gleitet. Wenn der Schmerz gar zu arg wurde, schlenderte sie zur »Magnolia Bakery« und versüßte sich den Alltag mit einem *cupcake*, einem Biskuitküchlein, fingerdick mit rosa Buttercreme bestrichen. Die »Magnolia Bakery« auf der Bleecker Street ist heute zu einem Touristenmagnet geworden. Kaum ein Tourbus, der hier nicht stehen bleibt. Das Cupcake-Konzept ist von hier aus sogar bis nach Dubai exportiert worden.

Sarah Jessica Parker wohnt im wirklichen Leben nur ein paar Straßen vom Drehort entfernt, und zwar in der Charles Street. Sie fühlt sich hier wohl, weil die ruhigen Straßen des West Village wie die einer englischen Kleinstadt anmuten. Nirgendwo sonst in New York spüren Besucher so stark, dass das 19. Jahrhundert noch fortbesteht. Sie bewundern die liebevoll angelegten Gärtchen der Backsteinhäuser und vermissen keine Wolkenkratzer.

Mitte: Brownstone-Häuser gibt es in New York genug.
Unten: Ruhepause im Village

West Village

Marlo Scott serviert zu ihren Cupcakes das passende Getränk.

Übers Kopfsteinpflaster

Im 19. Jahrhundert ließen sich betuchte New Yorker hübsche »Brownstones« errichten, Reihenhäuser mit kunstvoll verzierten Schmiedeeisengittern und geschwungenen Portalen. Als Mitte des 19. Jahrhunderts jedoch eine Heerschar von Einwanderern in den Lagerhäusern am Hudson zu arbeiten begann, trieb es die Crème de la crème noch weiter nach Norden. In die romantischen Gässchen zog es um 1900 schließlich viele Künstler. Im Laufe der Jahre wankten Gertrud Stein und Marlon Brando spätnachts auf dem Kopfsteinpflaster von den Bars und Cafés nach Hause.

Im »Jane Hotel« stiegen früher die Seeleute ab, auch die Überlebenden der Titanic wurden hier einquartiert. Vor einigen Jahren wurde es zum originell-nostalgischen Boutiquehotel umgestaltet. Die holzgetäfelten Zimmer sind Schiffskabinen nachempfunden und sind bis auf die Captain's Cabins winzig, dafür aber auch unschlagbar günstig. Im Gitane Café im Erdgeschoss gibt es ausgezeichnetes französisches Frühstück.

Wer heute neu ins West Village ziehen will, muss hohe Preise in Kauf nehmen. Der Theaterproduzent

MR. DENNEHY'S

Zu »Mr. Dennehy's«, einem irischen Pub auf der Carmine Street, gehen nur Einheimische. Hier bejubeln eingefleischte Fußballfans Samstagabend die schönsten Tore aus den europäischen Ligen, die ja im amerikanischen Fernsehen nicht live übertragen werden. Küchenchef Julio serviert hier ein Mörderchili mit geräucherten Ancho-Schoten und Monterey-Jack-Käse. Da Amerika den Grünkohl als DAS Biogemüse für sich entdeckt hat, darf ein *kale salad* mit Zitrus-Knoblauch-Vinaigrette nicht fehlen. Ganz saftig sind auch die Burger. Zum Sonntagsbrunch steht ein King Size Irish Breakfast auf dem Programm.

Mr. Dennehy's. Carmine Street 63, New York, NY 10014, Tel. 212 414 1223, www.mrdennehys.com

Jeff Kent erwarb seinen Brownstone glücklicherweise schon in den frühen Achtzigerjahren. Er genießt den wahren New Yorker Luxus: viel Platz. Über vier lichterfüllte Stockwerke zieht sich sein Lebensbereich hin. In seinem riesigen Dachgarten duftet im Sommer der Oleander. Wenn er sich ein Steak auf den Grill wirft, genießt er dabei einen freien Blick auf das gesamte Empire State Building. »Ich wohne so gern im West Village, weil Leute hier nicht anonym nebeneinander dahinvegetieren«, beschreibt er sein Lebensgefühl.

Ein schickes Dorf

Das »Village« ist hier wirklich noch ein Dorf. Nachbarn kennen einander. Jeff plaudert gern mit dem ukrainischen Uhrmacher und Schuster Mikhail auf der Carmine Street und schaut beim preisgünstigen Buchladen Unoppressive Non-Imperialist Bargain Books vorbei, ob die neueste Che-Guevara-Biografie schon erschienen ist. Beim italienischen Konditor Rocco in der Bleecker Street um die Ecke kauft er sich einen *lobster tail*, eine hummerschwanzartige Blätterteigpastete mit Ricotta-Sahne-Creme.

Jeff Kent ist jemand, den man gern bei illustren Partys dabeihat. Wenn Donna Karan in ihrem Geschäft »Urban Zen« auf der Greenwich Street zu einer wohltätigen Veranstaltung lädt, dann steht er auf der Gästeliste. Für alternative Heilpraktiken und indigene Kulturen bietet die Modedesignerin abseits von ihrem Imperium hier ein Forum. Alle Kleidungsstücke tragen einen Anstrich von leger-exotisch. Kunstgegenstände kommen direkt vom Amazonas oder aus Tibet.

Donna Karan erhält sich ihre schlanke Figur, indem sie sich vor allem von rohen Lebensmitteln ernährt. Im West Village bereiten einige Restaurants Speisen

Oben: Jeff Kent genießt den ultimativen Luxus in Manhattan: viel Platz.
Mitte: George Segal schuf die Stone-Wall-Skulptur.
Unten: In der italienischen Bäckerei im West Village kann man sich viele Kohlenhydrate einverleiben.

West Village

Das Caliente Cab auf der Seventh Avenue ist eine Institution.

nach ihren Bedürfnissen zu: In »Panca« auf der Seventh Avenue genießen Gäste auf neobarockem Mobiliar Ceviche, rohen Fischsalat aus Peru. Krabben, Hummer, Lachs und Thunfisch werden nur in Limettensaft mariniert und mit Korianderblättern und Pfeffer verfeinert. »Sushisamba« auf der Seventh Avenue bringt japanische und brasilianische Fischdelikatessen auf einen Teller. Neben Ceviche servieren die Kellnerinnen in dem fröhlich-farbigen Ambiente auch Sashimi und Moqueca, Garnelen in Palmenöl und Kokosmilch. Nach zehn Uhr abends verwandelt sich das Restaurant in einen hippen Treffpunkt. DJs spinnen hier House Music und Favela Funk.

Jazz & Schwule

An der Stelle, an der die Christopher Street die Seventh Avenue kreuzt, liegt der Sheridan Square. Hier formierte sich im Juni 1969 eine erste Bürgerrechtsbewegung von Lesben und Schwulen, nachdem die Polizei unverhältnismäßig gegen Besucher der Bar »Stonewall Inn« vorgegangen war. Heute erinnern vier weiße Figuren des Bildhauers George Segal an die Bemühungen der Demonstranten, gleichgeschlechtliche Liebe auch gesetzlich zu gestalten.

Einfach gut!

SWEET REVENGE
Marlo Scott führte die Cupcake-Idee ein wenig weiter. In ihrem Lokal auf der trendigen Carmine Street stimmt sie Getränke auf die kleinen Törtchen mit Vanille-Buttercreme oder Valrhona-Ganache ab, mal ein Glas Prosecco, Malbec oder einen Monaco-Biercocktail mit Pellegrino, Limette und Grenadine. Auch salzige Cupcake-Versionen mit spanischer Chorizo-Wurst und Manchego-Käse werden hier gebacken. Serviert werden die Törtchen nicht im Silberpapier, sondern in einem rustikalen Backpapier, das hervorragend zum Bistro-Dekor passt, für das Baz Luhrmanns Film *Moulin Rouge* die Inspiration lieferte. Marlo wurde auf einen Schlag bekannt, als sie ihre Cupcake- und Spirituosen-Kombinationen in der Martha-Stewart-Show vorstellte. Eine halbe Stunde nach Ausstrahlung der Sendung war das Bistro, das auch einen hervorragenden Brunch serviert, voll.

Sweet Revenge. Carmine Street 62, New York, NY 10014, Tel. 212 242 2240, www.sweetrevengenyc.com

Abends beginnt das West Village richtig zu leben. Aus den Jazzclubs »Village Vanguard« in der Seventh Avenue und »Small's« auf der West 10th Street dringen Bebop- und Free-Jazz-Töne. Größen wie Miles Davis und Charlie Parker traten einst im »Village Vanguard« auf. Heutzutage begeben sich hier innovative Gruppen wie Gene Pritsker's Sound Liberation auf eine Gratwanderung zwischen Hip-Hop und Jazz und führen dieses Musikgenre in eine neue Richtung. Musikstudenten aus hervorragenden Musikkonservatorien wie Juilliard und der Manhattan School of Music geben sich bei »Small's« auf der West 10th Street bis in die frühen Morgenstunden ein Stelldichein. Für nur 20 Dollar können Besucher so viel Jazz lauschen, bis ihnen die Ohren klingeln. Am Wochenende finden hier auch Workshops mit bekannten Musikern statt.

Happy Sing–along

Wie in den großen Musiktheatern am Broadway tönt es aus den Kellerbars »Marie's Crisis« und »Duplex«. In diesen Sing-along-Lokalen versammeln sich allabendlich Männer jeden Alters, um ihre Stimmbänder zum Schwingen zu bringen. *Tits & Ass* aus dem Musical *Chorus Line* haut der Pianist in der Mitte des Lokals als Erstes in die Tasten. 70 Hobbysänger und professionelle Künstler schürzen die Lippen und trällern, was das Zeug hält. Sie schauen sich dramatisch in die Augen, als würde das Phantom der Oper seine Christine zum ersten Mal erblicken. »To live the impossible dream« aus *Der Mann von La Mancha* erschallt es aus ihren Mündern. Der unmögliche Traum verwandelt sich langsam in Wirklichkeit. In immer mehr Bundesstaaten wird die Lebenspartnerschaft von gleichgeschlechtlichen Paaren gesetzlich anerkannt. Und in den Flirt-Etablissements »Marie's Crisis« und »Duplex« finden einige Sänger heute Abend vielleicht auch ihren »Mister Big«.

Oben: Gelbe Taxis flitzen zu jeder Tages- und Nachtzeit durch die Gegend.
Mitte: In den Sing-along-Bars geht die Post ab.
Unten: Ready for your close-up?

Infos und Adressen

SEHENSWÜRDIGKEITEN

Stonewall Memorial. George Segals Schwulen-Denkmal. Sheridan Square/Seventh Avenue, New York, NY 10014.

ESSEN & TRINKEN

Panca. Peruanisches Restaurant. 92 Seventh Ave., New York, NY 10014. Tel. 212 488 3900, www.pancany.com

Houston Hall. Riesige Bierhalle in industriellem Gebäude. 222 West Houston St, New York, NY 10011, Tel. 212 675 9323, www.houstonhallny.com

Magnolia Bakery. *Sex & the City* Cupcakes. Bleecker St. 401, New York, NY 10020, Tel. 212 462 2572.

Sushisamba. Brasilianisch-japanisches Fusions-lokal mit Nachtclub. Seventh Ave. 87, New York, NY 10014, Tel. 212 691 7885.

ÜBERNACHTEN

Abingdon Guest House. Neunzimmerhaus mit historischem Flair. Eighth Ave. 21, New York, NY 10014, Tel. 212 243 5384, www.abingdonguest-house.com

The Jane. Zimmer gestaltet und eingerichtet wie Schiffskabinen, preisgünstig. Jane St. 113, New York, NY 10014, Tel. 212 924 6700, www.thejanenyc.com

Auch Elvis-Souvenirs findet man in NYC.

Die berühmten Cupcakes der »Magnolia Bakery«

AUSGEHEN

Beatrice Inn. In diesem Nachtclub verbrachte Heath Ledger einen seiner letzten Abende. W. 12th St. 285, New York, NY 10014.

Marie's Crisis. Sing-along-Kabarettbars. Grove St. 59; Duplex, 61 Christopher St., New York, NY 10014.

Small's. Preisgünstiger Jazz bis in die frühen Morgenstunden. Tgl. 16–4 Uhr, W 10th Street 183, New York, NY 10014, www.smallsjazzclub.com

Village Vanguard. Jazz-Sets um 20.30 und um 22.30 Uhr. Seventh Avenue 178, New York, NY 10014, Tel. 212 255 4037, www.villagevanguard.com

EINKAUFEN

Urban Zen. Donna Karans Privatinitiative zur Verbesserung der Welt: Kleidung, Möbel, Kunst. Greenwich St. 705, New York, NY 10014, www.urbanzen.com

ANFAHRT

U-Bahn-Linien A, B, C, D, E, F, M zur West 4th Street, Linie 1 zur Christopher Street und zur Houston Street.

ABOVE 14TH STREET

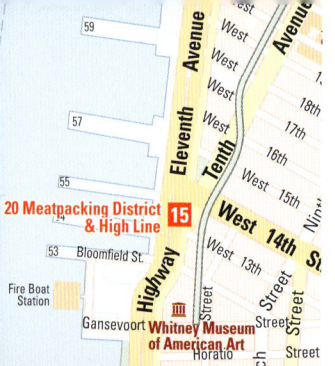

15 Meatpacking District & High Line
Ausgehviertel Nummer eins

Der ehemalige Schlachthausbezirk hat sich in den letzten zwei Jahrzehnten zu einer angesagten Ausgehmeile entwickelt. Die S&M-Clubs sind den ultimativen DJ-Line-ups gewichen. Untertags zieht es auch immer mehr Familien hierher. Auf der High Line, einer stillgelegten Bahntrasse, ist ein »Garten im Himmel« entstanden, von dem Spaziergänger einen wunderbaren Ausblick auf die Skyline und den Hudson River genießen.

»There goes the neighborhood« ist ein Ausspruch, den Amerikaner immer dann in den Mund nehmen, wenn in einen bestimmten Bezirk schlechter verdienende Menschen zuziehen. Im Falle des Meatpacking District, New Yorks immer kleiner werdendem Schlachthausbezirk rund um die Gansevoort Street, verhielt es sich umgekehrt. »There goes the neighborhood«, seufzte Bistrobesitzer Florent Morellet, als er aufgrund eines exorbitanten Mietpreisanstiegs 2008 aus seinem Viertel vertrieben wurde. Dabei war er der Erste, der den Meatpacking District chic machte. Sein Lokal galt in den Achtziger- und Neunzigerjahren als Geheimtipp.

Der Meatpacking District zieht abends eine vergnügungssüchtige Klientel an. Riesige Restaurants und Nachtclubs haben sich in ehemaligen Kühlhallen angesiedelt. Im »Cielo« gibt seit 2003 an den meisten Abenden Techno den Ton an. Mittwoch ist das jedoch anders. Da steht DJ Louie Vega auf dem Programm. Der Neffe von Salsa-Legende Hector Lavoe mixt lateinamerikanische Rhythmen mit Jazz und Hip-Hop.

Seite 104/105: Im Geschäft von »Banana Republic« im Meatpacking District gibt es dufte Klamotten. **Mitte:** Nachteulen schwärmen abends im Meatpacking District aus. **Unten:** Ruhebänke auf der High Line laden zum Verweilen ein.

Die wohl bekannteste Ecke an der 14th Street und
der Gansevoort Street.

In einer ehemaligen Keksfabrik auf der
Ninth Avenue haben sich viele Gourmet-
geschäfte und kleine Restaurants im Chelsea
Market angesiedelt. In der Bar »Suzette« wenden
Köche hauchdünne Crêpes auf der Herdplatte.

Schiff ahoi im Hotel

Auf der gegenüberliegenden Straßenseite entführt
das »Maritime Hotel« dann gleich auf die hohe See.
Das Hotel ist in einem der ungewöhnlichsten
Gebäude in ganz Manhattan angesiedelt. Der ehemalige Sitz der Matrosengewerkschaft hat riesige
Bullaugen als Fenster und ist auch sonst ganz auf
Ozeandampfer gestylt. Die Zimmer sind mit dunk-
len Teakholzpaneelen verkleidet und die Betten
ganz im Seemannsstil mit weißem Leinen und
marineblauen Decken überzogen.

Der Meatpacking District ist auch ein Modemekka.
Rund um die 14th Street und die Ninth Avenue
haben Designer wie Comme des Garçons ihre Filialen eröffnet. Alles, was das Haute-Couture-Herz
begehrt, findet sich bei »Jeffrey«, von Givenchy zu

Nicht verpassen

DIANE VON FÜRSTENBERG

Die ursprünglich aus Bel-
gien stammende Modede-
signerin Diane von Fürstenberg
hat im Meatpacking District ihr
Hauptgeschäft in einem dreistöcki-
gen Haus auf der Washington Street
angesiedelt. Sie begann zu Zeiten
des »Studio 54« Modegeschichte zu
schreiben. Michelle Obama trug ihr
legendäres Wickelkleid auf dem
Weihnachtsfoto des Weißen Hauses
im Jahr 2009. Diesen Dress finden
Kundinnen hier in allen Farben und
Variationen. Auch DvF-Handtaschen
und Schmuckstücke locken hier in
den Regalen. Die Modezarin wohnt
im Übrigen in einem Penthouse auf
dem Dach des Gebäudes. Sie und ihr
Mann, der Medienmogul Barry Diller,
haben bis jetzt 35 Millionen Dollar
für den Ausbau des Parks auf der
High Line gespendet.

Diane von Fürstenberg. Washington
Street 874, New York, NY 10014,
Tel. 646 486 4800, www.dvf.com

Gucci. Tory Burchs Fashion-Artikel in der Little West 12 Street lassen sich am besten mit dem Prädikat »preppy-boho« beschreiben.

Der neueste Hotspot

Im Juni 2009 erhielt der Meatpacking District seine eigene grüne Oase. Die High Line am Hudson verkauft sich als »Park im Himmel«. Er entstand auf einer brachliegenden Eisenbahntrasse, auf der über Jahrzehnte Unkraut wuchs. Der Park verläuft mittlerweile bis zu den neuen Hudson Yards an der 34th Street und hat sich zu einer der größten neuen Touristenattraktionen der Stadt entwickelt. Fast zweieinhalb Kilometer windet sich dieses grüne Band durch die Westseite von Manhattan. Die Gartenarchitekten ließen sich von der über viele Jahre entstandenen Vegetation der Bahntrasse inspirieren. Sumachbüsche und Perückenbäume sowie 210 andere Pflanzenarten gedeihen hier gut. Dazwischen laden zahlreiche Holzbänke zum Verweilen ein.

Auch das Whitney Museum hat am unteren Ende des Parks ein neues Zuhause erhalten. Das Museum für amerikanische Kunst des 20. und 21. Jahrhunderts ist 2015 in einen industriell anmutenden Neubau des Architekten Renzo Piano gezogen. In dem von außen klobig wirkenden Klotz erwarten die Besucher lichtdurchflutete, an Künstlerlofts erinnernde Ausstellungsräume. Riesige Fensterfronten bieten den Besuchern einen fantastischen Blick auf Manhattan. Hotelier André Balazs eröffnete das »Standard Hotel«, dessen Fassade fast ganz aus Glas besteht. Auf 18 Stockwerken und in 337 Zimmern genießen Gäste eine ungetrübte Aussicht auf Stadt und Fluss. Wenn sie vergessen, die Stoffvorhänge vor ihre zimmerhohen Fenster zu ziehen, geben sie Leuten außerhalb des Hotels Einblick in ihre Intimsphäre.

Oben: Ein altes Lagerhaus wurde auf chic gestylt.
Mitte: Zeitgenössische Kunst gibt es im neuen Whitney Museum zu bestaunen.
Unten: Auf gute Nachbarschaft: Die High Line schlängelt sich neben dem Whitney vorbei.

Infos und Adressen

Im Chelsea Market kann man sich durch die Gourmetszene kosten.

SEHENSWÜRDIGKEITEN

High Line Park. Manhattans neue Parkattraktion befindet sich auf einer stillgelegten Eisenbahntrasse. Sie beginnt an der Ecke Gansevoort Street und Washington Street (www.thehighline.com).

ESSEN UND TRINKEN

Chelsea Market. In der ehemaligen Keksfabrik haben sich viele Gourmetgeschäfte und Restaurants angesiedelt. Ninth Ave. 75, New York, NY 10011, www.chelseamarket.com

ÜBERNACHTEN

Hotel Gansevoort. Neuer Hotelbau. Personal mit Attitüde. Ninth Ave. 18, New York, NY 10014, Tel. 212 206 6700, www.hotelgansevoort.com

Maritime Hotel. Dieses schicke Hotel ist ganz auf Ozeandampfer gestylt. W. 16th St. 363, New York, NY 10011, Tel. 212 242 4300, www.themaritimehotel.com

The Standard. Glaspalast genau über dem High Line Park. Herrliche Aussichten auf Fluss und Stadt. Washington St. 848, New York, NY 10014, Tel. 212 645 4646, www.standardhotels.com

EINKAUFEN

Tory Burch. Hier kleiden sich elitäre New Yorkerinnen ein. 38-40 Little West 12th St., New York, NY 10014. www.toryburch.com

Jeffrey. Geschäft für Schuhfetischistinnen. Jeden Tag eine andere Auswahl an Edelmarken. W 14th Street 449, New York, NY 10014, www.jeffreynewyork.com

AUSGEHEN

Cielo. Der ganz auf Raumschiff gestylte Club spielt auch spacigen Dub. Little W. 12th St. 18, New York, NY 10014, Tel. 212 645 5700, www.cieloclub.com

Highline Ballroom. In diesem Nachtclub wird von Hip-Hop bis Pop, von Indie bis Ska alles gespielt. W 16th Street 431, New York, NY 10011.

MUSEEN

Whitney Museum. Das renommierte Museum für amerikanische Kunst der Gegenwart und Moderne hat ein neues Zuhause bekommen. Tgl. 10.30–18 Uhr, Fr & Sa bis 22 Uhr. 99 Gansevoort St, New York, NY 10014, www.whitney.org

ANFAHRT

U-Bahn-Linien A, C, E, L bis 14th Street.

Nautisch inspiriert ist das »Maritime Hotel«.

16 Union Square
Frisches Obst braucht die Stadt

Küchenchefs mit Restaurants zwischen der 14. und der 23. Straße ergattern am Union Square Bio-Obst und Gemüse aus den Neuenglandstaaten. Am neu renovierten Platz spielen Kinder, während ihre Mütter shoppen. Ob das Rubin Museum of Art auch einmal Gemüse als Kultobjekt in der Kunst des Himalaja vorstellt?

Mahatma Gandhi setzt mit einem zufriedenen Lächeln zu einem Schritt über den Rasen des Union Square Park an. Es sind nicht allein die Kerzenlichtdemonstrationen gegen die kriegerischen Auseinandersetzungen auf der ganzen Welt, die sein Herz erwärmen. Könnte er seine bronzenen Beine wirklich bewegen, würde er schnurstracks in New Yorks vegetarisches Nirwana gelangen. Am oberen Ende des begrünten Union Square verbreitet der Greenmarket einen Hauch von Frische. Am Montag, Mittwoch, Freitag und Samstag bringen Biobauern aus Upstate New York, Connecticut, Pennsylvania und Vermont ihre Ernte hierher: tiefrote Tomaten aus Tunkhannock, Rote Bete aus Poughkeepsie und aromatisch duftende Äpfel aus Addison.

Taufrisches Obst und Gemüse

Der Union Square erstreckt sich von Süden nach Norden von der 14. bis zur 17. Straße und wird im Osten und Westen von der 4th (Park) Avenue und dem Broadway begrenzt. Hier veranstalteten Gewerkschaften, *labor unions,* im ausgehenden 19. Jahrhundert am amerikanischen Tag der Arbeit, dem ersten Montag im September, ihre Paraden. Der Park wurde 1997 unter Denkmalschutz gestellt

Mitte: Sobald es warm wird, spielen die Straßenmusikanten auf.
Unten: Kleine Kürbisse dienen als Halloweendekoration.

Union Square

und einer Renovierung unterzogen. Hübsche Blumenbeete ranken sich nicht nur um Mahatma Gandhis Statue, sondern auch um Ebenbilder von George Washington und Abraham Lincoln.

Viele Küchenchefs in der Gegend bedienen sich des taufrischen Angebots am Union Square.

Ein Stück 19. Jahrhundert

Irving Place ist eine der kleinen Straße mit vielen hübschen alten Gebäuden östlich des Union Square. Sie wurde nach Washington Irving (1783–1859) benannt, der mit *Rip van Winkle* das Genre der amerikanischen Kurzgeschichte begründete. »The Inn at Irving Place« könnte einer der *short stories* des Dichters entsprungen sein. Kein Schild deutet darauf hin, dass zwei Reihenhäuser aus dem Jahr 1834 in ein exklusives Bed & Breakfast umgewandelt wurden. Hinter Spitzenvorhängen entspannen sich Gäste auf wülstigen Samtsofas und in Badewannen mit Krallenfüßen. Nachmittags trifft man sich in Lady Mendel's Tea Salon im Erdgeschoss. Dort wird Tee wie in feinen Londoner Hotels serviert, mit Scones und *clotted cream*.

Der wohl exklusivste Park in ganz New York am nördlichen Ende der Irving Place wurde ebenfalls englischen Vorbildern nachempfunden. Zum Gramercy Park haben nur jene Zutritt, die in den Gebäuden um den Platz wohnen. Auch Gäste von Ian Schragers noblem »Gramercy Park Hotel« erhalten einen goldenen Schlüssel. Blickt man über die hohen schmiedeeisernen Gitter, fühlt man, wie die über 100 Jahre alten Bäume die Gegend mit Sauerstoff erfüllen. Im Park sitzen einige wenige »Erlauchte« gesittet auf einer Bank und lesen ein Buch. Der Benutzerverband hat Joggen und das

Auch extravagante Kostüme findet man bei Halloween Adventure.

TORTARIA

Einfach gut!

Eine alte mexikanische Bodega war Vorbild für Tortaria University Place. An den Wänden stehen antike Stellagen, die mit bunt verpackten mexikanischen Lebensmitteln bestückt sind. Tortas (in Brötchen verpackte, warme Sandwiches) und Tacitos werden hinter einer Theke verkauft. Gäste können diese mitnehmen oder sich an einen der rustikalen Holztische setzen und sie sofort verzehren. Im Gegensatz zu anderen Imbissläden fließt in der »Tortaria« jedoch der Tequila in Strömen. In der hinteren Hälfte des Lokals schenkt ein Barkeeper Margaritas aus, die mit frischem Obst wie Grapefruit, Ananas und Orangen zubereitet wurden. Studenten gefällt das Ambiente. Tortas und Tequilaspezialitäten verkaufen sich so von Mittag bis in die späten Abendstunden.

Tortaria. University Place 94. Tel. 212 776 1830, www.tortaria-nyc.com

Mexikanische Sandwiches sind die Spezialität der »Tortaria«.

Errichten eines Kinderspielplatzes verboten.

Die Dachterrasse des vier Straßen weiter östlich gelegenen »Marcel at Gramercy Hotel« bietet eine schöne Aussicht auf die Gegend. In der warmen Saison wird hier gratis von 18 bis 19 Uhr Wein und Käse für Hausgäste serviert. Obwohl preisgünstig, macht das Hotel in Sachen Ambiente und Service keine Abstriche. Mit seinen poppigen Zebrakissen und Knautschlacksofas spricht es ein junges und jung gebliebenes Publikum an.

Wo Buddha wohnt

Das Rubin Museum of Art in der 17. Straße entführt in die faszinierende Welt des Himalaja. Darunter befinden sich auch Skulpturen weiblicher Buddhas. In ständig wechselnden Ausstellungen beleuchtet das Museum die Vielfalt der Region, die sowohl Teile von Indien, Tibet, Nepal als auch von Bhutan und Pakistan umfasst. 130 Objekte aus der Sammlung des Museums wurden verwendet, um ein Schreinzimmer für buddhistische Riten nachzugestalten. Die Farben Rot, Braun und Gold dominieren das kunstvoll geschnitzte Mobiliar und die Textilien.

Alle zwei Jahre wird der Raum umgestaltet, um den vier tibetischen religiösen Traditionen Ausdruck zu verleihen. Ein Museum muss heutzutage jedoch mehr können als nur Objekte ausstellen. Jeden Freitagabend um 18 Uhr legen DJs in der »K2 Lounge« coole Platten auf, und zur Happy Hour bekommen Gäste zwei Cocktails zum Preis von einem. Um 19 Uhr bringen dann beim Harlem-in-the-Himalayas-Programm Jazzkünstler ihre Instrumente in Ein- oder Mehrklang. Um 21.30 Uhr geht es bei der Film-Reihe *Cabaret Cinema* mit Filmen aus aller Welt weiter.

Infos und Adressen

Das Peanutbutter Crunchy Dessert bei Max Brenner

ESSEN UND TRINKEN

15 East. Himmlisches japanisches Kaiseki- und Omasake-Restaurant. East 15th St. 15, New York, NY 10003, Tel. 212 647 0015, www.15eastrestaurant.com

Max Brenner. In diesem Schokoladenladen wird die braune Bohne in vielen Formen zelebriert. Broadway 841, New York, NY 10003, Tel. 646 467 8803. www.maxbrenner.com

The Coffee Shop. Café mit brasilianischen Spezialitäten. 29 Union Square, New York, NY 10003, Tel. 212 243 7969, www.thecoffeeshopnyc.com

ÜBERNACHTEN

Gramercy Park Hotel. Hotel mit exklusivem Gartenzugang. Lexington Ave. 2, New York, NY 10010, Tel. 212 920 3300, www.gramercyparkhotel.com

Inn at Irving Place. Formvollendetes viktorianisches Hotel mit der englischen Teestube Lady Mendel's. Irving Place 56, New York, NY 10003, Tel. 212 533 4600, www.innatirving.com

Marcel at Gramercy Hotel. Schickes, preisgünstiges Hotel mit fantastischer Dachterrasse. E. 24th St. 201, New York, NY 10010, Tel. 212 696 3800, www.themarcelatgramercy.com

EINKAUFEN

The Strand. New Yorks größter Secondhand-Buchladen. 18 Meilen Bücher. Broadway 828/East 12th Street, New York, NY 10003, Tel. 212 473 1452, www.strandbooks.com

Union Square Greenmarket. Biomarkt. Um die Weihnachtszeit findet hier auch ein Jahrmarkt statt. Mo, Mi, Fr, Sa 8–18 Uhr, New York, NY 10017, www.grownyc.org/greenmarket

MUSEEN

Rubin Museum of Art. Kunst aus der Himalaja-Region mit interessantem Rahmenprogramm. Sa/So 11–18 Uhr, Mo, Do 11–17 Uhr, Mi 11–19 Uhr, Fr 11–22 Uhr. W. 17th St. 150, New York, NY 10022, Tel. 212 620 5000, www.rmanyc.com

ANFAHRT

U-Bahn-Linien L, N, Q, R, 4, 5, 6 bis 14 St.-Union Square.

Blumenliebhaber am Union Square Market

17 Flatiron District
Ein Bügeleisen am Broadway

Ein dreieckiger Wolkenkratzer, eine Super-markt- und Restaurant-Ode an Italien, ein Einkaufstempel mit verspielten Designer-sachen und ein nur dem Sex gewidmetes Museum finden New-York-Reisende rund um den Madison Square. Und wer bis frühmorgens durchmachen will, schaut noch auf einen Sprung bei »40/40« vorbei. Dort treffen sich Rapper von Weltklasse. Schließlich ist Jay-Z hier der Boss.

Genau an der Stelle, wo sich Fifth Avenue und Broadway kreuzen, steht das dreieckige Flatiron Building. Da eine Seite dieses eindrucksvollen Wolkenkratzers an seinem spitzesten Ende nur zwei Meter breit ist, verglichen es Beobachter bei seiner Fertigstellung im Jahr 1902 sofort mit einem Bügeleisen, *flatiron*. Daniel Burnham, ein Architekt aus Chicago, teilte die Terrakottafassade wie eine klassische griechische Säule horizontal in drei Teile ein. Heute residiert die deutsche Ver-lagsgruppe Holtzbrinck unter ihrem amerikani-schen Namen Macmillan in den Räumlichkeiten. Die spitzwinkeligen Zimmer sind am begehrtesten.

Die einstige Ladys' Mile

Spaziert man rund um den Madison Square, auf dem das Flatiron Building steht, kommt man an vielen imposanten Hochhäusern aus der zweiten Hälfte des 19. Jahrhunderts vorbei. Damals war die Gegend auch als »Ladys' Mile« bekannt. Reiche Damen kamen in ihren Kutschen angefahren und flanierten an den riesigen Auslagen von Edel-geschäften wie Tiffany's & Co. entlang. In einem dieser alten Gebäude neben dem Flatiron Building

So eine Gebäudeform gibt es nur selten.

In der Bar »230 Fifth« liegt Gästen New York zu Füßen.

Nicht verpassen

hat ein »Circus Maximus« für Liebhaber feinen Essens seine Tore geöffnet. Bei »Eataly« führen drei New Yorker Starköche Regie: Mario Batali sowie Lidia und Joe Bastianich übernahmen Oscar Farinettis Konzept eines vertikal integrierten Slow-Food-Supermarkts und siedelten hier auch sieben Restaurants an. Wer sich an Gelato, Burrata-Käse und Gragnano-Pasta laben will, kann dies hier tun. Gemüsemetzger schälen und hacken riesige Sellerieknollen, fassonieren Artischocken und frittieren Chichido-Chilis. Vorbeischlendernde Besucher können eine Kostprobe dieser exotischen Speisen knabbern.

Am Broadway Nummer 888 verkaufte das elitäre Einrichtungshaus W & J Sloane einst Mobiliar an illustre Kunden und lieferte sogar ins Weiße Haus. In den Achtzigerjahren des 20. Jahrhunderts ließ sich in seinem achtstöckigen Gebäude ABC Carpet & Home nieder, der weltweit größte Teppichhändler. Der über 30 000 Quadratmeter große Einkaufspalast wird oft als Disneyland für Erwachsene bezeichnet. Im untersten Stockwerk haben Designer raffinierte Zimmervignetten arrangiert. Seidene Zierdecken liegen locker auf Himmelbetten, kristalle Bilderrahmen funkeln auf antiken Schreibtischen.

40/40 CLUB

Hip-Hop-Mogul Jay-Z eröffnete im Jahr 2003 den Club »40/40«, der auch als Sportbar fungiert. Viel Glas und Leder in gedämpften Farben dominieren das Ambiente. Video-Schirme zeigen Musikclips des Besitzers, seiner Frau Beyoncé und anderer Rapper und sorgen für die akustische Untermalung. Um die Bar rankt sich ein erleuchteter bernsteinfarbener Tresen. In der Mitte der Bar reckt sich ein sechs Meter hoher Champagnerturm in die Höhe. Über die gesamte Bar und ihre VIP-Bereiche sind Fernseher verteilt, auf denen die Besucher Football- und Baseballspiele verfolgen können. In den Gängen hängen Sportmemorabilien wie z. B. der Boxhandschuh, den Muhammad Ali 1974 im Kampf gegen Joe Frazier verwendete.

40/40 Club. West 25th Street 6, New York, NY 10010, Tel. 212 832 4040, www.the4040club.com

117

Oben: Am Madison Square ist man dem Empire State Building schon nah.
Mitte: Der Park vor dem Flatiron Building ist schön gepflegt.
Unten: Frische Fische bei »Eataly«

Metropolitan Life

Eine grüne Oase ist der Madison Square Park zwischen der 23. und 27. Straße und Madison und Fifth Avenue. Zwischen Statuen von ernst blickenden amerikanischen Kriegshelden machen es sich Besucher bei Danny Meyers »Shake Shack« gemütlich. In diesem Snack-Stand wird angeblich der beste Hamburger von ganz New York gebrutzelt. Restaurantimpresario Danny Meyer besitzt mehrere Lokale rund um den Platz. Sein Haute-Cuisine-Tempel »Eleven Madison Park« hat sich auf innovative französische Küche spezialisiert. Er ist in einem Art-déco-Gebäude der Metropolitan-Life-Versicherung untergebracht. Ein paar Häuser weiter südlich davon ragt der über 100 Jahre alte Wolkenkratzer der Firma in die Höhe. Der »Met Life Tower«, wie er gemeinhin genannt wird, wurde dem venezianischen Campanile von San Marco nachempfunden.

Wer im Flatiron District eine kulinarische Weltreise antreten will, braucht nicht lange zu suchen: Im libanesischen »ilili« in der Fifth Avenue interpretiert Philippe Massoud die Küche seines Heimatlandes neu. In seinem kaleidoskopähnlichen Lokal mit den vielen Spiegeln serviert er Kebab aus Enten-Magret und Granatapfel-Margaritas. Gemüsemetzger schälen und hacken riesige Sellerieknollen, fassonieren Artischocken und frittieren Chichido-Chilis. Vorbeischlendernde Besucher können eine Kostprobe dieser exotischen Speisen knabbern.

Auch kulturell ist zwischen Union Square und Madison Square viel los. Im pikanten Museum of Sex erfahren Besucher, welche kuriosen Maschinen zur Luststeigerung beim amerikanischen Patentamt eingereicht wurden. Das Museum setzt sich auch mit der Internet-Pornografie kritisch auseinander.

Reisen, wie ich es will!

DIE BESTEN REISEFÜHRER FÜR MEINE ART ZU REISEN

Zeit für das Beste!

Jetzt entdecken!

Die Welt neu entdecken

BRUCKMANN

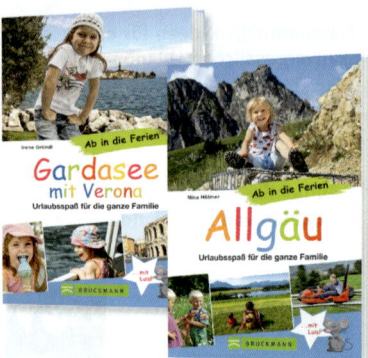

Infos und Adressen

Dieses Museum findet viele Anhänger.

SEHENSWÜRDIGKEITEN

Metropolitan Life Insurance Tower. Der Turm in der One Madison Avenue war von 1909 bis 1913 das weltweit höchste Gebäude.
Madison Ave. 1, New York, NY 10166.

ESSEN UND TRINKEN

Eataly. Italienischer Food-Palast. Einfach reingehen und erleben. Fifth Avenue 200, New York, NY 10010, www.eataly.com

ilili. Nouveau-libanesische Küche. Fifth Ave. 236, New York, NY 10001, Tel. 212 683 2929, www.ililinyc.com

Maison Kayser. Delikate Patisserien aus Paris. 921 Broadway, New York, NY 10010, Tel. 212 979 1600, www.maison-kayser-usa.com

ÜBERNACHTEN

Gansevoort Park Avenue. Eine der schicksten Adressen der Stadt. Park Avenue South 420, New York, NY 10016, Tel. 212 317 2900, www.gansevoorthotelgroup.com

EINKAUFEN

ABC Carpet & Home. Auch Meryl Streep und Keith Richards haben hier schon Teppiche gekauft. Broadway 888, New York, NY 10003, www.abchome.com

AUSGEHEN

230 Fifth Rooftop Garden. Eine der besten Bars mit Blick auf Midtowns Gebäuderiesen. Tgl. 16–4 Uhr, Fifth Ave. 230/26th St., New York, NY 10001, Tel. 631 725 4929, www.230-fifth.com

Jazz Standard. Jeden Montag tritt hier die Mingus Big Band auf. Ein Musikerlebnis! Tgl. geöffnet, E. 27th St. 116, New York, NY 10016, Tel. 212 576 2232, www.jazzstandard.com

MUSEEN

Museum of Sex. Alles, was Sie schon immer über Sex wissen wollten. Do–So 10–20 Uhr, Fr/Sa 10–21 Uhr, Fifth Ave 233, New York, NY 10016, Tel. 212 689 6337, www.museumofsex.com

INFORMATION

Flatiron Building. Das bügeleisenförmige Gebäude von 1902 ist einer der ersten Wolkenkratzer Amerikas. Kreuzung Broadway/Fifth Avenue/ 23rd Street, New York, NY 10010.

ANFAHRT

U-Bahn-Linien 6, N, R, W zur 23rd Street.

Nur der Cocktail fehlt noch am Madison Square.

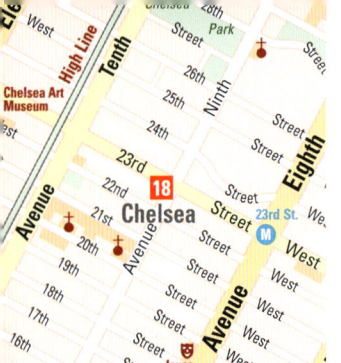

18 Chelsea
New Yorks neues Kunstmekka

Im Viertel auf der Westseite zwischen der 18. und 28. Straße tummelt sich die Kunstwelt. Wo einst Mechaniker mit den Lötkolben herumhantierten, stellen jetzt angesagte »artists« ihre Installationen aus. Richtig chic macht die Gegend jedoch die LGBT-Gemeinde, die die hübschen Reihenhäuser in der Nähe des Hudson aufmöbelte. Jede Menge Restaurants und Bars folgten dem Trend.

Freitag um Mitternacht im Chelsea Clearview Cinema: Ein riesiger, roter sinnlicher Mund singt. »Science Fiction, Double Feature« tönt es aber nicht nur von der Leinwand, sondern im gesamten Kino. Wenn Frank 'n Furter lasziv an seinen Strapsen zieht und Janet »touch-a, touch-a, touch me« stöhnt, brodelt es im Raum. Eingefleischte Fans der *Rocky Horror Picture Show* werfen Reis und Klopapier in die Luft und bejubeln die tanzenden Schauspieler auf und vor der Leinwand. Bei der Nummer *Time Warp* hüpfen alle in die Luft und verrenken ihre Becken in alle Richtungen. Eines ist klar: Bei der jeden Freitag und Samstag stattfindenden Vorstellung mit »live cast« tropft der Schweiß und zirkulieren die Hormone.

Wo die Regenbogenfahne weht

Chelsea, der Teil von Manhattan zwischen der 14th Street im Süden, der Fifth Avenue im Osten, der 30th Street im Norden und dem Hudson River im Westen, ist seit Jahrzehnten die liberalste Gegend im ohnehin liberalen New York. Bereits in den späten Sechzigerjahren gingen hier homosexuelle Paare Händchen haltend durch die Straßen.

Manchmal hüllt sich das Empire State Building in die Farben der amerikanischen Fahne.

Kunst im öffentlichen Raum von Chelsea

Sie möbelten die hübschen Ziegelbauten aus dem 19. Jahrhundert auf, die bis dahin vorwiegend von einkommensschwächeren Bürgern bewohnt wurden. Bars wie »Barracuda« und »The Eagle« etablierten sich als Treffpunkte der LGBT-Community (Lesbian-, Gay-, Bisexual and Trans-Community). Nach und nach verwandelte sich das Viertel in eine der schicksten Wohngegenden. Heutzutage vergnügen sich sowohl Homosexuelle als auch Heteros im »Marquee-Club«, in dem alles so glitzert wie in Las Vegas.

Fast 130 Jahre war das »Chelsea Hotel« auf der 23. Straße zwischen der 7th und der 8th Avenue eine Legende. Berühmte Persönlichkeiten gingen hier ein und aus, und ihre Lebensphilosophie stand ganz im Einklang mit dem gammeligen Flair des Hauses. Dichter wie Mark Twain, Dylan Thomas und William S. Burroughs mieteten sich in diesem zwölfstöckigen Gebäude mit den opulent verzierten Gitterbalkonen auch auf Jahre ein. Dylan Thomas starb hier 1953 nach einem Alkoholexzess. Beat-Poet Jack Kerouac tippte in diesem Hotel 1951 auf einer 40 Meter langen Rolle Papier den ersten Entwurf von *On the Road* (»Unterwegs«). Von einer derartigen künstlerischen Aura fühlten sich in den Sechzigerjahren Musiker wie Bob Dylan

Geheimtipp

HÔTEL AMERICANO

Wenn Künstler, die nicht in New York wohnen, eine Ausstellung in Chelsea haben, versuchen sie, im Hôtel Americano unterzukommen. Im Jahr 2011 eröffnete die mexikanische Grupo Habita ihr erstes Designhotel nördlich der Grenze. Architekt Enrique Norten schuf einen zehnstöckigen, minimalistischen Turm aus Glas und Beton mit einer vorgehängten Metallgitterfassade, der ein wenig an die Lagerhäuser erinnert, die früher hier in der Gegend standen. In den 56 Zimmern stehen Betten auf einer erhöhten Plattform. Gäste können es sich auf Sitzsäcken oder am Dachpool gemütlich machen. An die Fünfzigerjahre erinnern das Restaurant im Erdgeschoss und der herrliche Garten. Hier serviert Küchenchef Joseph Buenconsejo inspirierte lateinamerikanische Küche.

Hôtel Americano.
West 27th Street 518, New York, NY 10001, Tel. 212 216 0000, www.hotel-americano.com

Oben und unten: Das »Chelsea Hotel« diente vielen Literaten als Bleibe. Bleibt nur zu hoffen, dass es bald wieder aufgesperrt wird.

und Leonhard Cohen angezogen. Traurige Schlagzeilen machte das Hotel, als Nancy Spungen 1978 im Beisein ihres Freundes, des Sex-Pistols-Mitglieds Sid Vicious, erstochen aufgefunden wurde. Wer heute daran vorbeigeht, kann an Schildern bei der Eingangstür lesen, welche Berühmtheiten sich in diesem Hotel aufgehalten haben. Derzeit schmiedet ein neuer Besitzer Pläne, dieses Kulthotel im Jahr 2017 wieder zu eröffnen.

Wenn Kurzzeit- und Langzeitgästen das Lümmeln in der Lobby zu viel wurde, gingen sie gern in das spanische Restaurant »El Quijote«, das seit 1930 unmittelbar an das »Chelsea Hotel« anschließt und wie dieses unter Denkmalschutz steht. Vor pittoresken Wandmalereien von Stierkämpfen und Ritterrüstungen laben sich Genießer der iberischen Küche an Paella, die in riesigen Töpfen serviert wird.

Ein Fest der Sinneseindrücke

In den letzten 15 Jahren hat sich West Chelsea als Epizentrum der modernen Kunst etabliert. Wo einst zwischen der 10. und der 11. Avenue Lötfunken aus Autowerkstätten sprühten, bieten berühmte Galeristen wie Matthew Marks, Larry Gagosian, David Zwirner, Susan Sheehan und Barbara Gladstone Kunstwerke in Millionenhöhe an. Besonders an Samstagen drängen sich viele Besucher zwischen der 18. und der 28. Straße, denn der Kunstgenuss ist hier billiger als in diversen Museen. In 400 Galerien begutachten sie das Werk zeitgenössischer Künstler, ohne dafür einen Cent zahlen zu müssen. Die Gegend entdeckt hatte die Dia Art Foundation, die in den Achtzigerjahren als Erste darauf gekommen war, Industriegebäude für großräumige Kunstprojekte zu nutzen. In der Zwischenzeit ist sie jedoch mit ihrer Sammlung moderner und zeitgenössischer Kunst in eine ehemalige Keksfabrik in Beacon am Hudson umgezogen.

Chelsea

Auch die Köche in Chelsea sind *cute*.

Streift man durch die Galerien, die oft in mehrstöckigen Gebäuden angesiedelt sind, so findet man die ganze Bandbreite des gegenwärtigen Schaffens: Wenn Fotokünstler Ashkan Sahihi seine cum-shot-Serie zeigt, schockt er viele Besucher. Die Gesichter seiner Subjekte sind mit menschlichem Sperma bedeckt. Der Künstler nennt diese Serie seine Konterattacke gegen die immer weiter um sich greifende Pornografisierung unserer Welt. Geht man in die Julie Saul Gallery, begegnet man zum Beispiel Maira Kalmans lyrischem Werk. Die bekannte Kinderbuchautorin und Illustratorin des renommierten Magazins *New Yorker* verarbeitet in dem Buch *The Principles of Uncertainty* in bunten, märchenhaften Bildern die Trauer um ihren Mann, den Künstler Tibor Kalman. Mit ihrem Blick für alltägliche Wunder – ausgefallene Hüte, Kunststücke von Kindern – und witzig-tiefgründigen Sprüchen nährt sie ihren Willen zur Lebensfreude.

Aber nicht nur für geistige und seelische Nahrung wird in Chelsea gesorgt. Auch den körperlichen Hunger stillen jede Menge talentierte Köche. Todd Mitgang brachte sich kulinarische Fertigkeiten bei, indem er Kochsendungen im Fernsehen ansah. Seine ersten Kenntnisse verfeinerte er im French

Nicht verpassen

FIT MUSEUM
Die Modeuniversität Fashion Institute of Technology liegt direkt in Chelsea und saugt daher die künstlerischen Einflüsse der Gegend auf. Vor ein paar Jahren eröffnete sie auch ein Museum, das mit seinen 50 000 Sammlungsobjekten 250 Jahre Modegeschichte beleuchtet. Die schönsten Stücke von Balenciaga, Dior und Chanel finden sich hier. In ständig wechselnden Ausstellungen wird zum Beispiel auf den in den letzten Jahren stattfindenden Schuhwahn eingegangen, aber auch darauf, welchen Einfluss die »queer community« auf die Mode hat. Das Museum stellt seine Sammlung Interessierten auch online zur Verfügung.

Fashion Institute of Technology Museum. Di–Fr 12–20 Uhr, Sa 10–17 Uhr, 7th Ave./27th St., New York, NY 10001, Tel. 212 217 4558, www.fitnyc.edu

Bis die Galerie öffnet, gönnen sich Besucher einen Cappuccino.

Culinary Institute. Nachdem er sich in der Restaurantszene der Stadt hochgearbeitet hatte, brachte er die Küche von New Orleans nach New York zurück, die in den Achtzigerjahren sehr populär gewesen war. In »Bo's Restaurant« frittiert er Alligatorensteaks ganz knusprig. Wem nicht nach Reptilien zumute ist, der kann Austern mit Pfeffergelee und grünen Tomaten und würzigen Goldbarsch mit Okra und Krabbensauce bestellen.

Workout am Fluss

In Chelsea wurde auch das Flussufer aufgemöbelt. Gleich am West Side Highway stehen drei renovierte Piers. An einem von ihnen sollte im Jahr 1912 eigentlich die »Titanic« ankommen. Sie wurden in den letzten Jahren renoviert und beherbergen ein Fernsehstudio, in dem Serien wie *NYPD Blue* gedreht werden, sowie Manhattans einzige Lokalbrauerei. Am Pier 62 ist ein großer Sportkomplex eingezogen. Hier können Gäste eislaufen, Golf spielen und klettern. Falls ihnen das viele Zufußgehen in New York nicht reicht.

Chelsea ist auch ein Mekka für Antiquitätenliebhaber. Furnish Green bietet restauriertes antiques Mobiliar an. Ziel der Betreiber ist es, dem Massenkonsum entgegenzuwirken. Mantiques Modern hat sich auf Designklassiker aus dem 20. Jahrhundert spezialisiert, vor allem französischen Ursprungs. Hier findet man Christophe Champagnerkübel, Hermès-Tischuhren sowie Silberkörbe von Cartier. Authentiques Past and Present betreibt schon seit 1976 in Chelsea einen Laden und hat sich auf weniger hochkarätige Dinge wie Bierkrüge und Comic-Figuren aus den Fünfzigerjahren eingeschossen. Amanda Freitag möbelte den alten Eisenbahnwaggon »Chelsea Diner« auf der 10th Avenue (22nd Street) auf und serviert herrliche Pfannkuchen.

Oben: Ein Art-déco-Traum: Der »Empire Diner« auf der 10th Avenue und der 22nd Street.
Mitte: Passt das alte Coca-Cola-Schild in den Koffer?
Unten: Ray's Pizza auf der 9th Avenue backt hauchdünne Schnitten.

Infos und Adressen

ESSEN UND TRINKEN

Bo's Restaurant. Ganz auf New Orleans gestylt.
West 24th St. 6. New York, NY 10010,
Tel. 212 234 2373, www.bosrestaurant.com

El Quijote. Dieses spanische Restaurant steht
unter Denkmalschutz. W 23rd St. 226, New York,
NY 10011, Tel. 212 929 1855,
www.elquijoterestaurant.com

Tía Pol. New Yorks beste Tapas. Schinkenkro-
ketten und Chorizo-Wurst mit Schokolade.
Tenth Ave 205, New York, NY 10011,
Tel. 212 675 8805, www.tiapol.com

ÜBERNACHTEN

Chelsea Savoy Hotel. Einfaches, sauberes Hotel
mit günstigen Preisen. W. 23rd St. 204, New York,
NY 10011, Tel. 212 929 9353,
www.chelseasavoynyc.com

GEM Hotel Chelsea. Neues Hotel mit Ikea-Look.
W. 22nd St. 300, New York, NY 10011,
Tel. 212 675 1911, www.thegemhotel.com

EINKAUFEN

Authentiques Past & Present. Witzige Unnötig-
keiten aus den Fifties. Mi–Sa 12–6, So 1–6,
255 W 18th St., New York, NY 10011, Tel. 212 675
2179, www.fab-stuff.com

Furnish Green. Restaurierte Antiquitäten. 1261
Broadway Zimmer #309, New York, NY 10001,
Tel. 917 583 9051, www.furnishgreen.com

AUSGEHEN

Barracuda. Gemütliche Gay-Bar. Cabaret und
Drag-Shows. W. 22nd St. 275, New York, NY 10011.

Marquee Club. Discospaß für Heteros und
Homosexuelle.10th Ave. 289, New York, NY 10001,
Tel. 646 473 0202, www.marqueeny.com

The Eagle. Lederbar. Pool-Tables und sonst
noch jede Menge Action. W. 28th St. 554,
www.eaglenyc.com

VERANSTALTUNGEN

The New York City Rocky Horror Picture Show.
Kinofilm mit Liveshow jeden Freitag und Samstag
um Mitternacht. Chelsea Clearview Cinemas,
23rd Street/8th Avenue, New York, NY 10011,
www.nycrhps.org

AKTIVITÄTEN

Chelsea Piers. Großes Sportareal zum Golfen,
Klettern, Eislaufen und vieles mehr. West Side
Highway/W 23rd St, New York, NY 10011,
Tel. 212 336 6666, www.chelseapiers.com

GALERIEN

In den folgenden Galerien finden Ausstellungen
von Museumsqualität statt:
Barbara Gladstone. 515 W. 24th St., New York,
NY 10011, www.gladstonegallery.com

David Zwirner. 525 W. 19th St., New York,
NY 10011, www.davidzwirner.com

Larry Gagosian. 522 W. 21st St., New York,
NY 10011, www.gagosian.com

Matthew Marks. 513 W. 24th St., New York,
NY 10001, www.matthewmarks.com

ANFAHRT

U-Bahn-Linien C, E, 1 zur 23rd Street

Bei »Bo's« gibt es Gerichte aus New Orleans.

MIDTOWN

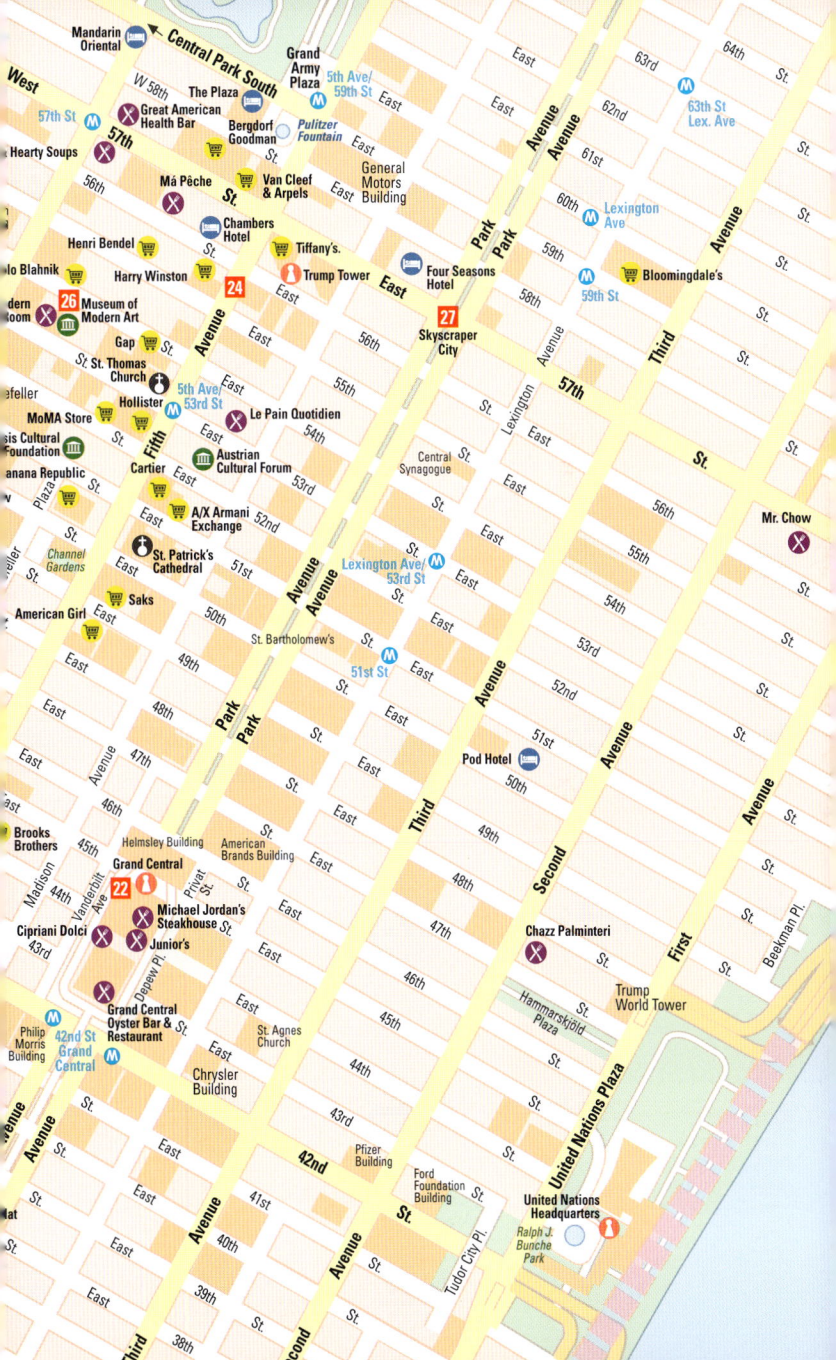

Mandarin
Oriental

Central Park South

Grand
Army
Plaza

West

W 58th

The Plaza

Great American
Health Bar

57th St

57th
St.

Hearty Soups

5th Ave/
59th St

East

East

East

64th

63rd

62nd

63rd St
Lex. Ave

East

Avenue

Avenue

61st

St.

St.

56th

Má Pêche

Bergdorf
Goodman

Van Cleef
& Arpels

Pulitzer
Fountain

General
Motors
Building

60th

Lexington
Ave

St.

St.

Henri Bendel

Chambers
Hotel

Tiffany's.

East

59th

Avenue

Avenue

St.

lo Blahnik

Harry Winston

Trump Tower

24

East

Four Seasons
Hotel

East

58th

Bloomingdale's

59th St

St.

dern
oom

26

Museum of
Modern Art

27

East

56th

Skyscraper
City

Avenue

Third

St.

Gap

St.

St. Thomas
Church

5th Ave/
53rd St

East

East

55th

St.

57th

East

56th

Mr. Chow

efeller

MoMA Store

Hollister

East

Le Pain Quotidien

54th

Lexington

St.

East

55th

is Cultural
Foundation

Fifth

Cartier

Austrian
Cultural Forum

East

53rd

St.

East

54th

anana Republic

A/X Armani
Exchange

East

52nd

East

56th

Channel
Gardens

St. Patrick's
Cathedral

East

51st

Avenue

Avenue

Lexington Ave/
53rd St

East

55th

St.

Saks

50th

St. Bartholomew's

East

54th

American Girl

East

49th

51st St

East

53rd

Avenue

St.

East

48th

Park

Park

St.

52nd

Brooks
Brothers

Helmsley Building

45th

American
Brands Building

East

49th

East

51st

Pod Hotel

Grand Central

22

Michael Jordan's
Steakhouse

Privat

East

48th

50th

Avenue

First

Cipriani Dolci

Junior's

East

47th

Chazz Palmineri

43rd

Depew Pl.

East

46th

Trump
World Tower

Grand Central
Oyster Bar &
Restaurant

42nd St
Grand
Central

St. Agnes
Church

East

45th

Hammarskjöld
Plaza

Philip
Morris
Building

Chrysler
Building

44th

Second

United Nations Plaza

St.

43rd

42nd

Pfizer
Building

St.

Ford
Foundation
Building

United Nations
Headquarters

Ralph J.
Bunche
Park

41st

St.

40th

Avenue

Second

Third

39th

38th

East

St.

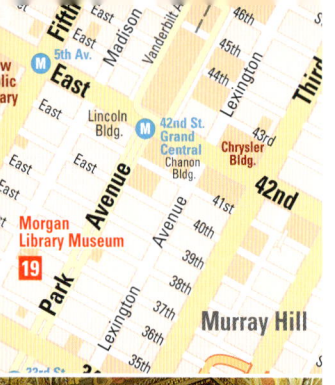

19 Morgan Library & Museum
Zeugnis einer Sammler-leidenschaft

Zum hundertjährigen Bestehen der prunk-vollsten Bibliothek New Yorks verwandelte der italienische Architekt Renzo Piano den Raum zwischen J. P. Morgans Privat-residenz und seinem Arbeitsbereich in ein Museumsjuwel. Pianos Stahl- und Glas-palast schließt nahtlos an die Neorenais-sancestruktur an. Kunstinteressierte finden darin 600 Jahre alte Stundenbücher von Katharina von Kleve sowie Briefe von Jane Austen und Albert Einstein.

J. P. Morgan Chase ist heute mit 2,5 Billionen Dollar die größte Bank in den Vereinigten Staaten. Ihr Fir-mennamen enthält die Initialen und den Nachna-men ihres Gründers, John Pierpont Morgan (1837–1913). Er ging im ausgehenden 19. Jahrhundert als einer der wichtigsten Bankiers und Industriebarone in die Geschichte ein. Sein Haus in der Madison Avenue 219 erhielt als erstes Privathaus in New York 1882 elektrisches Licht. Dafür hatte niemand Geringerer als Thomas Edison im Garten des Stadt-palais ein kleines Kraftwerk gebaut.

Pierpont Morgan, wie er am liebsten genannt wurde, kaufte jedoch nicht nur Firmen auf und rettete New York 1907 vor dem Bankrott. Er hatte auch einen Sinn für Kunst und häufte ab 1890 eine gigantische Sammlung an. Bis zu seinem Tod im Jahr 1913 erwarb er Objekte im Wert von umgerechnet 900 Millionen Dollar. In seinem ur-sprünglichen Bestreben, die gesamte Bandbreite der westlichen Zivilisation einzufangen, kaufte er

Seite 126/127: Der Blick vom Empire State Building zur Blauen Stunde
Unten: In der Morgan Library lebte einst ein Bücherwurm mit sehr viel Geld.

Morgan Library & Museum

Skulpturen aus dem alten Ägypten sowie Ritterrüstungen, Gemälde, Möbel, Bronzefiguren, Porzellan und Uhren. Das Kernstück seiner Sammlung waren jedoch alte Manuskripte, Zeichnungen und Drucke. So gelangte zum Beispiel die Originalfassung der *Weihnachtsgeschichte* von Charles Dickens in seinen Besitz sowie das Lindauer Evangelium aus dem 8. Jahrhundert.

Die Bibliothek des Milliardärs

Nach dem Tod Pierpont Morgans brachte sein Sohn Jack die Sammlung in eine Stiftung ein. Die neoklassische Bibliothek, die zwischen 1902 und 1906 neben dem Stadtpalais entstand, wurde der Öffentlichkeit 1924 zugänglich gemacht. 1988 kam auch die ursprüngliche Wohnstätte dazu. Als der italienische Stararchitekt Renzo Piano im Jahr 2006 einen Stahl- und Glaspavillon schuf, der die Marmorhallen der Bibliothek und das »townhouse« verband, etablierte sich die »Morgan Library« auch als bedeutendes Museum in New York.

Besucher betreten zuerst die luftige Lobby, durch deren vier Stockwerke hohe Glaspaneele das Tageslicht dringt. Die Lobby ist wie eine italienische Piazza angelegt. Im Café treffen sich Bewohner aus der Gegend, die nicht jeden Tag zu einem Museumsbesuch aufgelegt sind. Von hier geht es zum Prachtstück des Museums, der Bibliothek. Charles McKim (1847–1909) ließ sich für den opulenten Neorenaissanceraum von den Borgia-Apartments im Vatikan inspirieren. Die Bücherregale aus feinstem Walnussholz erstrecken sich über zehn Meter in die Höhe. An den Wänden hängen Tapisserien von Pieter Coecke (1502–1550), Schwiegervater von Pieter Breughel dem Älteren. Besucher schreiten durch das mit roter Seide tapezierte Arbeitszimmer, in dem es sich Pierpont Morgan vor einem aufwendig verzierten Kamin gemütlich machte.

Infos und Adressen

20 Empire State Building
Dem Himmel so nah

Über 100 Millionen Reisende müssen es wissen – ein Besuch des Empire State Building darf bei keinem New-York-Besuch fehlen. Einmal die Stadt vom 86. oder 102. Stockwerk des berühmtesten Wolkenkratzers der Welt gesehen zu haben, gilt als touristisches »Must«. Wenn das Wahrzeichen in verschiedenen Farben erstrahlt, blicken auch die ameisengroßen Menschen am Boden unwillkürlich auf.

»Empty State Building«, leerer Wolkenkratzer, so wurde New Yorks 443 Meter hohes Wahrzeichen fast 20 Jahre lang genannt. Als Präsident Herbert Hoover am 1. Mai 1931 in Washington D.C. auf einen Lichtschalter drückte und den Wolkenkratzer offiziell eröffnete, standen zahlreiche Büroräume in dem Gebäuderiesen leer. Diese Situation sollte sich aufgrund der Weltwirtschaftskrise und des Zweiten Weltkrieges bis zum Jahr 1950 nicht ändern.

An Besuchern mangelte es jedoch von Anfang an nicht. Über 100 Millionen Menschen sind bis dato bis in die höchsten Ebenen des Wolkenkratzers vorgedrungen. In nur einer Minute schießt der Aufzug die Aussichtslustigen in das 86. Stockwerk hinauf. Die Aussichtsplattform führt um das gesamte Gebäude. Bei schönem Wetter sehen Besucher bis zu 130 Kilometer weit nach New Jersey, Connecticut und Pennsylvania. Die Augen bleiben jedoch in der näheren Umgebung hängen, an anderen Wolkenkratzern wie dem formvollendeten Chrysler Building oder dem Central Park, der von oben wie ein Dschungel aussieht. Wer bis ganz hinauf auf die Spitze will, muss noch ein paar Dollar mehr für eine Fahrt in das 102. Stockwerk zahlen.

Das Empire State Building in all seiner Pracht

Empire State Building

Wenn ein starker Wind geht, wird manchen Besuchern jedoch mulmig, denn das Empire State Building scheint zu schwanken. Tut es aber nicht – das Architektenteam von Shreve, Lamb and Harmon entwarf ein elastisches Meisterwerk. Bei sehr starken Böen bewegt sich das Gebäude lediglich um etwa vier Zentimeter.

Ein modernes Weltwunder

Im Jahr 1994 wurde das Empire State Building in die Liste der sieben Weltwunder des modernen Zeitalters aufgenommen. Als die Arbeiten an dem 370 000 Tonnen schweren Wolkenkratzer am St. Patrick's Day, dem 17. März 1930, begannen, zählten die Bauherren auf das sprichwörtliche Glück der Iren. 3400 Arbeiter errichteten den Stahlrahmen und legten zehn Millionen Ziegel übereinander. Die Fassade verkleideten sie mit Kalkstein und Granit. Ein eigener Steinbruch diente als Materiallieferant. Die Arbeiter setzten 6500 Fenster ein und verlegten 80 Kilometer Heizungsrohre. In nur eineinhalb Jahren war das Gebäude fertig – ein Ausdruck der Hoffnung, dass nach der Weltwirtschaftskrise auch bessere Zeiten kommen würden.

Wer heute das Empire State Building betritt, wird zuerst von seinem goldenen Ambiente geblendet. Nach einer ausgedehnten Renovierung der Lobby, die zweimal so lang wie die gesamten Bauarbeiten dauerte, sehen Besucher die Art-déco-Wandgestaltung in all ihrer Pracht. Wenn sie auf dem Marmorboden Schlange stehen, blicken sie auf ein Relief des stromlinienförmigen Empire State Building. Es wird von einer Sonne überstrahlt, die nur dem Zeitalter entspringen konnte, in dem Maschinen glorifiziert wurden. Ihre Strahlen fallen vollkommen gerade auf den Wolkenkratzer. 120 Qua-

Einfach gut!

TRYP HOTEL

Die spanische Tryp-Hotelkette ist für ihre hübschen, funktionellen Zimmer zu vernünftigen Preisen bekannt. In der 35. Straße findet sich ein New Yorker Ableger mit einem fantastischen Restaurant, in dem sich auch Bewohner der Stadt treffen. Das bunte Ambiente der »Gastro Bar« soll die Atmosphäre einer spanischen Plaza vermitteln. Rote Stühle aus recycelten Coca-Cola-Flaschenverschlüssen kamen da gerade recht. Um die heute gerade erwachsene Generation der »Millenials« anzusprechen, setzte das Team auf den Trend zum »social dining«, dem gemeinsamen Genießen verschiedener kleiner Speisen. Tapas waren also angesagt. Aber nicht irgendwelche Tapas, sondern kulinarisch ganz ausgeklügelte wie z. B. Chicken Lollipops und Cappuccino von Kammmuscheln mit Blumenkohlschaum und Kalamari-Tintenasche. Ein kulinarisches Erlebnis!

Tryp Hotel. W 35th St. 345, New York, NY 10001, Tel. 212 600 2440, www.tryphotels.com

dratmeter 23-karätiges Blattgold und 1300 Quadratmeter Aluminium wurden für die Wandgestaltung verwendet. Auch der Rest des Gebäudes wurde 2010 für 500 Millionen Dollar auf den neuesten Energiesparstand gebracht.

An manchen Tagen erstrahlt die Spitze des Empire State Building in verschiedenen Farben: Rot, Weiß und Blau leuchtet es am 4. Juli, dem amerikanischen Nationalfeiertag, und natürlich Grün am 17. März, dem »glücksbringenden« Tag seiner Grundsteinlegung und gleichzeitig St. Patrick's Day.

Das Empire State Building diente oft als Filmkulisse. In der Nacht des 25. Juli 1964 filmte Andy Warhol New Yorks Wahrzeichen sechs Stunden und 10 Minuten lang. All jenen, die die Geduld aufbringen, sich dies anzusehen, wird die wahre Bedeutung von *Empire* – Imperium – bewusst. King Kong schwang hier sein blondes Spielzeug in der Luft herum, und Cary Grant verpasste Deborah Kerr in *Die große Liebe meines Lebens* auf der Aussichtsplattform. Also, am besten bei Sonnenuntergang zu einem romantischen Date hinauffahren!

Oben: Nichts für Menschen mit Höhenangst: die Aussichtsplattform des Empire State Building.
Unten: Für ein paar Münzen kann man sich Dinge auch ganz nah heranholen.

Infos und Adressen

Von manchen Hotelfenstern schaut man genau ins Wolkenkratzermeer.

ESSEN UND TRINKEN

Koreatown in New York. In der 32. Straße zwischen der 5th Avenue und dem Broadway befindet sich eine koreanische Enklave. Bunte Leuchtschilder mit koreanischer Schrift preisen ein Restaurant neben dem nächsten an. Viele Lokale sind bis spät in die Nacht geöffnet, manche sogar rund um die Uhr.

Cho Dang Gol. Vegetarier kommen in diesem Restaurant auf ihre Kosten. Hier wird der Tofu von Hand zubereitet. Unbedingt den Tofu-Pilz-Eintopf probieren! West 35th 55, New York, NY 10001, Tel. 212 695 8222, www.chodanggolny.com

Food Gallery 32. Wer nur wenig Zeit hat, sollte in diesem »food court« vorbeischauen. Kleine Stände servieren Bimbim-bop, frische Suppen, japanische Desserts und Red-Mango-Fro-Jo. West 32nd St. 11, New York, NY 10001, Tel. 212 967 1678, www.foodgallerynyc.com

Kyochon. Frisches und niemals tiefgefrorenes Biohuhn wird für die *chicken wings* verwendet. Sie werden mit Mango-, Honig-, Jambalaya- und Knoblauch-Sojasauce serviert. 5th Ave. 319, New York, NY 10016, Tel. 212 725 9292, www.kyochon.us

Miss Korea. Traditionelles koreanisches Bulgogi-Barbecue wird mit herrlichen Banchan, kleinen scharfen Salaten wie Kimchi und eingelegten Gurken serviert. Das Restaurant erstreckt sich über drei Stockwerke. West 32nd St. 10, New York, NY 10001, Tel 212 594 4963, www.misskoreabbq.com

INFORMATION

Empire State Building. Von der Aussichtsterrasse von New Yorks wohl bekanntestem Wahrzeichen genießen Besucher einen herrlichen Blick auf die ganze Insel, sowohl auf den Süden wie auch auf den Norden. Aussichtsplattformen im 86. und im 102. Stockwerk. Bis zur oberen Plattform kostet es mehr. Tgl. 8–2 Uhr (letzter Aufzug um 1.15 Uhr), 350 Fifth Ave./34th St., New York, NY 10010, www.esbny.com

ANFAHRT

U-Bahn-Linien B, D, F, M, N, Q, R, bis zur 34th Street/Herald Square, Linie 6 bis zur 33rd Street.

Der Blick vom Empire State Building ins Häusermeer von Manhattan

21 New Yorks Kaufhäuser

Shopping de luxe

Es gibt fast nichts, das man in New York nicht findet. In riesigen »Department Stores« wie Macy's und Saks Fifth Avenue fühlen sich Shopaholics wohl. In ihrem exklusiven Ambiente können sie den ganzen Tag auf Schnäppchenjagd gehen. All jene, die gern Geld ausgeben, bleiben zuerst an den aufwendig gestalteten Auslagen hängen und werden dann von wohlriechenden Düften ins Innere der Einkaufstempel gezogen.

Ein roter Stern prangt auf dem Kaufhauskoloss Macy's an der Ecke der 34. Straße und des Broadway. Was hat dieses Symbol des Kommunismus auf einer Ikone des Kapitalismus zu suchen? Ein Blick in das Archiv des über 150 Jahre alten Department Stores gibt Aufschluss über dieses Mysterium. Als Kaufhausgründer Rowland Hussey Macy Mitte des 19. Jahrhunderts noch als Kapitän auf hoher See herumkreuzte, verirrte er sich einmal mit seinem Schiff. Sein Leben schien ihm verloren und er begann, alle seine Sünden abzubüßen. Auf einmal tauchte ein roter Stern auf, an dem sich der rauschebärtige Schiffsführer orientierte. Der Rest ist Geschichte.

Besucher von Macy's verirren sich nicht auf hoher See, sondern im Kaufhaus selbst. Auf fast 100 000 Quadratmetern in zehn Stockwerken finden Kunden vieles, was das Shopping-Herz begehrt: von Louis-Vuitton-Handtaschen bis zu Calvin-Klein-Unterhosen und Küchenutensilien von Martha Stewart. Und vieles zum Schleuderpreis. All jene, die nicht verloren gehen wollen, holen sich beim Visitors'

Mitte: Das Kaufhaus Macy's hat eine traditionsreiche Vergangenheit.
Unten: Schaufensterpuppen tragen den letzten Schrei.

New Yorks Kaufhäuser

Center einen Lageplan sowie eine Karte, mit der ausländische Besucher zehn Prozent Rabatt auf ihren Einkauf bekommen. Das gilt auch für alle anderen Kaufhäuser.

Ein Erlebniskaufhaus

Macy's bestimmt schon seit Jahrzehnten, was ein »Erlebniskaufhaus« zu bieten hat. Zu Thanksgiving, dem amerikanischen Erntedankfest, veranstaltet es eine große Parade, in der haushohe Ballonfiguren vom Columbus Circle auf der Upper West Side hoch in der Luft bis zum Kaufhaus gezogen werden. Drei Millionen Zuschauer beklatschen Snoopy, Shrek und Sponge Bob auf ihrem Flug. Von Festwagen winken Mickey und Minnie Mouse, und Musiker in Zinnsoldatenanzügen trompeten und posaunen sich die Seele aus dem Leib. Das Schlusslicht der Parade bildet seit Jahren jedoch immer derselbe Mann im roten Mantel: Santa Claus fährt mit einem lauten »Ho, ho, ho!« in einer Kutsche vor den Eingang von Macy's. Damit ist der Auftakt zur »Christmas Season« gegeben – und der Weihnachtsmann beginnt offiziell seine Residenz im Kaufhaus. Wie bereits in dem Filmklassiker *Das Wunder von Manhattan* gezeigt, klettern ihm im Dezember Tausende von Kindern auf den Schoß und flüstern ihm ihren größten Weihnachtswunsch ins Ohr.

Wo Patrizier shoppen

Den Mitgliedern der New Yorker High Society ist Macy's jedoch zu plebejisch. Sie lassen sich in ihren Limousinen lieber zu den Edelkaufhäusern auf der Fifth Avenue kutschieren. Genau neben dem »Plaza Hotel« am Central Park befindet sich der exklusive Einkaufspalast Bergdorf Goodman. Ein livrierter Portier öffnet hier die goldene Pforte. Der siebente Stock ist ganz auf Hochzeit eingestellt:

Nicht verpassen

MODE FÜR MÄNNER

Einfach gut!

Brooks Brothers ist der älteste Herrenausstatter in den USA. Seit 1818 fertigt die Firma elegante Anzüge, Krawatten und Hemden. Abraham Lincoln gehörte zu ihren Kunden. Barack Obama trug am Tag seiner Vereidigung im Januar 2009 ebenfalls einen Mantel, Schal und Handschuhe aus diesem Haus. An die 300 Filialen in den USA sowie in anderen Ländern beweisen den anhaltenden Erfolg. Wer im Büro so schnittig wie Don Draper aus *Mad Men* aussehen will, ist hier richtig. Seit 1976 führt das Modehaus auch adrette, jedoch pfiffige Mode für Damen. Ralph Lauren arbeitete hier als Verkäufer und luchste ihm das Design für sein Polohemd ab. Brooks Brothers strengte einen Prozess an und darf sich der Tatsache rühmen, das Polo-Shirt mit Knöpfen erfunden zu haben.

Brooks Brothers. Madison Avenue 346/44th St., New York, NY 10017, Tel. 212 682 8800, www.brooksbrothers.com

Eine Limo wartet auf den schwer beladenen Käufer.

Vor weißen Seidentapeten promenieren junge Damen in Brautkleidern kerzengerade, so als würden sie bereits zum Traualter schreiten. Oscar de la Renta und Ulla-Maija gehören hier zu den gefragtesten Modeschöpfern. Und natürlich wird den Damen auch nahegelegt, dass sie ihre Hochzeitsliste von Bergdorf Goodman führen lassen. Ein »personal shopper« berät sie dann, ob sie sich Kristallvasen von Lalique oder Waterford wünschen sollen oder ob eine moderne Kreation von Ted Muehling besser ihren Vorstellungen entspricht.

In seinem schönsten Kleid zeigt sich Saks Fifth Avenue gegenüber dem Rockefeller Center zur Weihnachtszeit. Dutzende überdimensionale Schneeflocken blinken dann auf der Fassade von »Saks«. Szenen aus Kinderbüchern werden hier mit kunstvoll gestalteten, mechanisch bewegten Puppen nachgestellt. Hans Christian Andersens Schneekönigin fährt mit ihrem Schlitten über knisterndes Eis. Schuhfetischistinnen bei Saks probieren hochhackige Pumps von Christian Louboutin sowie silberne Krokolederschuhe mit Bleistiftabsatz von Jimmy Choo.

Klein, aber fein ist das Kaufhaus Henri Bendel in der Fifth Avenue. Seit 1990 residiert es in einem Jugendstilgebäude, dessen Atrium von offenen Gängen auf vier Stockwerken umrahmt wird, so wie das bei den ersten Kaufhäusern im 19. Jahrhundert der Fall war. Der ursprünglich als Hutmacher tätige Unternehmer Henri Willis Bendel brachte Coco Chanels Mode als Erster in die Vereinigten Staaten. Andy Warhol arbeitete hier als Hausillustrator und holte sich Anregungen fur seine Kunst. Schülerinnen der Eliteschulen auf der Upper East Side decken sich hier mit samtenen Haarreifen ein. Kosmetika sind ebenfalls von ausgesuchter Qualität.

138

Infos und Adressen

ÜBERNACHTEN

Bryant Park Hotel. Hinter der New York Public Library. Modernes Dekor, schickes Publikum gleich hinter der New York Public Library. W. 40th St. 40, New York, NY 10018, Tel. 212 869 0100, www.bryantparkhotel.com

EINKAUFEN

Alle Kaufhäuser gewähren zu jeder Zeit in verschiedenen Abteilungen einen Preisnachlass.

Bergdorf Goodman. Exklusives Kaufhaus gegenüber dem »Plaza Hotel« und dem Central Park. Der siebente Stock ist ganz auf Hochzeitsfantasien eingestellt. 754 Fifth Ave./58th St., New York, NY 10019, www.bergdorfgoodman.com

Henri Bendel. Superschicker Department Store in historischem Kaufhausambiente. Auf Accessoires spezialisiert, vorwiegend von 20- bis 30-Jährigen mit Treuhänderfonds besucht. 712 Fifth Ave./56th St., New York, NY 10019. www.henribendel.com

Lord & Taylor. Traditionsreiches Kaufhaus für Damen im besten Alter. 424 Fifth Ave./38th St., New York, NY 10018, www.lordandtaylor.com

Macy's. Im zweitgrößten Kaufhaus der Welt finden Shopaholics alles, was das Herz begehrt – von den frechsten Designerklamotten bis zum neuesten Wii-Spiel. Ausländische Besucher erhalten beim Visitors' Center eine Karte, mit der sie zehn Prozent Rabatt auf ihren Einkauf geltend machen können. Herald Square (Broadway/34th St.), New York, NY 10001, www.macys.com

Die Damenmodenabteilung ist bei Macy's riesig.

Dieser Blick bietet sich vom Fenster des »Bryant Park Hotels«.

Saks Fifth Avenue. Einkaufstempel gegenüber dem Rockefeller Center. Geschmackvolle Auslagendekorationen, besonders fantasievoll zur Weihnachtszeit. 611 Fifth Ave./49th St., New York, NY 10022, www.saksfifthavenue.com

ANFAHRT

Bloomingdale's. U-Bahn-Linien 4, 5, 6, N, R, Q bis zur 59th Street.

Bergdorf Goodman. U-Bahn-Linien N, R bis zur 5th Avenue/59th Street.

Henri Bendel. U-Bahn-Linie F bis zur 57th Street.

Macy's. U-Bahn-Linien N, R, Q, bis zur 34th Street/Herald Square.

Saks Fifth Avenue. U-Bahn-Linien B, D, F, M bis zur 47–50th Street/Rockefeller Center

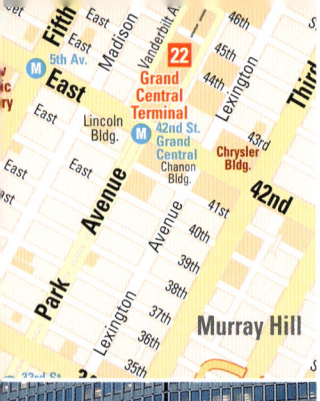

22 Grand Central Terminal
Wo alle Gleise zusammenlaufen

Im Jahr 2013 feierte der schönste Bahnhof Amerikas seinen hundertjährigen Geburtstag. Der Grand Central Terminal ist auch der größte Bahnhof der Welt. Seine Haupthalle ist einem römischen Bad nachempfunden, mit gigantischen Ausmaßen, versteht sich. Wer die Architektur in Ruhe genießen will, sollte nicht gerade zur Rushhour zwischen 7 und 9 Uhr früh und zwischen 17 und 18 Uhr vorbeikommen.

»Wenn wir alle historischen Gebäude abreißen, dann bleiben in New York nur noch Glas- und Betonboxen bestehen«, entrüstete sich Jacqueline Kennedy Onassis, als der Grand Central Terminal 1968 von der Spitzhacke bedroht war. Dank der Bemühungen der ehemaligen First Lady und des Eingriffs des Obersten Gerichtshofs blieb der flächenmäßig größte Bahnhof der Welt in seinem Beaux-Arts-Kleid erhalten. Goldfarbene Messinggeländer, marmorverkleidete Wände und 20 Meter hohe Fenster verleihen »Grand Central« sein majestätisches Aussehen.

Spaziert man heute über die 42. Straße, spürt man nichts davon, dass einige Meter unter dem Asphalt 750 000 Menschen tagaus, tagein von 67 Bahngleisen in die Stadt strömen.

Ein Hauch von »Great Gatsby«

Klassizistisch ausgewogen sind die Proportionen dieses 115 Meter langen, 36 Meter breiten und

Mitte: Die Götterfigur Hermes steht auf der Grand Central Station.
Unten: Die vergoldete Uhr in der Wartehalle ist Millionen wert.

Edel sind auch die Verkaufsschalter des Bahnhofs.

38 Meter hohen Tempels des Transportwesens. Auf dem Informationsstand mitten im Main Concourse prangt eine anmutige Uhr aus Messing, deren Wert von Sotheby's und Christie's auf zehn bis zwanzig Millionen Dollar geschätzt wurde. In den letzten hundert Jahren trafen sich unter ihren vier Zifferblättern mehrere Generationen von Reisenden. Die Verkaufsschalter mit ihren grazilen Gittern sind ebenfalls noch im Originalzustand erhalten. Zwei anmutig geschwungene Freitreppen an beiden Enden der Halle führen auf Balkons. Gleich neben der berühmten Oyster Bar raunen sich Liebespaare oder begeisterte Kinder in der »Whispering Gallery« kleine Botschaften zu. Der Schall wird von dieser Flüsterecke über die gewölbte Decke in die gegenüberliegende Ecke getragen, wo man die Worte laut und deutlich hören kann. Auf dem Balkon über der Haupthalle hat Basketball-Legende Michael Jordan ein Steakhouse eröffnet. Gäste laben sich an saftigen Rib-Eye-Fleischflanken. Zwischen beiden Restaurants hat »Cipriani Dolci« ein Heim gefunden. Die Nachfahren des Erfinders von Harry's Bar in Venedig servieren hier Carpaccio und Kalbsleber. Das Lokal selbst wurde von Arturo di Modica, dem Bildhauer des Stiers auf der Wall Street, gestaltet.

Nicht verpassen

APHRODISIAK AM BAHNHOF

Die legendäre »Oyster Bar« feierte wie der Bahnhof im Jahr 2013 ebenfalls ihr hundertjähriges Bestehen. Sie ist in einem romantischen Gewölbe unterhalb der Bahnhofshalle gelegen und rühmt sich, den frischesten Fisch in New York zu servieren. In dem mit antiken Kacheln ausgelegten Restaurant können Gäste zwischen 30 Arten von Austern wählen, von Lasquiti aus British Columbia bis Meximoto aus Baja California. Dazu werden erlesene Weine serviert. Gäste sitzen entweder direkt am Schanktresen oder an Tischen mit rot-weiß-karierten Tischtüchern.

Grand Central Oyster Bar & Restaurant. Tgl. 11.30 – 21.30 Uhr, So geschlossen, Dining Concourse, Grand Central Terminal, New York, NY 10017, Tel. 212 490 6650, www.oysterbarny.com

Ein verkehrter Himmel

Den Vogel im Main Concourse schießt jedoch die gewölbte Decke ab. Hoch über den Köpfen der Besucher, auf türkisblauem Grund, sind die Sternzeichen in fein goldenen Strichen gezeichnet. Doch halt! Etwas scheint mit dem Sternenhimmel nicht zu stimmen. Bei näherer Betrachtung stellt sich heraus, dass er seitenverkehrt dargestellt ist. Hatte der französische Künstler Paul César Helleu zu sehr dem Rotwein zugesprochen, als er die riesige Wandmalerei 1912 an den falschen Himmel pinselte? Erklärungen für diese kuriose Ansicht gibt es einige: Helleu hätte eine Himmelskarte aus dem Mittelalter verwendet, lautet eine Theorie. Das Firmament wäre einfach aus der Sicht Gottes dargestellt, gab die Vanderbilt-Familie an, als der Bahnhof 1913 eröffnet wurde. Die damals reichste Familie Amerikas betrieb hier bereits 1871 einen riesigen Bahnhof. Sie hatte das Monopol auf alle Züge von und nach New York. Nach einem verheerenden Zugunglück im Jahr 1902 verbot die Stadt New York Dampflokomotiven. Deshalb entstand im Grand Central Terminal das erste elektrisch betriebene Zugsystem in den Vereinigten Staaten. Alle Gleise wanderten in den Untergrund.

Natürlich birgt der Grand Central Terminal auch einige Geheimnisse: In den Dreißigerjahren wurde für Präsident Roosevelt ein eigenes Gleis eingerichtet, von dem er direkt ins »Waldorf Astoria Hotel« fahren konnte. So entdeckten Reporter nicht, dass er querschnittgelähmt war. Wo genau sich der M42-Raum des amerikanischen Geheimdienstes unter dem Bahnhof befindet, ist bis heute nur einigen Eingeweihten bekannt. Er erfüllte im Zweiten Weltkrieg wichtige Funktionen, um Truppen an der Ostküste zu bewegen. Wer bei all dem Schauen Hunger bekommen hat, sollte in das Untergeschoss gehen. Im Dining Concourse warten 30 verschiedene Lokale auf Besucher.

Oben: Der perfekte Ort für einen Flashmob
Unten: »Take the A train«, sagte schon Duke Ellington.

Infos und Adressen

Am Bahnhof laben sich manche Reisende noch vor der Abfahrt.

ESSEN UND TRINKEN

Oyster Bar. Über tausend Gäste schlürfen im riesigen Speisesaal mit gekacheltem Gewölbe täglich an die viertausend Austern. Grand Central Terminal, East 42nd Street, New York, NY 10017, Tel. 212 490 6650, www.oysterbarny.com

Cipriani Dolci. Norditalienische Küche wie im berühmten Hotel in Venedig. Auf dem Balkon über dem Main Concourse. Grand Central Terminal, East 42nd Street, New York, NY 10017, Tel. 212 973 0999, www.cipriani.com

Junior's. Brooklyns beste Cheesecakes haben auch in Manhattan ein Heim gefunden. Dining Concourse im Untergeschoss. Grand Central Terminal, East 42nd Street, New York, NY 10017, Tel. 212 983 5257, www.juniorscheesecake.com

Michael Jordan's Steakhouse. Nur die Lieblingsspeisen des Basketballstars kommen hier auf den Grill. Auf dem Balkon über dem Main Concourse. Grand Central Terminal, East 42nd Street, New York, NY 10017, Tel. 212 655 2300, www.michaeljordansnyc.com

INFORMATION

Grand Central Terminal. 1913 eröffnet. Ursprünglich im Besitz der Milliardärsfamilie Vanderbilt. Hier wurde das erste mit Strom betriebene Zugsystem in den Vereinigten Staaten in Betrieb genommen. 67 unterirdische Gleise. Führungen täglich um 12.30 Uhr im Main Concourse. East 42nd Street, New York, NY 10017, www.grandcentralterminal.com

ANFAHRT

U-Bahn-Linien 4, 5, 6, 7, S zu Grand Central/42nd Street.

Auch leckere Delikatessen kann man hier auswählen.

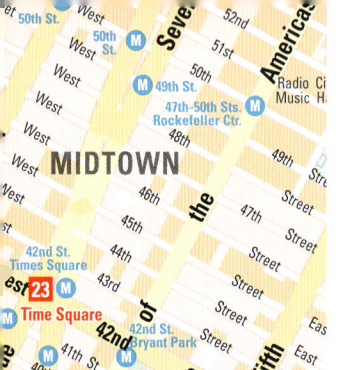

23 Times Square
New Yorks Hauptplatz

Wenn in der Silvesternacht Hunderttausende Menschen beim Herabsenken eines riesigen Kristallballs in den Countdown einstimmen, hat ein neues Jahr mit Pomp und Trara begonnen. Auf New Yorks berühmtestem Platz beginnt auch die Theatermeile am Broadway und Tausende Lichter laden zum Besuch von Musicals und Theaterstücken ein. Überlebensgroße Stars der Stunde werben für Konsumgüter.

Der Times Square liegt im Zentrum von Midtown. Er markiert genau die Stelle, die im Allgemeinen als Theaterviertel Broadway bekannt ist, also das magnetische Feld zwischen 42. und 57. Straße. Hunderte riesige Leuchttafeln erhellen am »Great White Way« nachts den Himmel. Die neuesten Bloomberg-News flimmern über ein digitales Band, und ein überlebensgroßer P. Diddy streckt seine Faust gen Himmel. Und das Beste: Seit 2009 ist der Times Square für den Verkehr gesperrt, sodass Spaziergänger ungestört ihren Blick über das Neonspektakel wandern lassen können, ohne auf Autos achten zu müssen. So wird Besuchern die monumentale Größe des Ortes bewusst, an dem Broadway und die Seventh Avenue einander berühren.

Umweltschutz am »Great White Way«

Der Times Square ist nach der Tageszeitung *New York Times* benannt, die zu Beginn des 20. Jahrhunderts ihren Hauptsitz an dem Platz hatte. Der Umweltschutz hat auch vor den großen Werbeleuchtschriften am Broadway nicht haltgemacht.

Eine Leuchttafel überstrahlt am Times Square die andere.

Times Square

Die Lampen der Ricoh-Reklamewand an der nordwestlichen Ecke der 42. Straße und der Eighth Avenue werden von Wind und Sonne mit Strom versorgt. 16 Turbinen und 64 Solarpaneele wurden zu diesem Zweck installiert.

Einfach gut!

On Broadway

New-York-Besucher, die den Löwenkönig, Dorothy aus *Zauberer von Oz* oder das *Phantom der Oper* hautnah erleben wollen, müssen nicht unbedingt den vollen Preis für eine Karte zahlen, außer sie gehen an Feiertagen in die Vorstellung. Der TKTS-Stand an der Ecke 47. Straße und Broadway verkauft am Tag der Vorstellung Tickets für die Broadway-Shows zum halben Preis oder mit einer 20- bis 35-prozentigen Ermäßigung.

Eineinhalb Milliarden Dollar machen die 40 Broadway-Theater pro Jahr Umsatz. 13 Millionen Menschen sehen sich jedes Jahr eine Show an. In Amerikas dramatischem Epizentrum ziehen kommerziell erfolgreiche Musicals wie *Cats* oder *Wicked* ein Publikum von nah und fern an. Aber auch ernstes Theater wird hier gemacht. Jude Law mimt hier den Hamlet und Nicole Kidman zieht sich in David Hares *The Blue Room* splitternackt aus. Der Broadway als solcher entstand zu Beginn des 20. Jahrhunderts. Damals wurden die ersten U-Bahn-Linien in Betrieb genommen, und eine führte direkt an den Times Square. Einige Theater sind noch in ihrem Originalzustand erhalten. In der zweiten Hälfte des 20. Jahrhunderts war der Times Square das Rotlichtviertel von New York. Pornoshops und Peepshows mischten sich da unter die Theater. Als Rudy Giuliani 2003 zum New Yorker Bürgermeister gewählt wurde, begann er den Times Square aufzuräumen. Heute gibt sich der Times Square familienfreundlich. Donald, Dagobert,

ITALIAN FAMILY STYLE

Bei den vielen Attraktionen am Broadway können Reisende leicht hungrig werden. Vor und nach der Vorstellung am Broadway serviert »Carmine's« süditalienisches Essen im »family style«. Riesige Teller Antipasti, Spaghetti und Kalbfleisch in Marsalasauce zu vernünftigen Preisen landen da auf den rot-weiß-karierten Tischen und die gesamte Mannschaft bedient sich. Das große Lokal ist ganz auf »casa della nonna«, Großmutters Haus, gestylt. Gäste sitzen auf einfachen, jedoch komfortablen Holzsesseln und bewundern eine Vielzahl von Bildern an der Wand: Frank Sinatra, Dean Martin und Joe DiMaggio lächeln aus dem Rahmen.

Carmine's. 200 W. 44th St., New York, NY 10036, Tel. 212 221 3800, www.carminesnyc.com

Bilder berühmter Italo-Amerikaner zieren die Wände bei Carmine's.

CHATWAL HOTEL-IMPERIUM

Der junge indisch-amerikanische Hotelimpresario Vikram Chatwal besitzt drei Hotels rund um den Times Square. In der Bar des »Time Hotel« treffen sich junge, hippe Bewohner der Stadt. In der 45. Straße befindet sich das »Night Hotel«, das ganz vornehm in Schwarz und Weiß gehalten ist. Als Dekoration von Kissen und Decken dienen kunstvoll geschwungene Buchstaben. »Gothic Gotham« nennt Vikram Chatwal, das ehemalige Fotomodell, den Stil von »Night«. Das »Dream Hotel« in der 55. Straße scheint dem Film *Eyes Wide Shut* entsprungen zu sein. Das weiße Interieur der Zimmer ist abends in ein sanftes blaues Licht getaucht. Gäste relaxen hier in Bademänteln aus Kaschmir und können gratis an Yoga- und Meditationsklassen teilnehmen. Vom Trubel des Times Square muss man sich schließlich erholen.

Dream Hotel. West 55th St. 210, New York, NY 10019, Tel 212 247 2000, www.dreamhotels.com

Night Hotel. West 47th St., New York, NY 10036, Tel. 212 768 3700, www.nighthoteltimessquare.com

Time Hotel. West 49th St. 224, New York, NY 10019. Tel. 212 246 5252, www.thetimeny.com

Einfach gut!

Daisy, Mickey und Minnie aus Plüsch und Plastik finden sich im riesigen Disney Store in der 42. Straße. M&Ms sind die amerikanische Antwort auf Smarties. Über drei Stockwerke fließen sie im gleichnamigen Geschäft durch durchsichtige Röhren. Außerdem drängen sich auf dem Times Square Dutzende von Souvenirläden. Wer hier ein T-Shirt mit dem Aufdruck »I Love New York« oder ein Schachspiel mit Simpsons-Figuren erstehen will, muss nicht lange suchen.

Jazz und Burgers

»Ellen's Stardust Diner« ist wie ein Lokal für Teeniebopper aus den Fünfzigerjahren gestylt. »American Favorites« stehen hier auf der Speisekarte: Chicken Wings, Cesar Salad und Milkshakes. Die Kellner und Kellnerinnen hier sind ausgebildete Sänger, die nur auf ein Engagement am Broadway warten. Nachdem sie einem Tisch ein Abendessen serviert haben, werfen sie sich in Pose und trällern »New York, New York« in die Menge. Aus dem Kellergeschoss dringen ebenfalls heiße Klänge. Hier macht der Musikclub »Iridium« dem Erbe des Broadway als Jazz-Destination alle Ehre. Der Club hat sich auf Gitarristen spezialisiert. Der wohl legendärste Club in der Gegend ist jedoch »Birdland«. Nach Charlie »Bird« Parker benannt, befand er sich ursprünglich in der 52. Straße. Miles Davis und John Coltrane begeisterten Fans in diesem Lokal mit ihren ausgeklügelten Kompositionen und Improvisationen. Auch heute lohnt es sich noch, der Birdland Big Band zuzuhören.

Ein Kabinett der Superlative

Das riesige Kuriositätenkabinett »Ripley's Believe It or Not« erinnert an eine Zeit, als Varietétheater am Broadway florierten. Unter Tausenden Ausstellungsstücken finden sich Haarsträhnen von George Washington, John F. Kennedy und Elvis Presley sowie ein zweiköpfiges Kalb und ein beträchtliches Stück der Berliner Mauer, auf dem ein Panzer mit einem Friedenszeichen übermalt wurde. Besucher lassen sich hier von mechanischen Kannibalen erschrecken oder stecken ihren Kopf in einen Glasbehälter, sodass es aussieht, als wäre ihnen dieser abgehackt worden.

Das Intrepid Sea-Air-Space Museum gibt sich da schon etwas seriöser. Das Museum befindet sich auf einem der wichtigsten Flugzeugträger der jüngsten Geschichte, der auch im Zweiten Weltkrieg zum Einsatz kam. Das Schiff liegt dort, wo die 46. Straße auf die der Twelfth Avenue trifft, am Pier 86. Auf dem Flugzeugträger können Besucher in einem A-6-Flugsimulator abheben. Auch können sie hier das Innere der »Concorde« und des Unterseeboots »Growler« erkunden. Großer Andrang auf der »Intrepid« herrscht Ende Mai. Während der Fleet Week besuchen Zehntausende Matrosen der amerikanischen Marine die Stadt. Alle Feierlichkeiten finden dann auf der »Intrepid« statt. Wenn sie mit ihren weißen Uniformen und kessen Mützen die Stadt erobern, begeistern sie so manches Frauenherz.

Infos und Adressen

ESSEN UND TRINKEN

Ellen's Stardust Diner. *American comfort food.* Die Bedienungen singen Broadway-Nummern. Lokal wie in den Fünfzigerjahren. Broadway 1650, New York, NY 10019, Tel. 212 956 5151, www.ellensstardustdiner.com

City Sandwich. Portugiesische Sandwiches mit Kabeljau, karamellisierten Zwiebeln, Oliven, Pesto und Joghurtsauce. 9th Ave. 649/45th Street, New York, NY 10036, Tel. 646 684 3943, www.citysandwichnyc.com

AUSGEHEN

Birdland. Legendärer Jazzklub in neuer Location. W. 44th St. 315, New York, NY 10036, Tel. 212 581 3080, www.birdlandjazz.com

Iridium Jazz Club. Jazz-Gitarristen wie José Feliciano und Steve Miller treten hier auf. Broadway 1650, New York, NY 10019, Tel. 212 582 2121, www.theiridium.com

TKTS. Broadway-Eintrittskarten zwischen 20 und 50 Prozent billiger. Mo, Do, Fr 15–20 Uhr, Di 14–20 Uhr, Mi/ Sa 10–14, 15–20 Uhr, So 11–20 Uhr, W 47th St./Broadway. New York, NY 10036, www.tdf.org

MUSEEN

Intrepid Sea-Air-Space Museum. Flugzeugträger aus dem Zweiten Weltkrieg, Concorde und U-Boot zu besichtigen. 1. April–31. Okt. Mo–Fr 10–17 Uhr, Sa/So 10–18 Uhr, 1. Nov–31. März 10–17 Uhr. Pier 86. W. 46th St./Twelfth Avenue, New York, NY 10036, Tel. 212 245 0072, www.intrepidmuseum.org

Ripley's Believe It or Not Odditorium. Zweistöckiges Kuriositätenkabinett mit Gratis-Aufführungen von Nagelschluckern. 365 Tage im Jahr, 9–1 Uhr, W. 42nd St. 234, New York, NY 10036, Tel. 212 398 3133, www.ripleysnewyork.com

ANFAHRT

U-Bahn-Linien 1, 2, 3, 7, N, Q, R, S bis 42nd Street/ Times Square.

24 Fifth Avenue
Shop until you drop

Auf einer der berühmtesten Einkaufsmeilen der Welt funkelt es in vielen Auslagen, haben doch die berühmtesten Juweliere hier eine Filiale eröffnet. Von der 42. bis zur 57. Straße reiht sich ein edles Geschäft an das nächste. Wer dem Konsum entgehen will, kann dies in der New York Public Library, der St. Patrick's Cathedral und dem österreichischen Kulturforum tun.

Zwei Löwen bewachen den Zugang zu New Yorks teuerster Einkaufsmeile, der Fifth Avenue. *Patience and Fortitude*, Geduld und Stärke, wie die beiden steinernen Könige des Tierreichs genannt werden, sitzen erhaben vor dem Eingang zur New York Public Library, einer der größten Bibliotheken der Vereinigten Staaten. Auf ihrem Spaziergang zu den exklusivsten Geschäften in New York können Besucher hier noch ein wenig Wissen tanken, bevor sie sich dem Konsumgenuss hingeben. Der prachtvolle Beaux-Arts-Bau an der Ecke zur 42. Straße ging zum Zeitpunkt seiner Eröffnung im Jahr 1911 als das größte Marmorgebäude der Vereinigten Staaten in die Geschichte ein. Jedem ist der Zugang zur Bibliothek gestattet. 90 Meter lang und 24 Meter breit ist der Hauptlesesaal. Hier sitzen Wissensdurstige an robusten Eichentischen und lesen Bücher aus den 140 Kilometer langen, acht Stockwerke umfassenden Beständen, die in den Kellergeschossen unter dem Bryant Park angelegt wurden.

Eine schmucke Straße

Die Fifth Avenue entwickelte sich zu Beginn des 19. Jahrhunderts zu New Yorks geschäftigster

Mitte: Ein Löwe wacht über die New York Public Library.
Unten: Tiffany: eine Destination für Schmuckenthusiasten

Fifth Avenue

Einkaufsmeile. Sie markiert auch die Trennlinie zwischen der Ost- und der Westseite von Manhattan. An der Ecke West 47th Street und Fifth Avenue befindet sich der »Diamond District«, die Diamantenstraße. Hier verkaufen chassidische Juden neue und gebrauchte Schmuckstücke, viele davon mit Brillanten besetzt. Im Gegensatz zu anderen Juweliergeschäften, die näher am Central Park liegen, herrscht hier Basar-Atmosphäre. Kunden scheuen sich nicht, mit den Händlern zu feilschen, um den besten Preis für eine Brosche oder ein Armband herauszuschlagen.

Die wichtigsten Edeljuweliere haben sich auf der Fifth Avenue angesiedelt. Tiffany's Art-déco-Bau an der Ecke zur 57. Straße zieht Käufer bereits seit dem Jahr 1940 an. Das Schmuckgeschäft war in New York im Jahr 1837 gegründet worden und zog im Laufe der Jahre von Greenwich Village immer weiter nach Norden. Firmengründer Charles Lewis Tiffany war ein Marketinggenie. Bereits früh erkannte er die Vorteile wichtiger Kennzeichen der Markenbildung. Seitdem werden alle Einkäufe in einer türkis-himmelblauen Schachtel mit einer weißen Schleife verpackt. Tiffany erfand 1886 eine Brillantenfassung, die die Gesamtheit des Steines sichtbar macht. Viele Funkelstücke stecken seitdem in einer sechszackigen Krone. Mehrere renommierte Designer arbeiteten über die Jahre für das Traditionshaus: Elsa Peretti, Jean Schlumberger, Paloma Picasso und in jüngster Zeit Stararchitekt Frank Gehry. Holly Golightly, die im Film *Frühstück bei Tiffany* von Audrey Hepburn dargestellte Nymphe, hätte daran ihre Freude gehabt.

Der französische Juwelier Cartier an der Ecke der Fifth Avenue und 52. Straße macht Tiffany's Konkurrenz. Zu Weihnachten umrahmt eine rote Schleife das gesamte Neorenaissancegebäude.

BIO-LUNCH UNTER WOLKENKRATZERN

Einfach gut!

Midtown ist nicht gerade als Food-Destination bekannt. Diesen Umstand macht die »Dig Inn«-Kette wett. Mehrere Filialen bereiten preiswerten Bio-Lunch zu. »Wie in Großmutters Küche« soll es in den mit recyceltem Holz und Flohmarkt-Küchenwaren bestückten Lokalen aussehen. Für die hungrigen Horden aus den Wolkenkratzerbüros stellt Angerer den »Marktteller« zusammen: ein Proteingang – Tofu, würzige Fleischbällchen, Schweinefleisch mit Ingwer-, Koriander- und Honigsauce oder Zitronenhuhn mit Kräutern, dazu kommen Kohlenhydrate, oft brauner Reis, sowie zwei Sorten Gemüse: Karotten mit indischen Gewürzen und Süßkartoffel mit gerösteten Walnüssen und frischem Rosmarin.

Dig Inn. E 52nd St. 150/Lexington & 3rd Ave, New York, NY 10022; Madison Ave. 275/39th St. New York, NY 10016 und W 55th St. 40/5th & 6th Ave., New York, NY 10019, www.diginn.com

Cartier kaufte es 1917 der Industriellenfamilie Plant für nur 100 Dollar ab. Allerdings musste die Firma auch eine doppelreihige Perlenkette zum damaligen sehr hohen Preis von einer Million Dollar an den Verkäufer abtreten.

Harry Winston an der Ecke der Fifth Avenue und 56. Straße entzückte auch Marilyn Monroe. In dem Film *Blondinen bevorzugt* singt sie das Lied »Diamonds are a girl's best friend« und würdigt den Gründer des Traditionsunternehmens mit einer gehauchten Zeile. Harry Winston hat der Stadt New York eine eigene Kollektion gewidmet. Der mit zackenförmigen Brillanten besetzte »Skyscraper«-Ring hat eine blaue Saphirkrone, die dem Chrysler Building ähnelt. Der Guggenheim-Kettenanhänger ist schneckenförmig wie Frank Lloyd Wrights Meisterwerk.

Zeit für Andacht

Wer seine letzten Cents bei den Juwelieren gelassen hat und für seine arme Seele beten will, kann dies auf der Fifth Avenue in zwei Kirchen tun. Die neugotische St. Patrick's Cathedral von James Renwick (1818–1895) an der Ecke zur 55. Straße ist Sitz der Erzdiözese von New York und entstand in den Jahren 1858 bis 1879. Durch ihre mit bronzenen Heiligenfiguren bestückten Tore wanderten schon mehrere Päpste. Künstler aus Chartres in Frankreich gestalteten ihre Buntglasfenster. Die dem heiligen Ludwig und dem heiligen Michael gewidmeten Altäre kreierte das Schmuckhaus Tiffany's. Die Pietà von William O. Partrige aus dem Jahr 1906 ist dreimal so groß wie die von Michelangelo in Rom.

Die anglikanische St. Thomas Church liegt zwei Straßen weiter an der Ecke 53. Straße und Fifth

Fifth Avenue

Avenue. Die Architekten Ralph Adams Cram (1863–1942) und Bertram Grosvenor Goodhue (1869–1924) folgten mittelalterlichen Bauvorschriften, um ein neugotisches Gotteshaus zu bauen.

In starkem Kontrast zu den beiden sakralen Gebäuden steht das Austrian Cultural Forum, Österreichs kulturelle Vertretung in New York in der 52. Straße. Raimund Abrahams schlankes Hochhaus aus dem Jahr 2002 erregte zum Zeitpunkt seiner Eröffnung großes Aufsehen. Architekturkritiker lobten es für seine innovative Kraft. Das 24 Stockwerke hohe Gebäude hat eine expressionistische Wirkung. Das Austrian Cultural Forum bietet ein attraktives Kulturprogramm. Hochkarätige Ausstellungen ziehen viele Besucher an. Außerdem veranstaltet das Forum in seinem kleinen, aber feinen Aufführungssaal hervorragende Konzerte mit klassischen und avantgardistischen Künstlern. Und das alles gratis. Eine Seltenheit in Manhattan.

Geht man auf der Fifth Avenue Richtung Central Park, gelangt man zu einem Hotelbau aus dem Jahr 1907. Architekt Henry Janeway Hardenbergh gestaltete das »Plaza Hotel« im Stil eines überdimensionalen französischen Renaissanceschlosses. Seit Jahrzehnten zählt es zu den vornehmsten Adressen der Stadt. Liza Minelli soll in den Fünfzigerjahren Vorbild für die beliebte Kinderbuchfigur *Eloise* gewesen sein, die mit einem Kindermädchen und einem Hauslehrer im obersten Stock des »Plaza Hotels« wohnt und im ganzen Haus allerlei Schabernack treibt. Junge amerikanische Bücherwürmer können in die ganz in Rosa gehaltene Eloise-Suite einchecken. In der Plaza Food Hall werden Gerichte und Cocktails aus den Zwanzigerjahren serviert. Stilvoll zu leben war noch nie so einfach!

Wie ein Renaissance-Palast: der Lesesaal der New York Public Library.

Infos und Adressen

SEHENSWÜRDIGKEITEN

Austrian Cultural Form (Österreichisches Kulturforum). Raimund Abrahams geniale Lösung für eine sehr schmale Baulücke erstreckt sich über 24 Stockwerke. 200 erstklassige Gratisveranstaltungen pro Jahr. Die Galerie ist täglich von 10 bis 18 Uhr geöffnet. E. 52nd St. 11, New York, NY 10022, Tel. 212 319 5300, www.acfny.org

New York Public Library. Pompöser Marmorbau mit herrlichen Kassettendecken. Gratisausstellungen von hohem Kaliber. Mo, Do, Fr, Sa 10–18 Uhr, Di/Mi 10–20 Uhr, So 13–17 Uhr, Fifth Avenue/42nd Street, New York, NY 10018, Tel. 917 275 6975. www.nypl.org

Onassis Cultural Foundation. Sonderausstellungen über hellenistische und byzantinische Kunst. Fifth Avenue 645, Suite 304, New York, NY 10022, Tel. 212 486 4448, www.onassisusa.org

St. Patrick's Cathedral. Die größte katholische Kirche in New York. Tgl. 6.30–20.45 Uhr, Fifth Avenue/51st St., New York, NY 10019, www.stpatrickscathedral.org

St. Thomas Church. Anglikanische Kirche mit exzellentem Knaben- und Männerchor. Tgl. 7.30–18.30 Uhr, W. 53rd St. 1, New York, NY 10019, www.saintthomaschurch.org

Trump Tower. An dem postmodernen Glaspalast ist an sich nichts Auffallendes, aber in ihm befinden sich eine Shopping Mall sowie eine Aussichtsterrasse, von der man einen guten Blick auf die umliegende Gegend genießt. Fifth Ave. 725, New York, NY 10022.

ESSEN UND TRINKEN

Chazz Palminteri. Der Hollywood-Star serviert hier italienische Küche. 890 Second Ave., New York, NY 10017, Tel. 212 355 5540, www.chazz-palminterinyc.com.

Empire Steakhouse. Porterhouse Steaks in feinem Ambiente. 237 West 54th St., New York, NY

Im Austrian Cultural Forum finden interessante Ausstellungen statt.

10019, Tel. 212 586 9700, www.empiresteakhousenyc.com

Great American Health Bar. Ein vegetarisches Restaurant unter all den Hotdog-Ständen. 35 W. 57th St., New York, NY 10019, Tel. 212 355 5177, www.greatamericantogo.com

Hale & Hearty Soups. Schmackhafte Suppen und frische Salate. Preiswert. W. 56th St. 55, New York, NY 10019, Tel. 212 245 9200, www.haleandhearty.com

Little Brazil. Mehrere brasilianische Restaurants haben sich auf der 46. Straße zwischen der Fifth und der Sixth Avenue angesiedelt. Das Beste darunter: Via Brasil, W. 46th St. 34, New York, NY 10036, www.viabrasilrestaurant.com

ÜBERNACHTEN

Four Seasons Hotel. Von I. M. Pei gestalteter Hotelpalast mit Marmorlobby. Das Nonplusultra in Sachen Luxus. E. 57th St. 57, New York, NY 10022, Tel. 212 758 5700, www.fourseasons.com/newyorkfs

Plaza Hotel. New Yorks berühmtestes Hotel wird jetzt von der Fairmont-Gruppe geführt. Der 20-stöckige Hotelpalast aus dem Jahr 1907 sieht wie ein riesiges französisches Château aus. Besonders erlesen: der Nachmittagstee im »Palm Court« von 14 bis 17 Uhr. Fifth Ave./Central Park South, New York, NY 10019, Tel. 212 759 3000, www.fairmont.com/the-plaza-new-york

Pod Hotel. Zimmer zum Teil mit Stockbetten. Preiswertes Hotel. Hotel für junge Leute. E. 57th St. 230, New York, NY 10022, Tel. 212 355 0300, www.thepodhotel.com

Sofitel-New York. Modernes, komfortables Hotel unter französischer Führung. 45 West 44th Street, New York, NY 10036. Tel. 212 354 8844, www.sofitel.com

EINKAUFEN

A/X Armani Exchange. Armanis billigere und flottere Linie. Fifth Ave. 645/51st St., New York, NY 10022, armaniexchange.com

American Girl. Ein Puppenparadies. Der Traum jedes amerikanischen Mädchens. Fifth Ave. 609/49th St., New York, NY 10017, www.americangirl.com

Cartier. Französischer Edeljuwelier. Fifth Ave. 653/52nd St., New York, NY 10002, www.cartier.us

Diamond District. Auf der 47. Straße zwischen der Fifth und der Sixth Avenue reiht sich ein Schmuckgeschäft an das nächste.

Gap. Eine von Amerikas beliebtesten Jeansmarken. Fifth Avenue 680/53rd St., New York, NY 10019, www.gap.com

Gemütlich und ungezwungen: die »M Bar« im »Mansfield Hotel«

Blick auf das Chrysler Building vom »Four Seasons Hotel«

Harry Winston. Marilyn Monroe's best friend. Fifth Ave. 718/56th St., New York, NY 10019, www.harrywinston.com

Hollister. Klamotten für Preppies. Fifth Ave. 52nd St. 668, New York, NY 10103, www.hollister.com

J. Crew. Hier kleidet sich Michelle Obama ein. Fifth Ave. 620/Rockefeller Plaza, New York, NY 10112, www.jcrew.com

NBA Store. Alles, was das Basketballerherz begehrt. Fifth Ave. 666/52nd St., New York, NY 10036, www.nba.com/nycstore/

Tiffany's. Der Name spricht für sich. Fifth Ave. 727/57th St., New York, NY 10022, www.tiffanys.com

Van Cleef & Arpels. Berühmt für seine Edelsteintiere. Fifth Ave. 744/57th St., New York, NY 10022, www.vancleefarpels.com

ANFAHRT

U-Bahn-Linien B, D, F, M zu 47–50th Street/Rockefeller Center.

25 Rockefeller Center
Giganten aus Stein

Das Herzstück der Fifth Avenue ist das Rockefeller Center zwischen der 47. und der 52. Straße. »Das Stonehenge des wirtschaftstreibenden Menschen« nannte es der englische Kulturkritiker Cyril Connolly. Tatsächlich sind in den 19 Art-déco-Gebäuden der »Stadt innerhalb der Stadt« viele Unternehmen untergebracht. Reisende kennen es vor allem als New Yorks berühmteste Piazza mit dem großen Weihnachtsbaum.

»Reich wie ein Rockefeller« ist im Englischen ein oft benutzter Vergleich. Die Familie war als eine der ersten im 19. Jahrhundert in der Ölindustrie tätig und konnte so einen gigantischen Reichtum anhäufen. Wie viele amerikanische Milliardäre vergaß sie jedoch auch ihre philanthropische Mission nicht. So gab John D. Rockefeller jr. (1874–1960) während der Weltwirtschaftskrise von 1932 bis 1940 40 000 Menschen Arbeit. Sie bauten für ihn auf einer Fläche von 89 000 Quadratmetern rund um die Fifth Avenue für die damals unglaubliche Summe von 250 Millionen

Mitte: Im Rockefeller Center befinden sich viele Skulpturen.
Unten: Bildhauer Anish Kapoor stellte 2006 beim Rockefeller Center einen Sky Mirror auf.

GUT ZU WISSEN

MORGENSTUND HAT GOLD IM MUND
Um die Weihnachtszeit kann einem das Gedränge rund um das Rockefeller Center schon zu viel werden. Alle wollen den Weihnachtsbaum sehen und eine Runde auf dem Eislaufplatz drehen. In den Lokalen und Geschäften stehen die Menschen Schlange. Es empfiehlt sich daher, zu dieser Zeit in der Früh unter der Woche zu kommen.

Rockefeller Center

Dollar 14 Wolkenkratzer. Architekt Raymond Hood (1881–1934) schuf Art-déco-Gebäude von schlichter Schönheit, deren symmetrisch abgestufte, geradlinige Pfeiler sich in den Himmel zu recken scheinen. Jeden Tag zieht es Tausende New-York-Besucher auf die je nach Saison anders gestaltete Plaza, von der man im Winter einen guten Blick auf den Eislaufplatz unterhalb der Straßenebene und den riesigen, fast 30 Meter hohen Weihnachtsbaum hat. Der Baum steht genau hinter der goldfarbenen Prometheus-Statue, die über dem Eislaufplatz zu schweben scheint. Der Gedanke, dass der hübsche, von Paul Manship (1885–1966) gestaltete Titan der Menschheit das Feuer brachte, erwärmt die Herzen der Besucher in der kältesten Jahreszeit. Reisende, die ihre Schlittschuhe nicht in den Koffer gepackt haben, können sich hier ein Paar ausleihen.

Top of the Rock

Dahinter erhebt sich der 70 Stockwerke hohe GE-Wolkenkratzer auf Rockefeller Plaza 30, der höchste im gesamten Ensemble. Ganz oben hat die Rockefeller-Familie ihr Büro. Wer genauso hoch hinauswill, sollte den Aufzug zu »Top of the Rock« nehmen, der mit Swarovski-Kristallen veredelten Aussichtsplattform. Von ihr bietet sich der wahrscheinlich beste Blick über Midtown, denn man sieht perfekt auf das Chrysler und das Empire State Building. Die Fernsehstation NBC strahlt von diesem Gebäude beliebte Sendungen wie *Saturday Night Live* aus. Die TV-Serie *30 Rock* mit Tina Fey und Alec Baldwin spielte angeblich hier.

John D. Rockefeller war ein Kunstmäzen. Die weitläufige Lobby des GE-Wolkenkratzers zieren viele Art-déco-Wandmalereien und Friese von Lee Lawrie (1877–1963). Über dem Haupteingang mahnt eine Statue, dass »Weisheit und Wissen die

Nicht verpassen

ABSTECHER ZUM UNO-HAUPTGEBÄUDE

John D. Rockefeller errichtete nicht nur das weltweit größte Wolkenkratzerensemble auf eigene Faust, sondern verschenkte nach dem Zweiten Weltkrieg das Land, auf dem die Vereinten Nationen ihr Hauptgebäude errichteten. Von der 42. Straße und der Fifth Avenue geht man nach Osten bis zur First Avenue. Da erblickt man schon das Sekretariatshochhaus im internationalen Stil, das von einem Team von elf Architekten unter der Führung von Le Corbusier und Oscar Niemeyer gestaltet wurde. Besucher können hier auch Wandmalereien von Fernand Léger und Cândido Portinari und Buntglasfenster von Marc Chagall bestaunen.

United Nations Headquarters. 42nd–47th Street/First Ave., New York, NY 10017, Führungen unter der Woche müssen online gebucht werden unter http://visit.un.org/wcm/content/

Der schwedische Künstler Carl Fredrik Reuterswärd schuf diese Skulptur nach dem Tod seines Freundes John Lennon.

Stabilität jedes Zeitalters garantieren sollen«. Ursprünglich hatte der mexikanische Künstler und Frida-Kahlo-Gefährte Diego Rivera (1886–1957) eine 99 Quadratmeter große Wand in der Lobby des Wolkenkratzers gestaltet. »Der Mensch am Kreuzweg blickt mit Hoffnung auf eine neue und bessere Zukunft« war das Thema der Wandmalerei. Es zeigte Alkohol trinkende Society-Damen, Menschen mit Geschlechtskrankheiten sowie ein Bildnis von Lenin, den der Kommunist Rivera sehr verehrte. Das war Nelson Rockefeller, Sohn von John, jedoch zu viel. Er ließ das Werk im Jahr 1934 zerstören und durch Szenen zum Thema Fortschritt in Amerika ersetzen, die der katalanische Künstler Josep Maria Sert (1874–1945) schuf.

Lee Lawries und Rene Chambellans (1893–1955) Atlas-Statue in der Fifth Avenue trägt den Erdball seit 1934 auf ihren Schultern. Bauchmuskeln hat der stramme Mann für diese Aufgabe genug. Die Erdachse weist dabei auf den Nordstern, von New York aus betrachtet. Der Platz vor dem Eislaufplatz und der Prometheus-Statue wird auch als temporäre Ausstellungsfläche genutzt.

Im Rockefeller Center befinden sich Dutzende Geschäfte und Restaurants, zum Teil in den noch original im Art-déco-Stil erhaltenen Kellergeschossen. Ursprünglich sollte die Metropolitan Opera hier gebaut werden. Wegen der Weltwirtschaftskrise wurde daraus jedoch nichts. All jene, die auf Vergnügen aus sind, sollten daher der Radio City Music Hall einen Besuch abstatten. Der Name des Konzertgebäudes weist darauf hin, dass es zu einer Zeit gegründet wurde, als das Radio den Ton angab. Zur Weihnachtszeit legen die elfenbeinigen Rockettes beim »Christmas Spectacular« eine flotte Nummer aufs Parkett. Und das Publikum tappt mit den Füßen zu *Rudolph the Red Nosed Reindeer* mit.

Oben: Was ein guter Wolkenkratzer sein will, verjüngt sich nach oben. **Unten:** Der goldene Prometheus kündet vom Reichtum auf der Fifth Avenue.

Infos und Adressen

SEHENSWÜRDIGKEITEN

»Top of the Rock«. Die wahrscheinlich beste Aussicht über Midtown. Tgl. 8–17 Uhr. Rockefeller Plaza 30, New York, NY 10122, Tel. 212 698 2000, www.topoftherocknyc.com

NBC Studio Tour. Ein Blick hinter die TV-Kulissen von beliebten Sendungen wie *Saturday Night Live* und *Late Night with Jimmy Fallon*. Mo–Sa 8.30–17.30 Uhr, So 9.15–16.30, Rockefeller Center 30, New York, NY 10122, Tel. 212 664 3700, www.nbcstudiotour.com

ESSEN UND TRINKEN

Chipotle Mexican Grill. Vor über zehn Jahren übernahm McDonald's diese Bioburritokette, die schmackhafte und Magen füllende mexikanische Sandwiches frisch produziert. West 48th St. 129, New York, NY 10020, www.chipotle.com

Morrell Wine Bar & Café. Einer der bekanntesten Wein-Shops der Stadt bietet hier ein nicht zu teures Prix-Fix-Lunch mit erlesenen Tropfen an. Sonntags geschlossen. Rockefeller Plaza 1, New York, NY 10020, Tel. 212 262 7700, www.morrellwinebar.com

EINKAUFEN

Banana Republic. Lässige und bezahlbare Mode. Fifth Ave. 630, New York, NY 10112, Tel. 212 947 4350, www.bananarepublic.com

Metropolitan Museum of Art Store. Edle Souvenirs aus allen Stilepochen. West 49th St. 15, New York, NY 10020, Tel. 212 332 1360, www.store.metmuseum.org

INFORMATION

Rockefeller Center. Riesiges Art-déco-Geschäftszentrum mit 14 Gebäuden. Täglich um 10 Uhr führt ein Kunstexperte am Eingang des »Top of the Rock« zu den wichtigsten Sehenswürdigkeiten des Centers. 47th bis 52nd Street zwischen Fifth und Sixth Avenue, New York, NY 10122, www.rockefellercenter.com

ANFAHRT

U-Bahn-Linien B, D, F, M zu 47-50th Street/ Rockefeller Center, Linien N, R, Q zur 49th Street, Linie 1 zur 50th Street, Linie 6 zur 51st St.

Zu Weihnachten werden in New York bombastische Dekorationen angebracht.

26 Museum of Modern Art
Cherchez la femme!

Obwohl das weltweit größte Museum moderner Kunst 1929 von drei Frauen gegründet wurde, ist der Bestand an von weiblicher Hand geschaffenen Werken gering. Besucher sollten deshalb weit die Augen öffnen und eindrucksvolle Gemälde und Skulpturen von Frida Kahlo, Georgia O'Keeffe, Louise Bourgeois, Valie Export und Yoko Ono suchen. Immer mehr Frauen-Power kommt auch in den Sonderausstellungen zum Vorschein.

Das Museum of Modern Art (MoMA) in der 53rd Street geht ebenfalls auf eine Initiative der Rockefeller-Familie zurück. Abby Aldrich Rockefeller (1874–1946), Ehefrau von John D. Rockefeller, war der modernen Kunst zugetan. Van Gogh, Chagall und Matisse zählten zu ihren Lieblingsmalern. Ihr Mann teilte ihren Enthusiasmus jedoch nicht. So beschloss sie 1929, mit zwei Freundinnen ein Museum für moderne Kunst zu errichten. Eine davon, Lillie P. Bliss, hinterließ dem Museum nach ihrem Tod im Jahr 1931 ihre Sammlung von 150 Meisterwerken moderner Kunst. Wertvolle Picassos, Cézannes, Modiglianis und Gauguins bildeten damit den Kern des MoMA.

Die Sammlung ist inzwischen auf 100 000 Objekte der Spitzenklasse angewachsen. Obwohl Abby Rockefellers Mann John gegen moderne Kunst war, stiftete er das Grundstück, auf dem das Museum heute steht. Der ursprüngliche Bau wurde von Philip Johnson in den Fünfziger- und Sechzigerjahren errichtet und von Cesar Pelli in den Achtzigerjahren erweitert. 2002 begann der japa-

Mitte: In Riesenlettern wirbt das Museum für sich selbst.
Unten: Cy Twomblys Werke sind ein ätherischer Genuss.

Der Central Park liegt ganz in der Nähe des MoMA.

nische Architekt Yoshio Taniguchi, die bestehende Ausstellungsfläche zu verdoppeln. Die einzelnen Stockwerke sind so ineinander verschachtelt, dass sie von Gängen und durch große Fenster Ausblick auf andere Ebenen und Kunstwerke bieten.

Seerosen und Sternennacht

Besucher beginnen ihre Tour am besten im 5. Stock, wo die Glanzstücke der Sammlung von den Achtzigerjahren des 19. Jahrhunderts bis zu den Vierzigerjahren des 20. Jahrhunderts ausgestellt sind. Hier finden sich Claude Monets berühmte *Seerosen*, Gemälde aus den Jahren 1914 bis 1926, in denen Himmel und Teich ineinander überzugehen scheinen. Auch Vincent van Goghs *Sternennacht* aus dem Jahr 1889 ist hier ausgestellt. Es verdeutlicht die Sehnsucht des Künstlers nach der Unendlichkeit. Im 4. Stock geht es mit Sammlungsschwerpunkten weiter, die bis in die Achtzigerjahre des 20. Jahrhunderts reichen. Jackson Pollocks *Drip Paintings* aus den Fünfzigerjahren beeindrucken durch sein abstrakt-rhythmisches Muster. Andy Warhols ikonenhafte *Campbells Soup Cans* aus dem Jahr 1962 erhoben Konsumgüter zum Kunstobjekt.

Geheimtipp

EDLES MUSEUMS-RESTAURANT

Den Ausblick auf den Skulpturengarten des MoMA genießen Gäste vom ebenerdig gelegenen Museumsrestaurant »The Modern«. Die Ästhetik des Bauhauses herrscht im Interieur vor. Möbelstücke von Meistern des modernen Designs harmonieren mit den riesigen, jedoch schlichten Blumenarrangements. Während im Restaurant mehrgängige Menüs serviert werden, kann man sich im Bar Room auch auf einen kleinen Happen hinsetzen. Restaurantimpresario Danny Meyer führt das Unternehmen. Jedes einzelne Gericht nimmt sich wie ein Kunstwerk aus. Der Küchenchef fertigt Pralinen aus Foie Gras und pochiert Wachteln in einer Wacholder-Consommé.

The Modern. Bar Room Mo–Sa 11.30–22.30 Uhr, So 11.30–21.30 Uhr, Restaurant Mo bis Fr 12–14 Uhr, Mo–Sa 17–22.30 Uhr, So geschlossen. W 53rd St. 9, New York, NY 10019, Tel. 212 333 1220, themodernnyc.com

159

Im dritten Stockwerk geht das Museum auf Architektur, Design, Zeichnung und Fotografie ein. Der Macintosh 128 Home Computer von Apple aus dem Jahr 1983 hat in der Designabteilung genauso hohen Kultstatus wie Charles Rennie Mackintoshs Jugendstilmöbel aus dem Jahr 1897. Das MoMA war auch das erste Museum, das im Jahr 1951 ein Auto ausstellte. Der feuerrote Cisitalia 202 GT von Pininfarina ist ein schnittiger Zweisitzer, dessen Teile von Hand geschaffen wurden.

Wo sind die Frauen?

Pablo Picassos *Les Demoiselles d'Avignon* aus dem Jahr 1907 ist eines der unumstrittenen Meisterwerke in der Sammlung. Dieses Gemälde bereitete dem Kubismus und der Fragmentierung der Bildteile den Weg. Die fünf Prostituierten scheinen aus dem Bild und auf den Betrachter zu fallen. Es zeigt deutlich, dass Frauen im MoMA Gegenstand künstlerischer Betrachtung sind, als schaffende Künstlerinnen in der Sammlung jedoch nur eine Randexistenz fristen. Deshalb ist es umso wichtiger, dass Kunstfreunde die Sonderausstellungen im 6. und 2. Stock besuchen, in denen Künstlerinnen mehr Platz eingeräumt wird.

In den permanenten Ausstellungsräumen sollten Besucher daher zum Beispiel Frida Kahlo und Louise Bourgeois besonderen Tribut zollen. Erstere brachte in ihren sehr farbenfrohen Bildern ihre Existenz als chronische Schmerzpatientin zum Ausdruck, Letztere setzte sich in ihren überlebensgroßen Skulpturen mit Themen wie sexuelle Spannung und Eifersucht auseinander. Im *Abby Aldrich Rockefeller Sculpture Garden* stehen Skulpturen, die das Wetter gut überdauern. Auch hier wieder viele Männer: Alberto Giacometti, Pablo Picasso, Alexander Calder und Juan Miró.

Oben: Im MoMA haben Besucher auch immer wieder den Ausblick ins Freie.
Unten: Das Museum bietet viel Platz für moderne Skulpturen.

Infos und Adressen

ESSEN UND TRINKEN

Má Pêche. Tausendsassa David Chang betreibt im »Chambers Hotel« ein Restaurant, in dem schmackhafte Spezialitäten wie gebratener Reis mit Hummer, Kokosnuss, Curry und Cilantro serviert werden. W. 56th St. 15, New York, NY 10019, Tel. 212 757 5878, www.momofuku.com/new-york/ma-peche

ÜBERNACHTEN

Chambers Hotel. Jedes Zimmer sieht wie ein Hightech-Künstlerloft aus. Große Fenster, Blick ins Wolkenkratzermeer. Kunstwerke von John Waters und Do-Ho Suh. West 56th St. 15, New York, NY 10019, Tel. 212 974 5656, www.chambershotel.com

EINKAUFEN

Manolo Blahnik. Diana Vreeland, die Chefredakteurin der amerikanischen *Vogue*, ermutigte den gelernten Bühnenbildner im Jahr 1970, sich auf Schuhdesign zu konzentrieren. W 54th St. 31, New York, NY 10019, Tel. 212 582 3007, www.manoloblahnik.com

MoMA Store. Neben Postkarten, Büchern und Postern finden sich hier auch pfiffige Design- und Schmuckobjekte, darunter der Bananenbunker von Paul R. Stremple, ein Hartplastikgehäuse, das den quetschfreien Transport der Frucht im Rucksack ermöglicht. West 53rd St. 11, New York, NY 10019, Tel. 212 708 9700, www.momastore.org

INFORMATION

Museum of Modern Art. Spitzenwerke moderner Kunst, darunter *Les Demoiselles d'Avignon* von Picasso und *Sternennacht* von Vincent van Gogh. Mo–Do, Sa, So 10.30–17.30 Uhr, Fr 10.30–20 Uhr, Museumsbesuch Fr von 14–20 Uhr gratis, 11 W. 53rd St., New York, NY 10019, Tel. 212 708 9400, www.moma.org

ANFAHRT

U-Bahn-Linien E, M bis 5th Ave./53rd St.

Das Museum of Modern Art (MoMA) ist ein Magnet für junge Leute.

WOLKENKRATZER

New York hoch hinaus

Chicago mag die Geburtsstätte der Wolkenkratzer sein, perfektioniert wurde das Genre aber zweifelsohne in New York. Wolkenkratzer prägen die Skyline an der Südspitze von Manhattan und die Häuserschluchten in Midtown. Kommen Besucher zum ersten Mal nach Midtown, bleibt ihnen die Spucke weg angesichts der Hochhäuser, die sich da rechts und links in die Luft recken.

Einen »Nationalpark der Wolkenkratzer« nannte Kart Vonnegut die Stadt. Tatsächlich gibt es hier 242 von ihnen, Tendenz steigend. Nur Hongkong hat noch mehr. Als »Cathedrals of Commerce« – Handelskathedralen – gingen die ersten Wolkenkratzer in die Geschichte ein. Erfunden wurden sie Mitte der 1880er-Jahre in Chicago. Manhattan übernahm diese Art der Bebauung sehr schnell, da es auf der Insel bereits damals zu Platzmangel kam und Baugrund immer teurer wurde. Voraussetzung für den Bau immer höherer Gebäude waren die Entwicklung des Stahlskeletts und der Einsatz von Aufzügen. Mit der neuen Technik war das Emporschießen der Skyline bald nicht mehr zu bremsen. Jahr für

Wie ein Bug ragt das markante Flatiron Building in die Kreuzung von Broadway und Fifth Avenue.

163

Jahr schoss die Skyline höher in den Himmel, übertrumpfte ein Hochhaus das nächste. 1902 entstand mit dem 21-stöckigen Flatiron Building der erste Wolkenkratzer. Nur fünf Jahre später war das Singer Building mit 47 Stockwerken und 187 Metern schon doppelt so hoch. Noch im gleichen Jahr wurde es vom 211 Meter hohen Büroturm der Metropolitan Life Insurance bereits wieder in den Schatten gestellt, damals das höchste Gebäude der Welt.

Eine goldene Pyramide thront auf der Spitze des New York Life Building. Als eines der wenigen Hochhäuser der Stadt nimmt es von der 26. bis zur 27. Straße auf der Höhe der Madison Avenue einen ganzen Straßenblock ein. Diesen Giganten schuf der berühmte Architekt Cass Gilbert (1859–1934). Er hatte bereits 1913 das neogotische Woolworth Building am unteren Broadway als einen der ersten Wolkenkratzer gebaut. Kaufhausmagnat Woolworth ließ es als Firmenzentrale erbauen; zur Eröffnung schaltete US-Präsident Wilson per Fernbedienung das Licht an.

17 Jahre lang war das Woolworth Building das höchste Gebäudeder Welt.

Inbegriff des Wolkenkratzers ist natürlich das Empire State Building. Mit 102 Stockwerken erreichte es 1931 die schwindelerregende Höhe von 381 Metern und blieb damit mehr als 40 Jahre lang das höchste Gebäude der Welt. Es gilt als ein Paradebeispiel für den Art-déco-Stil. Wie silberne Pfeile schießen die Verstrebungen seiner 650 Fenster in die Höhe. Zu besonderen Anlässen leuchtet seine Fassade in bunten Farben: blau-weiß-blau zum Chanukka-Fest, rot-grün-rot zu Weihnachten und grün zum St. Patrick's Day. Errichtet wurde es in nur 20 Monaten. Bei seiner Eröffnung übertrumpfte es auch den 1928 fertiggestellten Konkurrenten, das elegante Chrysler Building an der Ecke Lexington Avenue und 42. Straße, dem Architekt William Van Alen eine Art-déco-Krone aus rostfreiem Stahl aufgesetzt hat. Grimmig dreinblickende Adler schießen wie die Wasserspeier einer gotischen Kathedrale an den Ecken des 61. Stockwerks aus dem Gebäude.

Erst 1972 wurde das Empire State Building vom 417 Meter hohen Nordturm des World Trade Centers (der Südturm maß 415 Meter) als höchstes Gebäude der Welt abgelöst. Heute ist das 2013 fertig gestellte One World Trade Center, das an der Stelle der 2001 zerstörten Zwillingstürme errichtet wurde, mit einer symbolischen Höhe von 1776 Fuß (541,3 Metern) das höchste Gebäude der westlichen Hemisphäre.

Das Time Warner Center wurde von David Childs vom renommierten Architekturbüro Skidmore, Owings & Merrill gestaltet. Die beiden Wolkenkratzertürme waren die ersten Monumentalbauten, die nach der Zerstörung der Twin Towers aus dem Boden gestampft wurden. Auf subtile Weise nehmen sie Anleihen an der Stadtlandschaft von Manhattan: Die Konstruktionskünstler komponierten hier eine Ode an New York – aus Glas, Stahl und Beton. Das gitterförmige Muster der Glasfassade imitiert das Straßenraster von New York. Von 69 Stockwerken blickt man hier auf den Central Park.

Neben den unzähligen Türmen, in denen nach dem Diktat der Moderne die Form der Funktion folgt, weist Frank Gehrys IAC Building in West Chelsea schon in die Zukunft: Seine Wände sind so schräg, als ob sie der Wind jeden Moment wegblasen könnte. Auch die gewellte Stahlfassade seines Wolkenkratzers in der Spruce Street nahe der Brooklyn Bridge sieht aus, als hätte der Wind die Fassade gekräuselt. Hier wird demonstriert, wie mithilfe von Computern extreme Architektur realisiert werden kann. Geradezu schlicht, dafür atemberaubend schmal und hoch, ist dagegen 432 Park Avenue, das höchste und teuerste Wohnhaus der Stadt. Stararchitekt Rafael Viñoly hat den 432 Meter hohen Luxus-Wolkenkratzer entworfen, der seit 2016 wie ein gigantisches Streichholz aus Glas und Beton aus der Skyline hervorsticht und als höchstes Wohngebäude in der westlichen Hemisphäre gilt. Allein das Penthouse hat 95 Millionen Dollar gekostet. Überhaupt hat in jüngster Zeit ein ungeahnter Bau-

»New York by Gehry« vor dem Woolworth Building

boom Manhattan erfasst. Gab es im Jahr 2004 gerade einmal 28 Wolkenkratzer mit einer Höhe von 700 Fuß (213 Meter) und mehr, sind seitdem 13 neue fertiggestellt worden, 15 befinden sich im Bau und 10 weitere sind in der Planungsphase. Die Skyline der Stadt ist also – wieder einmal – dabei, sich grundlegend zu ändern.

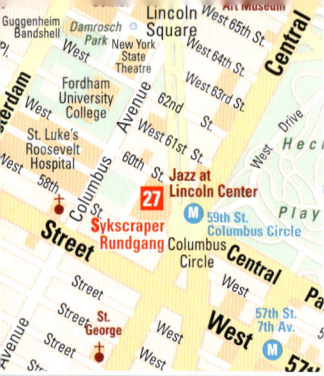

27 Skyscraper City
Wolkenkratzer-Wunderland

Nirgendwo in New York sind Wolkenkratzer besser zu bewundern als in Midtown. Viele der ersten Wolkenkratzer verjüngen sich dreimal nach oben, da sie laut Stadtverordnung den Lichteinfall auf die Straße nicht behindern durften. Das Chrysler Building an der Ecke Lexington Avenue und 42. Straße ist wohl das eleganteste in der New Yorker Skyline.

Wie der Zierrat an den Autos der Goldenen Zwanzigerjahre hat auch seine Krone kantige Zacken und abgerundete Kuppen und ist mit viel glänzendem Stahl verkleidet. Als es 1930 eingeweiht wurde, war es mit 319 Metern das höchste Gebäude der Welt. Bereits im Jahr darauf musste es diesen Titel freilich schon wieder an das 381 Meter hohe Empire State Building abgeben.

Ein Deutscher schafft eine Ikone

Ludwig Mies van der Rohe (1886–1969), einer der wichtigsten Architekten der Moderne, schuf das braun getönte Seagram Building im Jahr 1957 an der Ecke Park Avenue und 52. Straße. Der einfach wirkende Quader gilt als der Prototyp des internationalen Stils. An sein Stahlgerüst wurden Glaswände gehängt, die den Großteil des Gebäudes ausmachen. Form folgt hier Funktion: Das Seagram Building sollte ursprünglich Werbung für den Alkoholmulti sein, in dessen Besitz es war. Mies van der Rohe verwendete braun getönte Scheiben für den Bau, sodass der Wolkenkratzer wie ein riesiges Whiskyglas aussieht. All jene Wolkenkratzer, die in den Fünfziger- und Sechzi-

Fünfzig Jahre Architekturgeschichte sind auf diesem Bild vereint.

Nicht verpassen

gerjahren im Schachtelstil der internationalen Moderne gebaut wurden, verjüng-
ten sich nicht mehr dreimal nach oben.
Architekten wie Mies van der Rohe planten
offene und öffentlich zugängliche Plätze im un-
mittelbaren Umkreis der Wolkenkratzer, die der
Begegnung dienen.
Das von Hugh Stubbins (1912–2006) gestaltete
Citigroup Center an der 53. Straße zwischen der
Lexington und der Third Avenue hebt sich mar-
kant von der Skyline ab. Sein Dach verläuft dia-
gonal in einem 45-Grad-Winkel. Der 1977 erbaute
Riese steht auf 35 Meter hohen Säulen, die nicht
an die Ecken des Gebäudes, sondern in die Mitte
der vier Seitenwände gestellt wurden. Dadurch
scheint es fast über dem Boden zu schweben.

Ein Haus wie ein Kosmetikaccessoire

Vollkommen kantenlos ist ein Nachbar des Citigroup Center, Philip Johnsons 1986 fertiggestell-
tes Lipstick Building. Wie ein Lippenstiftetui
scheinen sich seine drei nach oben verjüngenden
ovalen Teile ineinanderschieben zu lassen. In seiner Farbgebung ließ sich der Architekt ebenfalls
von der Kosmetik inspirieren. Die beiden dezenten
Brauntöne würden gut in eine Puderdose passen.
Philip Johnson hatte 1984 bereits einen Wolkenkratzer für den Telekommunikationsgiganten
AT&T an der Madison Avenue Ecke 55th Street
konzipiert, der sich heute im Besitz von Sony befindet. Dieser Gigant sticht ebenfalls sofort ins
Auge, denn sein dreieckiges Dach hat ein kreisrun-
des Loch. In seiner postmodernen Phase hatte
Johnson Anleihen beim Möbeldesign des 18. Jahrhunderts genommen. Dieses aus negativem Raum
bestehende Ornament findet sich auch auf baro-
cken Kästen von Thomas Chippendale (1749 bis
1822).

JAZZ MIT AUSSICHT
Als das Time Warner
Center 2004 eröffnete,
übernahm die Jazzlegende
Wynton Marsalis die Führung des
Weltklasse-Jazz-Zentrums und drei-
er Veranstaltungssäle. Das Rose-
Theater ist das Herzstück des Musik-
zentrums. Seine Architekten stellten
sich der Herausforderung, den akus-
tisch perfektesten Raum auf der
ganzen Welt zu gestalten. Mithilfe einer flexiblen Schalung kann der Saal
den akustischen Bedürfnissen von
Opern, Symphonieorchestern und
Tanzveranstaltungen angepasst werden. Intimer ist Dizzy's Club Coca
Cola. Besucher lauschen hier hervorragenden Jazzmusikern und blicken
durch die Glasfassade auf das Lich-
termeer rund um den Central Park.

Jazz at Lincoln Center. Broadway
at 60th Street, Time Warner Center,
New York, NY 10019,
Tel. 2122589800, www.jalc.org

Das Lipstick Building fasziniert mit
seiner runden Form.

Oben: Ausblick von der Lobby des Time Warner Building
Unten: Die Kolumbusstatue nimmt sich vor dem Time Warner Building etwas klein aus.

Wolkenkratzer als Passivhäuser

Wandert man auf die 57. Straße und Eighth Avenue, besticht ein weiteres, 2006 eröffnetes Supergebäude. Das Hearst Building ist der Sitz des gleichnamigen Medienimperiums. Der britische Stararchitekt Norman Foster (*1935) setzte einen 46 Stockwerke hohen Glasturm auf das Art-déco-Gebäude, das der österreichische Baukünstler Joseph Urban 1928 hochgezogen hatte. Auf den ersten Blick springen die vielen Dreiecksglaspaneele ins Auge, für einen Wolkenkratzer ungewöhnlich. Der Wolkenkratzer ist auch umweltfreundlich. Das auf dem Dach gesammelte Regenwasser wird zum Kühlen und Beheizen des Gebäudes verwendet. Es macht damit dem *New York Times*-Gebäude in der 43. Straße Ecke Eighth Avenue Konkurrenz. Bei dem von Renzo Piano (*1937) entworfenen, kreuzförmigen Turm blocken Keramikstäbe an der Außenfassade den direkten Sonneneinfall ab und entlasten dadurch die Klimaanlage.

Infos und Adressen

Time Warner Center. Im Time Warner Center kann man einen ganzen Tag verbringen, ohne dass es langweilig wird. Neben edlen Geschäften und Restaurants hat auch der Mediengigant Time Warner hier ein Heim gefunden. Im Einkaufszentrum ist auch Raum für große Skulpturen. Wenn erwachsene Besucher an Fernando Boteros Adamsfigur vorbeigehen, sind sie genau auf Augenhöhe mit seinem männlichsten Teil.

Exklusive Schuhe und Handtaschen locken in der Auslage.

ESSEN UND TRINKEN

Bar Masa. Japanische Gourmetküche von Küchenchef Masa Takayama. Time Warner Center, 10 Columbus Circle, 4. Stock, Tel. 2128239800, New York, NY 10019, www.masanyc.com

Landmarc. Französisch-amerikanische Küche zu angemessenen Preisen. Time Warner Center, 10 Columbus Circle, 3. Stock, Tel. 2128236123, New York, NY 10019, www.landmarc-restaurant.com

Per Se. Thomas Keller führt in New Yorks wichtigstem Gourmettempel Regie. Reservierung unbedingt erforderlich. Time Warner Center, 10 Columbus Circle, 4. Stock, New York, NY 10019, Tel. 2128239335, www.perseny.com

EINKAUFEN

Cole Haan. Elegantes Schuhwerk mit klugem Komfortdesign. Time Warner Center, 10 Columbus Circle, Erdgeschoss, New York, NY 10019, Tel. 2128239420, www.colehaan.com

True Religion. Bestickte Jeans für Möchtegerncowboys. Time Warner Center, 10 Columbus Circle, 1. Stock, New York, NY 10019, Tel. 2122095970, www.truereligionbrandjeans.com

Thomas Pink. Maßgeschneiderte Hemden aus London. Time Warner Center, 10 Columbus Circle, Erdgeschoss, New York, NY 10019, Tel. 2128239650, www.thomaspink.com

Whole Foods. Biosupermarkt mit feinen Produkten und gutem Selbstbedienungsrestaurant. Time Warner Center, 10 Columbus Circle, Kellergeschoss, New York, NY 10019, Tel. 2128239600, www.wholefoods.com

Williams-Sonoma. Geschirr für Liebhaber feiner Küche. Time Warner Center, 10 Columbus Circle, Erdgeschoss, New York, NY 10019, Tel. 2125811146, www.williams-sonoma.com

ANFAHRT

U-Bahn-Linien A, C, 1, 2, 3 bis 59th Street/ Columbus Circle.

Weihnachtssterne in der Lobby des Time Warner Building

UPTOWN

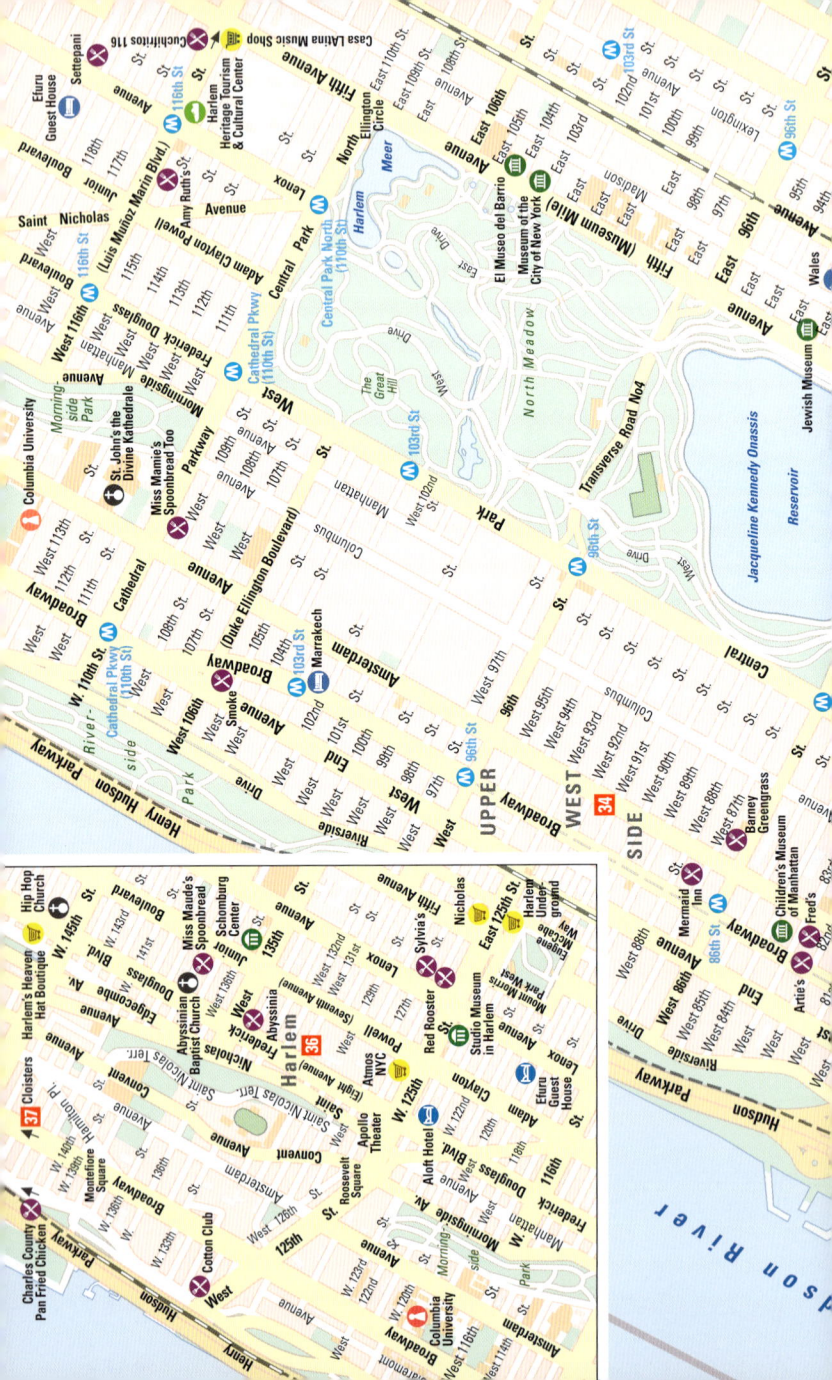

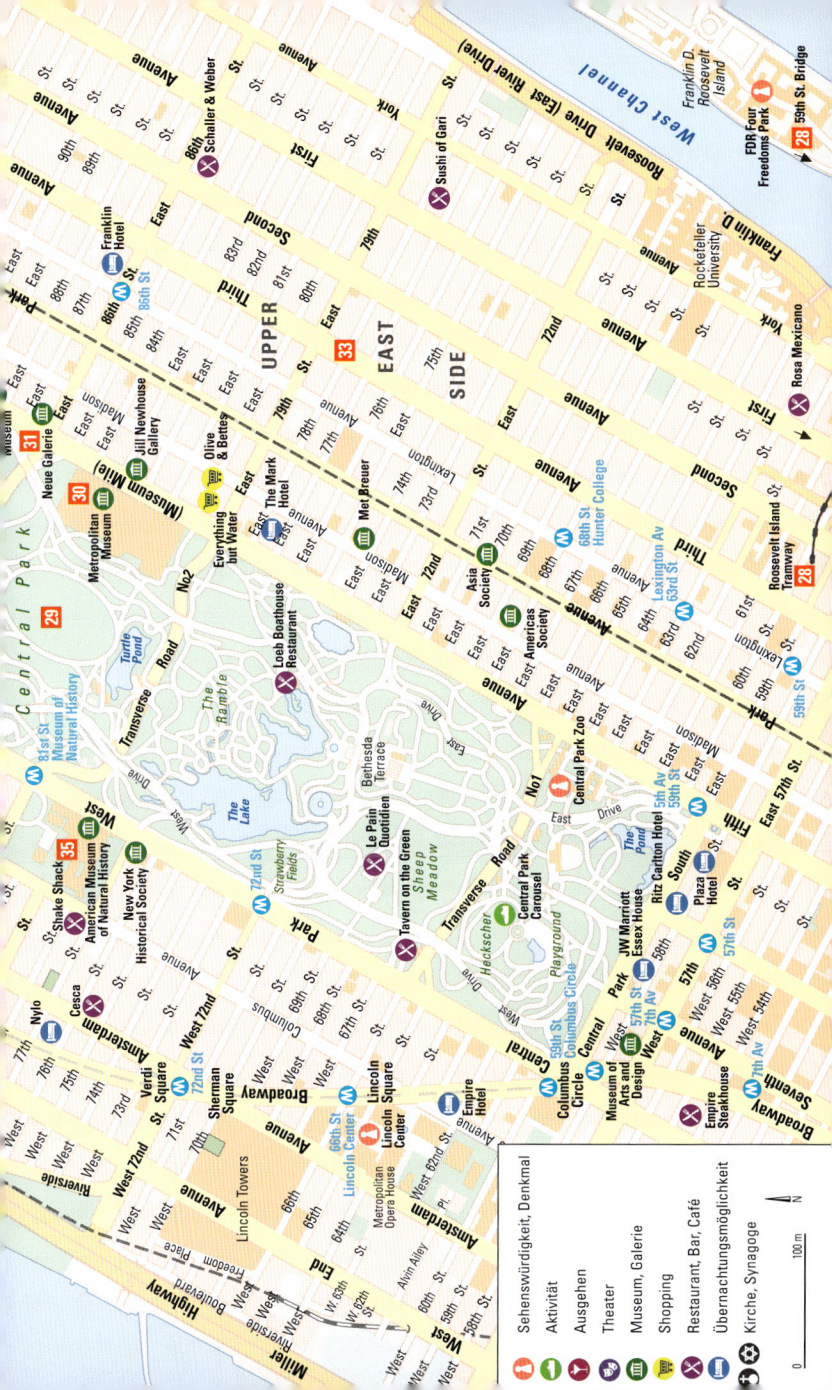

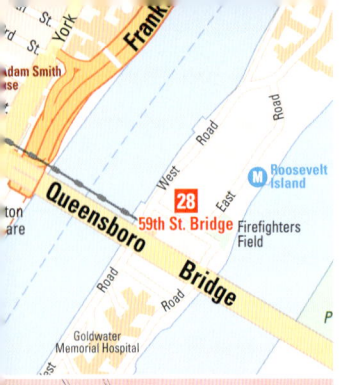

28 59th Street Bridge & Gondel
Hoch über dem East River

Die Roosevelt Island Tramway ist die einzige Gondel in Nordamerika, die als öffentliches Verkehrsmittel genutzt wird. Wer mit ihr eine Fahrt zu der zwei Kilometer langen Roosevelt Island antritt, schwebt fünf Minuten lang 80 Meter hoch durch den urbanen Hochhausdschungel und über den Fluss. Von der Gondel aus genießt man den Blick auf die UNO-Gebäude und die fein verästelte Queensboro Bridge.

Eine von New Yorks am wenigsten beachteten Attraktionen befindet sich an der Ecke 59th Street und Second Avenue. Eine knallrote Gondel schwebt hier über die Köpfe aller von Manhattan nach Roosevelt Island. Das gute Stück könnte einem Tiroler Skiort entsprungen sein. Berggefühl kommt jedoch keines auf. Eher ein »Blade-Runner-Feeling«. Wie ein Raumschiff schwebt die Gondel dicht an den Hochhäusern vorbei. Passagiere bekommen einen kurzen Einblick in das Privatleben der New Yorker: Ein Single isst sein Abendbrot auf dem Sofa vor der Mattscheibe. Eine alte Dame frisiert ihren Pudel. Ein viel beschäftigter Generaldirektor diktiert am Telefon.

Roosevelt Island Tramway heißt die an New Yorks U-Bahn-Netz angeschlossene Gondel. Sie verbindet die Einwohner der Insel seit 1976 mit Manhattan. Auf der 0,59 Quadratkilometer großen Insel stand im 19. und frühen 20. Jahrhundert ein Krankenhaus für Sträflinge sowie für geisteskranke Menschen. Auch heute herrscht auf Roosevelt Island mit den Hochhäusern aus den Siebzigerjahren noch eine institutionelle Atmosphäre. Die Architekten Philip

Seite 170/171: Begehrte Wohnlage sind die Häuser, die den Central Park säumen.
Mitte: Über New York zu schweben ist ein unbeschreibliches Gefühl.
Unten: In der Nähe der 59th Street Bridge finden sich auch einige vornehme Lokale.

59th Street Bridge & Gondel

Johnson (1906–2005) und John Burgee (*1933) entwarfen Ende der Sechzigerjahre einen Raumplan, der die Insel in drei Zonen teilte. Dieser Plan sah eine vollkommen verkehrsfreie Insel vor, was bis zum heutigen Tag auch zum Großteil noch immer der Fall ist. Die Bewohner fahren mit Kleinbussen zu den Anschlusspunkten ans Verkehrsnetz nach Manhattan und Queens. Wer die Insel im East River kennenlernen will, sollte sie ebenfalls mit dem roten Shuttlebus erkunden. Am südlichen Ende steht die Ruine des Smallpox Hospital aus dem Jahr 1854, in dem pockenkranke Menschen interniert waren. Vom neu restaurierten Four Freedoms Park hat man eine gute Sicht auf das UNO-Hauptgebäude.

Eine Brücke wie aus Matador

Von der Gondel genießt man auch den Blick auf die Queensboro Bridge, die im Volksmund 59th Street Bridge genannt wird. Ihr dicht verzweigtes Netz von Stahlträgern verbindet Manhattan mit Queens schon seit dem Jahr 1909. Simon & Garfunkel besangen sie in ihrem Lied *Feeling Groovy*, und Woody Allen ließ die erste Szene seines Kultfilms *Manhattan* mit George Gershwins *Rhapsody in Blue* als Hintergrundmusik hier spielen. F. Scott Fitzgerald bewegt die Brücke im Roman *The Great Gatsby* zu der Aussage: »Von der Queensboro Bridge aus betrachtet, sieht man die Stadt immer wieder wie zum ersten Mal.«

Wer von Gondelfahrt und Inselbesuch hungrig geworden ist, sollte einen Abstecher zu »Neely's Barbecue Parlor« auf der First Avenue machen. Mit seinen Ziergittern und roten Seidentapeten ist das Lokal ganz auf New Orleans gestylt. Hier steht »southern food« auf dem Programm, also *spare ribs* und *deep fried pickles*, große, in Panade frittierte Essiggurken. In New York so einzigartig wie die Roosevelt Island Tramway!

Infos und Adressen

SEHENSWÜRDIGKEITEN
FDR Four Freedoms Park. Am südlichen Ende von Roosevelt Island, zu Fuß ca. 15 Minuten von der Gondelstation entfernt. Besucher können von der Gondelstation zu Fuß zur Main Street gehen und für 25 Cents mit einem der roten Busse fahren. Die Ruine des Smallpox Hospital steht am Eingang zum Park. Tgl. 9–17 Uhr, Di geschlossen, New York, NY 10044, www.fdrfourfreedomspark.org

ESSEN UND TRINKEN
Rosa Mexicano. Eines von New Yorks ersten und feinsten mexikanischen Restaurants. 1063 First Avenue, New York, NY 10022, Tel. 212 753 7407, www.rosamexicano.com.

Mr. Chow. Edelchinese. 324 East 57th St., New York, NY 10022, Tel. 212 751 9030, www.mrchow.com.

INFORMATION
Queensboro Bridge. Hat auch einen Fußweg. Der Zugang ist auf der 60. Straße zwischen First und Second Avenue.

Roosevelt Island Tramway. Station in der Second Avenue/59th St. Verkehrt 24 Stunden lang. Kosten wie für eine normale U-Bahnfahrt.

ANFAHRT
U-Bahn-Linien 4, 5, 6, N, R bis 59th St./Lexington Ave.

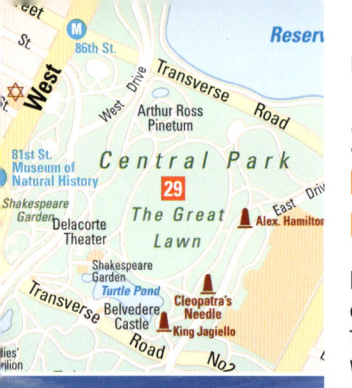

29 Central Park
Die grüne Lunge der Metropole

In ihrem liebsten Naherholungsgebiet entkommen New Yorker dem geschäftigen Treiben der Stadt. Sie joggen um das Wasserreservoir oder besuchen mit ihren Kindern einen der weitläufigen Spielplätze. Besonders Sportliche rollerbladen durch die Alleen oder schwingen beim Baseball den Schläger. Im Winter zieht der Eislaufplatz am Woolman Rink all jene an, die gern über glattes Eis gleiten. Und das vor einer beeindruckenden Skyline.

Mit seinen 3,6 Quadratkilometern nimmt der Central Park sechs Prozent der Fläche von Manhattan ein. Seine Größe entspricht der des gesamten Zwergstaats Monaco. Bis zum Jahr 1853 war die Gegend noch Sumpfland. Dann beschloss die Stadtverwaltung, ein Erholungsgebiet für die immer stärker anwachsende Bevölkerung zu errichten. Die Landschaftsarchitekten Frederick Law Olmsted

Mitte: Eine Wohnung mit Parksicht ist heiß begehrt.
Unten: Auch Hunde fühlen sich im Central Park wohl.

GUT ZU WISSEN

ESSEN IM CENTRAL PARK
In ganz Manhattan kurven Food Trucks herum, die das herrlichste Essen – von chinesischen Klößen bis zu Kimchi-Tacos – vor den Augen der hungrigen Massen zubereiten. Will man sich im Central Park an einem schnellen Happen laben, kommt man allerdings in Verlegenheit: Auf weiter Flur gibt es nur Hotdogs, Brezen und Eis. Mit etwas Glück ergattert man ein Souvlaki gleich außerhalb des Parks. Wer diese Essverordnung schrieb, dachte nicht daran, welch feine Geschmacksknospen die New Yorker besitzen.

Vom Top of the Rock sieht man auch auf den
Central Park.

(1822–1903) und Calvert Vaux (1824–1895)
wurden damit beauftragt, das riesige Areal
zu gestalten. Sie wollten einen Park schaffen,
der von Menschen aus allen sozialen Klassen genutzt werden kann. Um eine möglichst ruhige
Anlage zu kreieren, hatten Olmsted und Vaux die
geniale Idee, die den Park durchquerenden Straßen auf einer niedrigeren Ebene anzulegen als die
Erholungsflächen und sie teilweise sogar durch
Tunnel zu führen.

Fauna und Flora

Was so von Natur geschaffen erscheint, ist das
Ergebnis eines langen Gestaltungsprozesses.
26 000 Bäume spenden hier heute Sauerstoff.
36 Brücken und Bögen winden sich malerisch
über Bäche. Zugvögel haben den Central Park zur
Raststation auserkoren. Hin und wieder wird auch
ein Weißkopfseeadler, der Nationalvogel der Vereinigten Staaten, gesichtet. Diese Adler waren
schon fast ausgestorben, doch aufgrund von Ret-
tungsmaßnahmen haben sie sich im Bereich des
oberen Hudson River wieder vermehrt und statten
dem Central Park hin und wieder einen Besuch
ab. Sogar eine für Amerika neue Art von Tausend-

Nicht verpassen

MUSEUM OF ARTS AND DESIGN

Das Museum of Arts and Design widmet sich der an-gewandten Kunst. Hier befinden sich riesige, bunte Kronleuchter von Amerikas wichtigstem Glaskünstler Dale Chihuly sowie kunstvoll gestal-tete Bioartefakte aus Insekten, Fe-dern, Knochen und Haaren. Auch eine »Teen Night« gibt es hier, bei der Jugendliche sich die Ausstellungen ansehen, tanzen und basteln können. Das Museumsrestaurant »Robert« ist ebenfalls einen Abstecher wert. Digi-tale Knospen öffnen sich auf riesigen Bildschirmen und spiegeln sich in der Fensterfassade des mit Design-klassikern bestückten Lokales wider. Schöner Blick über den Central Park!

Museum of Art and Design. Di, Mi, Sa, So 10–18 Uhr, Do/Fr 10–21 Uhr, Columbus Circle 2, New York, NY 10019, Tel. 212 299 7777, www.madmuseum.org
Robert. Columbus Circle 2, New York, NY 10019, Tel. 212 299 7730, www.robertnyc.com

Einfach gut!

Erdbeeren in Schokolade sind eine Spezialität des Ritz-Carlton Hotels.

füßler wurde im Central Park im Jahr 2002 entdeckt. Das im Laub lebende, ein Zentimeter große und mit 84 Beinen ausgestattete Tierchen kam wahrscheinlich mit einer Pflanzenladung aus Ostasien nach New York. Auch auf seine 1700 Ulmen kann der Park stolz sein. In den restlichen Vereinigten Staaten fiel der Großteil dieser Baumart einer Seuche zum Opfer.

Der Central Park war schon zweimal dem Verfall preisgegeben: Anfang des 20. Jahrhunderts und in den Sechzigerjahren, als New York am Rand des Bankrotts stand. Er schien damals mehr Diebe anzuziehen als Spaziergänger. Heutzutage ist der Park tagsüber sicher. Mit einem Budget von 150 Millionen Dollar pro Jahr stellt die Central Park Conservancy sicher, dass er gehegt und gepflegt wird und Touristen nichts passiert.

Rundgang durch den Park

Viele Besucher betreten den Park vom südöstlichen Ende, genauer vom »Plaza Hotel« an der Ecke Fifth Avenue und Central Park South (59th Street) aus. Auf dem nach dem Philanthropen Lawrence Wien benannten Spazierweg schlendern sie in nördliche Richtung, vorbei am Wollman Rink, einem 1949 angelegten Eislaufplatz. Wenn der Atem wie Rauch in der Luft hängen bleibt, gleiten New Yorker gern über die spiegelglatte Oberfläche. Hier bietet sich ihnen ein unwiderstehliches Panorama: Am Südrand des Parks ragen monumentale, über 100 Jahre alte Steinriesen in den Himmel.

Auf der Ostseite, auf Höhe der 65. Straße, liegt der Zoo des Central Park. Der ist zwar nicht so groß und weitläufig wie jener in der Bronx, fasziniert jedoch Klein und Groß mit seinen 150 Tierarten. Der Zoo ist in drei Bereiche unterteilt, in eine tropische, eine gemäßigte und eine arktische

Rundgang im Central Park

New Yorks grüne Oase will erkundet werden.

Ⓐ Woolman Rink. Romantischer Eislaufplatz mit tollem Blick auf die Wolkenkratzer rundherum. Höhe West 64th St./Sixth Ave.

Ⓑ Heckscher Playground. Der größte Spielplatz im Central Park umfasst über 12 000 Quadratmeter. Die Kleinen schwingen hier gern auf den Schaukeln, die Großen üben sich auf ein paar großen Felsen im Klettern.

Ⓒ Central Park Zoo. Hübscher kleiner Zoo mit 150 Tierarten. Höhe East 65th St.

Ⓓ Sheep Meadow. Riesige Liegewiese, von April bis Mitte Oktober geöffnet. Hier finden auch politische Demonstrationen statt. Höhe 66th bis 69th St./zwischen 7th und 8th Ave.

Ⓔ Rumsey Playfield & Bandshell. Austragungsort der Gratis-»Summerstage«-Konzerte. Höhe West 72nd St./5th–6th Ave.

Ⓕ Bethesda Terrace. Hier tanzten die Hippies im Filmmusical *Hair*. Höhe West 72nd St./6th–7th Ave.

Ⓖ Strawberry Fields. Kleiner Gedenkpark für John Lennon. Höhe West 72nd St./Central Park West

Ⓗ Loeb Boathouse. Restaurant mit schönem Blick über die Teichanlage. Höhe West 74nd St./6th–7th Ave.

Ⓘ Delacorte Theater. Freilufttheater für *Shakespeare in the Park*. Höhe West 81st St./7th Ave.

Ⓙ Jacqueline Kennedy Onassis Reservoir. Riesiger Wasserteich mit Geh- und Radweg. Höhe West 85th St.–West 97th St./5th Ave.–7th Ave.

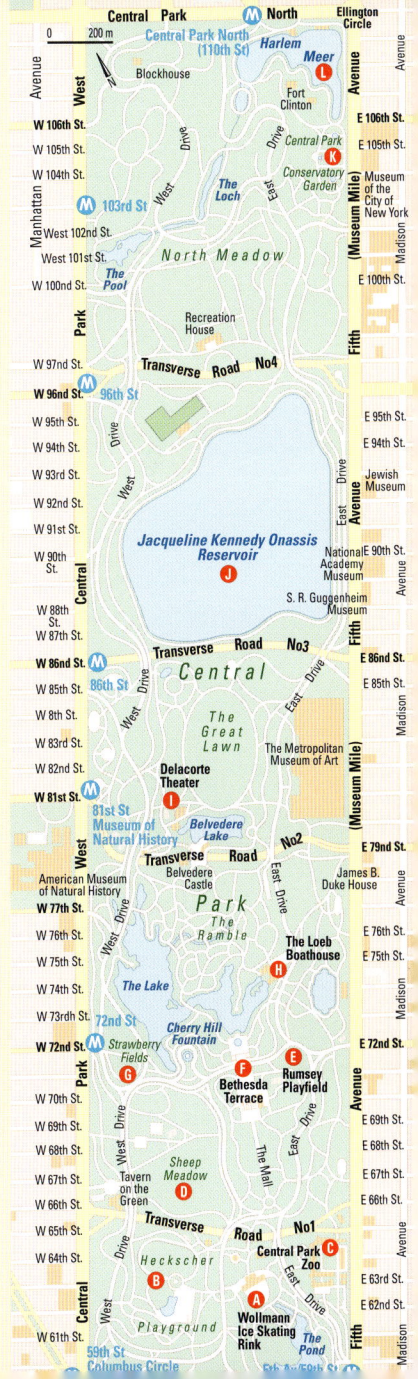

Oben: Manchmal fühlt man sich im Central Park wie in der Wildnis.
Mitte: Beim Imagine-Denkmal hinterlassen Fans Andenken an John Lennon.
Unten: Auch Friedrich von Schiller erhielt im Central Park eine Büste.

Zone. Staunende Kinderaugen beobachten Eisbären, wie sie vom Felsen springen und unter Wasser tauchen. Da das gesamte Becken verglast ist, kommen die Kleinen dem größten Raubtier der Welt ganz nah. Mit ihrem krächzenden Gequieke und gierigen Geschnappe nach Fischen bringen die Pinguine Besucher oft zum Lachen. Die beiden Männchen Roy und Silo sind die Stars im Becken. Wissenschaftler verfolgten jahrelang ihre gleichgeschlechtliche Liebesbeziehung.

The Age of Aquarius begann hier

Die Bethesda Terrace auf Höhe der 72. Straße diente als Filmkulisse für das Musical *Hair*. Rund um ihren Engelsbrunnen, das Herzstück des Parks, tanzten langhaarige Hippies und beschworen den Anbruch des Wassermannzeitalters. In eine englische Parklandschaft fühlen sich Spaziergänger versetzt, wenn sie den Teich nördlich der Bethesda Terrace erkunden. Wagemutige rudern hier eine Runde. Rund um den Teich verläuft The Ramble, eine Waldlandschaft mit hohen Bäumen. Die beste Sicht auf das Wasser haben Besucher vom Boathouse. Auf seiner Terrasse werden saftige Krabbenküchlein und Tuna-Sashimi serviert, eine kulinarisch raffinierte Alternative zu den Hotdog- und Brezen-Ständen.

Der Weg rund um das Reservoir auf Höhe der 85. bis 95. Straße und Fifth Avenue war die bevorzugte Joggingstrecke von Jacqueline Kennedy Onassis. Dort ging sie auch mit ihren Enkelkindern spazieren. Oder sie führte sie auf einen der 21 Spielplätze im Central Park. Jener auf Höhe der 81. Straße und Central Park West wurde von Poplegende Diana Ross gestiftet, die von ihrem Apartment im gegenüberliegenden Beresford Building den Kleinen beim Schaukeln und Rutschen zuschauen kann.

Eine gute Sicht auf den Park genießen Besucher vom Belvedere Castle in der Mitte des Parks, einer viktorianischen Märchenfantasie aus dem Jahr 1865. Die Granitburg dient aber auch einem nützlichen Zweck. Von hier werden die Wetterdaten an Rundfunkstationen gesendet.

Theater im Park

Wenn die Temperaturen im Sommer die 30-Grad-Grenze überschreiten, zieht es die New Yorker ins Delacorte-Freilufttheater auf Höhe der 81. Straße. Kevin Kline mimt hier Richard III. und Heinrich IV., Anne Hathaway die Viola. Auf der Summerstage beim Rumsey Playfield bei der 72. Straße geht im Juli und August die Post ab. Für Gratiskonzerte mit World-Music-Stars wie dem Brasilianer Jorge Ben Jor kommen Musikliebhaber aus allen Bezirken hierher, viele von ihnen sind Immigranten.

Wer den Park von Harlem aus betritt, entdeckt ebenfalls einige Attraktionen. Das »Harlem Meer« ist eine renovierte Teichanlage, in der Besucher fischen können. Haben sie die Forellen einmal gefangen, müssen sie diese jedoch wieder aussetzen. Auch Schildkröten und Enten tummeln sich hier. Der Conservatory Garden ist in einen französischen, italienischen und englischen Bereich unterteilt. Im Frühling und Sommer duftet es hier herrlich!

Oben: Muskeln stählen im Central Park
Mitte: Wolkenkratzerpanorama am Woolman Rink.
Unten: Am Bethesda-Brunnen spielt sich immer etwas ab.

Infos und Adressen

SEHENSWÜRDIGKEITEN

Central Park Zoo. Ein hübscher Zoo mit Eisbären, Pinguinen, Schneeleoparden und roten Pandas. Anfang Nov. bis Anfang April tägl. 10–16.30 Uhr, danach Mo–Fr 10–17 Uhr, Wochenende und Feiertage 10–17.30 Uhr. Fifth Ave. 830, New York, NY 10065, Tel. 212 439 6500, www.centralparkzoo.com

Auch auf einer Kutschenfahrt lässt sich der Park gut erkunden.

ESSEN UND TRINKEN

Le Pain Quotidien. Die beliebte französisch-rustikale Kette hat sich im Mineral Springs Pavilion nördlich der Sheep Meadow niedergelassen. Gratis-Wi-Fi. 69th St., New York, NY 10023, Tel. 646 233 3768, www.lepainquotidien.com

Loeb Boathouse Restaurant. Von diesem hübschen Restaurant überblicken Besucher den Teich im Central Park. Das Restaurant vermietet auch Fahrräder und Ruderboote oder animiert zu einer Gondelfahrt. Die Küche serviert Quiche Lorraine und Räucherfischplatte. Für den schnellen Hunger gibt es das »Express Café«. East 72nd St./East Drive, New York, NY 10021, Tel. 212 517 2233, www.thecentralparkboathouse.com

Tavern on the Green. Das Edelrestaurant des Central Parks erstrahlt nach einer Renovierung in neuem Glanz. 67th Street & Central Park West, New York, NY 10023, Tel. 212 877 8684, www.tavernonthegreen.com

ÜBERNACHTEN

JW Marriott Essex House. Art-déco-Luxuswolkenkratzer. Angelina Jolie gehört das Penthouse. Central Park South 160, New York, NY 10019, Tel. 212 247 0300, www.marriott.com

AKTIVITÄTEN

Central Park Carousel. Auf 57 prächtig geschnitzten Pferden reiten Kinder im Kreis. Das Karussell stammt von Coney Island und wurde im Jahr 1908 fertiggestellt. Mi geschlossen. 65th St. Transverse, New York, NY 10023, Tel. 212 439 6900.

Fahrradverleih. Die Central Park Bike Rental and Tour Company veranstaltet Radtouren durch den Park, auf denen Teilnehmer viele Plätze sehen, an denen Szenen von Filmen wie *Hannah & Her Sisters* gedreht wurden. 57th St. 348/Ninth Ave., New York, NY 10019, Tel. 212 664 9600, www.bikerentalcentralpark.com

Kutschenfahrt durch den Central Park. Obwohl Tierschützer es als eine Quälerei betrachten, dass Pferde bei jedem Wetter Dutzende Male pro Tag durch den Central Park gehetzt werden, mindert das die Popularität der Kutschenfahrt nicht. Sie sind jedoch ziemlich teuer und sollten im Voraus gebucht werden. Auf Wunsch werden in der Kutsche auch Rosen und Schokolade bereitgestellt. Carrie und Big hätten auch Sekt gewünscht, aber das geht in den USA wegen der strengen Alkoholvorschriften nicht. www.centralpark.com/tours/horse-carriage

Pedicab Tour. Auch auf einer Rikscha können sich Besucher durch den Central Park fahren lassen. www.centralpark.com/guide/tours/pedicab.html

Kissenparade im Ritz-Carlton Hotel

INFORMATION

Der **Central Park** erstreckt sich über den Bereich 59th St./Fifth Avenue bis zur West 110th St./Eighth Avenue. Besucher können sich innerhalb des Parks leicht an den Laternenmasten orientieren. Die ersten zwei Zahlen auf einer kleinen Metalltafel zeigen an, auf welcher Straßenhöhe sie sich befindet. Bei Tageslicht ist der Park sehr sicher. Nachts ist Vorsicht geboten.

Die Parkverwaltung organisiert auch verschiedene Aktivitäten, von Schachspielen über Eislaufen und Fischen bis hin zu Baseball- und Basketballspielen, Hockey und Vogelbeobachtungstouren. Auf diese Weise lernt man Einheimische kennen! Fünf **Visitor Center** befinden sich im Park, das Dairy Visitor Center, eine viktorianische Schäferhütte in der Mitte des Parks auf der Höhe der 65. Straße, das Cheese & Checkers House in der Mitte des Parks auf Höhe der 64. Straße, das Belvedere Castle auf der Höhe der 79. Straße, das Charles A. Dana Discovery Center auf der Höhe der 110. Straße zwischen Fifth und Lenox Avenue und das North Meadows Recreation Center auf der Höhe der 97. Straße in der Mitte des Parks. Die meisten von ihnen sind täglich von 10 bis 17 Uhr geöffnet.

ANFAHRT

U-Bahn-Linien N, R bis Fifth Avenue/59th St., A, B, C, D, 1 bis 59th St./Columbus Circle:

Von der East Side. Linie 6 bis 68th, 77th, 96th, 103rd und 110th St., Linien 4, 5, 6 bis 86th.

Von der West Side. Linie C bis 72nd, 81st, 86th, 96th, 103rd St. und bis Cathedral Parkway/110th St.

Die vornehme Lobby des »JW Marriott Essex House«

30 Metropolitan Museum
Auf zum Kunstmarathon

Die zweitgrößte Kunstsammlung der Welt sticht auf der »Museum Mile« auf der Fifth Avenue mit ihrem imposanten Bau im Beaux-Arts-Stil hervor. Von perfekt proportionierten griechischen Jünglingen aus gleißendem Marmor bis zu skorpionförmigen aztekischen Goldbroschen, filigranen japanischen Holzschnitten und dem Punktemeer pointilistischer Landschaftsmaler findet sich hier alles.

»Aus diesem Museum könnte eines Tages etwas werden«, prophezeiten Newland Archer und Ellen Olenski 1872 in Edith Whartons Roman *Zeit der Unschuld*. Mit »diesem Museum« ist das Metropolitan Museum of Art gemeint, das damals noch in den Kinderschuhen steckte. Eine Gruppe von Philanthropen folgte dem für ihre Zeit neuartigen Trend und ließ ein Gebäude errichten, wo auch die Öffentlichkeit ihre Kunstsammlung bestaunen konnte. In einem nicht allzu großen neugotischen Bau auf der Fifth Avenue und der 81. Straße, am Rande des 1859 entstandenen Central Park, wurde das Museum 1870 angesiedelt.

Kunst für Kenner

Fast 150 Jahre später ist aus dem Metropolitan Museum wirklich etwas geworden: Mit zwei Millionen Werken und einer Gesamtfläche von fast 200 000 Quadratmetern ist es nach dem Louvre das zweitgrößte Museum der Welt. Das neugotische Exterieur wich 1902 einer klassizistischen Beaux-Arts-Fassade. Amerikas Crème de la crème ist mittlerweile aus ihren Palais um das Museum

Mitte: Antike Skulpturen im überdachten Garten des Met-Museums.
Unten: Grimmig blickt die Maske drein.

In der Lobby des Metropolitan Museum ist immer was los.

ausgezogen. Von ihren historischen Villen haben andere Kunstinstitutionen Besitz ergriffen, weshalb der Abschnitt der Fifth Avenue zwischen 70. und 105. Straße »Museum Mile« genannt wird. Das Metropolitan Museum zieht jährlich fast fünf Millionen Besucher an. Sie verlaufen sich in den Hallen des weiträumig angelegten, imposanten Kunstpalasts. Seine Sammlung umfasst bedeutende Werke aus 5000 Jahren und zahlreichen Kulturen.

Ins alte Ägypten

Besucher unter zwölf Jahren schätzen besonders die ägyptische Abteilung im ersten Stock. Über 35 000 ausgestellte Exponate können sie ihren Blick schweifen lassen, von Amuletten des heiligen Skarabäus-Käfers bis zu Sarkophagen für Katzenmumien und einer Büste von Pharao Tutanchamun. Sogar ein ägyptischer Tempel ist hier zu bestaunen. Der aus dem Jahr 15 v. Chr. stammende, reich mit Hieroglyphen verzierte Tempel von Dendur wurde den Vereinigten Staaten vor dem Bau des Assuan-Staudamms 1963 geschenkt. Dekorative Papyrus- und Lotospflanzen sind in seine Mauern gemeißelt, ein Zeichen

Nicht verpassen

FRICK COLLECTION

Die »Museum Mile« beginnt an der Ecke Fifth Avenue und 70. Straße. Dort residierte zu Beginn des 20. Jahrhunderts der Kohle- und Stahlmagnat Henry Clay Frick (1849–1919). Er veranlasste, dass sein Palais und seine Sammlung alter Meister nach seinem Tod in ihrem Originalzustand erhalten bleiben. Besucher wandeln durch Zimmer, die mit französischen Rokokomöbeln bestückt sind. Jean-Honoré Fragonards Bilderserie *Der Fortschritt der Liebe* hing einst im Boudoir von Madame DuBarry, der Favoritin Ludwigs XV. Gemälde von Holbein, Tizian und Velazquez finden sich hier ebenso wie Emailwerke aus Limoges, Perserteppiche und jede Menge Porzellan. Besucher genießen den liebevoll angelegten Garten mit seinen riesigen Magnolienbäumen. Kindern unter zehn Jahren ist der Zutritt jedoch nicht gestattet.

Frick Collection. Di–Sa 10–18 Uhr, So 10–17 Uhr, East 70th St. 1, New York, NY 10021, Tel. 212 288 0700, www.frick.org

dafür, dass er aus dem fruchtbaren Niltal stammt.

Ins ferne China entführt der Ming-Garten in der chinesischen Abteilung im zweiten Stock. Dort schwimmen Goldfische in einem kleinen Teich unter einem Wasserfall, und eine hübsche Pagode zeugt vom Ahnenkult des Reichs der Mitte. Beeindruckend ist auch die Sammlung alter Meister im zweiten Stock. Vom Holländer Johannes Vermeer (1632–1675) sind weltweit nur 40 Werke erhalten. Als einziges Museum der Welt besitzt das Metropolitan Museum fünf seiner Gemälde.

Amerikanische Meisterwerke

Das Metropolitan Museum zeigt sich in Sachen amerikanischer Kunst von seiner stärksten Seite mit Emanuel Leutzes (1816–1868) *General Washington überquert heldenhaft den Delaware-Fluss*. Zu einem Ausflug ins nahe gelegene, romantische Hudson Valley inspirieren Thomas Coles (1801–1848) Malereien. Wie fast kein anderer Amerikaner verstand es John Singer Sargent (1856–1925), hochrangige Mitglieder der Gesellschaft ausdrucksvoll darzustellen. Sein *Porträt von Madame X* rief in Paris 1884 einen Skandal hervor. Sargent hielt es für sein bestes Porträt und verkaufte es 1916 an das Metropolitan Museum. Im amerikanischen Flügel verfolgen Besucher, wie sich Interieurs des Landes im Lauf von über 200 Jahren geändert haben. 25 Räume wurden mit Möbeln und Accessoires aus verschiedenen Epochen eingerichtet – der Gegend entsprechend nur mit Mobiliar der obersten Bevölkerungsschichten. Seine Vorstellung von »organischer Architektur« lebte Frank Lloyd Wright (1867–1959) schon vor dem Ersten Weltkrieg aus. Im Wohnzimmer der Villa Little House blickte man einst durch zwei lange Fensterwände auf den Minnetonka-See. Heute sieht man von hier aus den Central Park.

Oben: Auf Du und Du mit der Sphinx
Mitte: Auch die alten Rittersleut' reiten durch das Metropolitan Museum.
Unten: Besucher lauschen dem Vortrag mit Interesse.

Infos und Adressen

ESSEN UND TRINKEN

Roof Garden Café im Metropolitan Museum of Art. Im Sommer eine Oase der Ruhe. Blick über den Central Park und die historischen Hochhäuser von Central Park West. Besucher sind nicht verpflichtet, etwas zu konsumieren, aber die Martinis haben es in sich. Mai bis Spätherbst, Mo–Do, Fr/Sa 10–20 Uhr. So 10–16.30 Uhr. Fifth Ave. 1000/82–86th St., New York, NY 10028, www.metmuseum.org

Ruhepause im Rooftop Garden

ÜBERNACHTEN

The Mark Hotel. So nah beim Metropolitan Museum wird es teuer. Designer Jacques Grange ließ sich von Pariser Wohnungen der Dreißigerjahre inspirieren. Der französische Starkoch Jean-Georges Vongerichten betreibt im Hotel ein sehr gutes Restaurant. Gäste können sich auch einen Picknickkorb zusammenstellen lassen. Madison Ave./77th St., New York, NY 10075, Tel. 212 744 4300, www.themarkhotel.com

EINKAUFEN

Met Store. Museumsshop des Metropolitan Museum. Schmuckstücke wie aus Byzanz und der französischen Belle Époque sowie eine exzellente Auswahl an Kunstbüchern. Fifth Ave. 1000/82–86th St., New York, NY 10028, store.metmuseum.org

Olive & Bettes. Legere Designermode von Nanette Lepore und Amanda Uprichard. 1070 Madison Ave., New York, NY 10028, Tel. 212 717 9655, www.oliveandbettes.com

GALERIEN

Jill Newhouse Gallery. Diese Galerie ist auf Zeichenkunst spezialisiert und verkauft Werke von Rodin, Matisse und Picasso. East 81st St. 4, New York, NY 10028. Tel. 212 249 9216, www.jillnewhouse.com

INFORMATION

Metropolitan Museum of Art. Mit zwei Millionen Sammlungsobjekten das zweitgrößte Museum der Welt. Mo–Do So 10–17.30 Uhr, Fr/Sa 10–21 Uhr. Fifth Ave. 1000/82–86th St., New York, NY 10028, Tel. 212 535 7710, www.metmuseum.org

ANFAHRT

U-Bahn-Linien 4, 5, 6 bis 86th St.

Schön fällt das Licht auf den Tempel von Dendur.

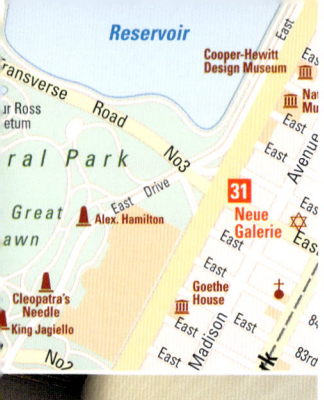

31 Neue Galerie
Art nouveau auf Hochglanz

In einem einstigen Vanderbilt-Palais werden Meisterwerke des österreichischen und deutschen Jugendstils und Expressionismus ausgestellt. Besucher bekommen hier ein über und über mit Blattgold belegtes Porträt von Adele Bloch-Bauer, der »Mona Lisa Manhattans«, zu Gesicht. Museumsbesitzer Ronald Lauder kaufte dieses Gemälde im Jahr 2006 für 135 Millionen Dollar.

Eine ähnliche Idee wie der Industriemagnat und Museumsgründer Henry Clay Frick hatte der österreichische Emigrant und Kunsthändler Serge Sabarsky (1912–1996), als er Anfang der Neunzigerjahre das ehemalige Palais der Familie Vanderbilt an der Ecke Fifth Avenue und 86. Straße kaufte. Er wollte seine wertvolle Sammlung von Werken des deutschen und österreichischen Jugendstils und Expressionismus in einem angemessenen Rahmen der Öffentlichkeit zugänglich machen. Leider erlebte er die Verwirklichung seines Traumes nicht mehr. Nach Sabarskys Tod im Jahr 1996 eröffnete sein Partner, Kosmetikzar Ronald Lauder, im Jahr 2001 die Neue Galerie. Die deutsche Architektin Annabelle Selldorf gestaltete die Interieurs des neobarocken Hauses äußerst feudal. Die Sammlung umfasst Gemälde, Zeichnungen, dekorative Objekte, Skulpturen und Fotografien aus Österreich und Deutschland aus den Jahren 1890 bis 1940. Die Kuratoren stellen in Ausstellungen immer besonders heraus, wie eng Maler wie Gustav Klimt und Oskar Kokoschka mit den Künstlern der Wiener Werkstätte zusammenarbeiten. Was Deutschland betrifft, so konzentriert sich die Sammlung auf Künstler der Blauen-Reiter-Gruppe wie Wassily Kandinsky sowie auf das Bauhaus und

Oben: Klimt, Kokoschka und Konsorten in der Neuen Galerie
Unten: Manhattans goldene Frau: Adele Bloch-Bauer

Neue Galerie

die Neue Sachlichkeit. Die Sonderausstellungen im zweiten Stock gehen auf Themen wie Kolo Mosers Einfluss auf das Wien der Moderne ein.

Manhattans Mona Lisa

Ein großer Coup gelang Ronald Lauder, als er 2006 Gustav Klimts goldenes Porträt von Adele Bloch-Bauer kaufte, nachdem es die österreichische Republik der Bloch-Erbin Maria Altmann zurückerstatten musste. 135 Millionen Dollar wurden als Kaufpreis kolportiert, was das Gemälde aus dem Jahr 1907 zu einem der teuersten auf der Welt machte. Jetzt strahlt Adele im ersten Stock, und keiner kann sich ihrem geheimnisvollen Lächeln entziehen. Stark ist der Kontrast zwischen ihrem realistisch dargestellten Gesicht und der mit viel Blattgold und -silber bedeckten Bildfläche, in die ihr Kleid gleichsam hineinzufließen scheint. Klimt ließ sich von byzantinischen Mosaiken inspirieren, die er auf einer Reise nach Ravenna gesehen hatte. Das Porträt beweist auch deutlich, dass Klimt mit dem französischen Impressionismus vertraut war.

Cappuccino und Klimttorte

Im Café »Sabarsky« fühlen sich Besucher geradewegs so, als könnten Kokoschka und Schiele jede Minute zur Tür hereinspazieren und sich einen Apfelstrudel mit Melange bestellen. Besucher sitzen hier an kleinen Marmortischen auf Thonet-Bugholzsesseln. Der aus Österreich stammende Küchenchef Kurt Guttenbrunner führt hier Regie und kreierte eine verführerische Klimt-Schokoladentorte, die sich auf die Sinne genauso auswirkt wie der Anblick der kurvigen Schönheiten des Jugendstilkünstlers. Im Kellergeschoss betreibt Guttenbrunner das Café »Fledermaus«. Es ist einem Wiener Kabarett der Zwischenkriegszeit nachempfunden und zeichnet sich besonders durch seine exzellenten Sandwiches aus.

Infos und Adressen

ESSEN UND TRINKEN

Café Fledermaus. Das kleine Café im Kellergeschoss der Neuen Galerie erinnert an Wiens berühmtes Kabarett. Dieselbe Speisekarte und Öffnungszeiten wie im Café »Sabarsky«. Fifth Ave. 1048/86th St., New York, NY 10028, Tel. 212 628 6200, www.neuegalerie.org

Café Sabarsky. Herrliche österreichische Spezialitäten wie Gulasch und Palatschinken in der Neuen Galerie. Mo/Mi 9–18 Uhr, Do, Fr, Sa, So 9–21 Uhr, Di geschlossen. Fifth Ave. 1048/86th St., New York, NY 10028, Tel. 212 288 0665, www.cafesabarsky.com

EINKAUFEN

Design Shop in der Neuen Galerie. Kunstobjekte der Jahrhundertwende, neu produziert. Kimonos mit Wiener Werkstätte-Muster, exklusiv für die Neue Galerie entworfen. Yoko Ono ist eine gern gesehene Kundin. Fifth Ave. 1048/86th St., New York, NY 10028, www.neuegalerie.org

INFORMATION

Neue Galerie. Do–Mo 11–18 Uhr, Di/Mi geschlossen. Fifth Ave. 1048/86th St., New York, NY 10028, Tel. 212 628 6200, www.neuegalerie.org

ANFAHRT

U-Bahn-Linien 4, 5, 6 bis 86th St.

32 Guggenheim Museum & Co.
Nichts für müde Füße!

Das schneckenförmige Guggenheim Museum gilt als eines von New Yorks beliebtesten Wahrzeichen. Wer nach der Begehung der Spirale noch Lust auf mehr Schauen hat, kann die nächsten 20 Blocks zum Jewish Museum, Cooper-Hewitt Design Museum, Museum of the City of New York und zum Museo del Barrio hochwandern. So bekommt man einen wirklich abgerundeten Einblick in die Kulturlandschaft der Metropole.

Frank Lloyd Wright (1867–1959) ist einer der bedeutendsten amerikanischen Architekten. Seine Vorstellung von »organischer Architektur« lebte er schon vor dem Ersten Weltkrieg aus. Eines der wichtigsten Prinzipien seiner Lehre war die Bewahrung der Einfachheit und Ruhe im Raum. Deshalb finden sich in seinen Bauwerken auch fast keine Innenwände. Öffnungen sind als schlichte Ornamente in den Raum integriert.

Drehwurm nicht ausgeschlossen

Im Jahr 1959, im reifen Alter von 92 Jahren, verwirklichte Frank Lloyd Wright diese Grundsätze an der Ecke Fifth Avenue und 88. Straße. Mit einem Schneckenhaus und dem Inneren eines Ohres wurde sein Guggenheim Museum schon verglichen. Eine ungebrochene Welle schwebte Wright vor. Tatsache ist, dass hier die Architektur die darin ausgestellte Kunst übertrumpft. »Wow«, hört man Besucher ausrufen, wenn sie das Haus zum ersten Mal betreten. Durch die blumenförmige gläserne Decke fällt Tageslicht in den Raum. Kunstliebhaber

Formvollendet: das Guggenheim Museum

In das Museum dringt durch das Dachfenster
Tageslicht.

Nicht verpassen

wandern den spiralförmigen Gang entlang und bewundern Werke moderner
Kunst. Wer seine Beine schonen will, sollte jedoch mit dem Aufzug bis zum obersten Stockwerk
fahren und dann langsam den Gang nach unten
wandern.

Solomon Guggenheim (1861–1949) war der Sohn
eines jüdisch-schweizerischen Einwanderers, der
es mit Silber- und Kupferminen zu unermessli-
chem Reichtum brachte. Nach seiner Pensionie-
rung im Jahr 1919 widmete er sich ganz seiner
Kunstsammlung. Auf Anraten der deutschen Ma-
lerin Hilla Rebay begann er Ende der Zwanzigerjahre abstrakte Kunst anzukaufen: Picasso,
Braque, Kandinsky, Mondrian und wie sie alle
heißen. Nachdem er die Werke einige Jahre im
»Hotel Savoy Plaza« ausgestellt hatte, zeigte sich
der Bedarf für ein eigenes Haus. Der Rest ist Geschichte. Im Lauf der Zeit konnte die Guggenheim
Foundation mehrere Privatsammlungen überneh-
men. Damit wurde das Museum zu einem der bedeutendsten für die Kunst des späten 19., 20.
und 21. Jahrhunderts. Bereits 1948 kaufte es den
gesamten Nachlass des deutschen Kunsthändlers
Karl Nierendorf und erweiterte seine Sammlung
so unter anderem um 50 Werke von Paul Klee.

EIN HEIM FÜR ANGE-
WANDTE KUNST

Ein weiteres Kleinod auf
der Museum Mile ist das
Cooper-Hewitt Design Museum
an der Ecke zur 90. Straße. Das riesige Anwesen mit Garten war einst
im Besitz von Stahlbaron Andrew
Carnegie (1835–1919), dessen Unternehmen es im Jahr 1972 der
Smithsonian Institution zur Verfügung
stellte. Sein schwülstig-dunkles viktorianisches Interieur steht oft in
krassem Gegensatz zu den hier aus-
gestellten minimalistischen Ex014na-
ten. Unter seinen 250 000 Objekten
findet sich auch ein Michelangelo-
Entwurf für einen siebenarmigen
Kerzenleuchter. Der Kunsthistoriker
Sir Timothy Clifford ordnete ihn erst
2001 bei einem Forschungsaufent-
halt eindeutig dem Künstler zu.

**Cooper-Hewitt National Design
Museum.** Fifth Ave./91st St.,
New York, NY 10128,
Tel. 212 849 8400,
www.cooperhewitt.org

1978 bekam das Museum die Sammlung von Justin K. Thannhauser geschenkt, hervorragende Werke von Impressionisten und Post-Impressionisten wie Monet und Cézanne. Der letzte große Coup war 1992 der Ankauf der Sammlung von Panza di Biumo. Durch den Erwerb minimalistischer und futuristischer Werke aus den Sechziger- und Siebzigerjahren rundete das Museum seinen Bestand ab.

Weiter auf der »Museum Mile«

Geht man auf der Fifth Avenue weiter nördlich, gelangt man an der Ecke zur 92. Straße zum Jewish Museum, dem größten jüdischen Museum außerhalb Israels. Es ist im Palais Bankiers Felix Moritz Warburg angesiedelt. Warburg war vor dem Zweiten Weltkrieg maßgeblich daran beteiligt, vielen deutschen Juden die Ausreise in die USA zu ermöglichen. Die Kontinuität einer über 3000 Jahre alten Kultur zeigt das Museum anhand von 25 000 Exponaten, darunter jüdische Grabsteine aus dem alten Rom und moderne Chanukka-Lampen von Karim Rashid.

Die Geschichte New Yorks zu dokumentieren hat sich das Museum of the City of New York zum Ziel gesetzt. Zu seinen Glanzstücken zählt ein »einfaches« Puppenhaus. Die kunstbeflissene Societylady Carrie Walter Stettheimer (1869–1944) stellte es binnen zwei Jahrzehnten fertig. Bei ihren Salons bat sie Künstler wie Marcel Duchamp und Gaston Lachaise, jeweils eines ihrer Bilder klitzeklein zu kopieren. Die Maler leisteten ihrem Wunsch Folge. Auch das gibt es auf der Museum Mile: Meisterwerke in Miniaturform. An der Ecke Fifth Avenue und 104. Straße befindet sich das Museo del Barrio, das sich seit 1969 auf lateinamerikanische und karibische Kunst spezialisierte.

Oben: Wie ein riesiger Ohrstöpsel sieht das Guggenheim Museum aus.
Unten: Das Jewish Museum hat ein altes Stadtpalais bezogen.

Infos und Adressen

ESSEN UND TRINKEN

Sushi of Gari. Eines der besten Sushi-Lokale in
New York. Mo 17–22.45, Di–Sa 17–23.15,
So 17–21.45 Uhr. East 78th St. 402/First Ave.,
New York, NY 10075, Tel. 212 517 5340,
www.sushiofgari.com

Weissman Café im Jewish Museum.
Gutes koscheres Essen. Fifth Ave. 1109/92nd St.,
New York, NY 10128, www.thejewishmuseum.org

ÜBERNACHTEN

Hotel Wales. Nettes Boutiquehotel in historischem
Ambiente. Madison Ave. 1295, New York,
NY 10128, Tel. 212 876 6000,
www.hotelwalesnyc.com

MUSEEN

El Museo del Barrio. Karibische und lateinamerikanische Kunst vom Feinsten. Mi–Sa 11–18 Uhr,
Mo, Di, So geschlossen. Fifth Ave. 1230/105th St.,
New York, NY 10029, Tel. 212 831 7272,
www.elmuseo.org

Guggenheim Museum. Frank Lloyd Wrights
»Schneckenhaus« ist eine Legende. So–Mi,
Fr 10–17.45 Uhr, Sa 10–19.45 Uhr, Mi geschlos-
sen. Fifth Ave. 1071/88th St., New York, NY, 10128,
Tel. 212 423 3500, www.guggenheim.org

In New York wurde die Moderne geboren.

Jewish Museum. Das größte jüdische Museum
außerhalb von Israel. Fr–Di 11–17.45 Uhr, Do
11–20 Uhr, Mi geschlossen. Fifth Ave. 1109/92nd
St., New York, NY 10128, Tel. 212 432 3200,
www.thejewishmuseum.org

Museum of the City of New York. Mit seiner
Sammlung angewandter Kunst verfolgt dieses Mu-
seum die Entwicklung der Stadt. Tägl. 10–18 Uhr.
Fifth Ave. 1220/103rd St., New York, NY 10029,
Tel. 212 534 1672, www.mcny.org

National Academy Museum. Dieser Akademie
haben berühmte Künstlerinnen wie Marina Abra-
movic und Cindy Sherman Werke gespendet.
Mi–So 11–18 Uhr, Mo/Di geschlossen.
Fifth Ave. 1083/89th St., New York, NY 10128,
Tel. 212 369 4880, www.nationalacademy.org

ANFAHRT

U-Bahn-Linie 6 bis 86th, 96th und 103rd St.

Immer verlockend: ein frisches Sashimi

DIE NEW YORKER

Subway

Sie gilt als chronisch überlastet, veraltet und unterfinanziert. Fehlende Aufzüge und überfüllte Züge sind ein stetes Ärgernis. Und doch rattern und klappern die Züge der New Yorker U-Bahn jeden Tag mehr oder weniger zuverlässig und fast rund um die Uhr durch alle Stadtteile. Mit etwa 5 Millionen Fahrgästen pro Tag, 469 Bahnhöfen, 337 Streckenkilometern und 1355 Kilometer Gleis gehört die Subway zu den größten U-Bahn-Netzen der Welt.

Wie wohl keine andere Entwicklung hat die U-Bahn das Wachstum der Stadt New York möglich gemacht und geprägt. Im Frühjahr 1900 begann man mit den Ausschachtungsarbeiten für die U-Bahn, an deren Bau fast 8000 Arbeiter beteiligt waren. Nur viereinhalb Jahre später, am 27. Oktober 1904, eröffnete die New Yorker U-Bahn als damals modernstes Personentransportsystem der Welt. Die 14,65 Kilometer lange Strecke führte von der prächtigen City Hall Station unterhalb des Rathauses zur 145th Street. Die Diskussionen über den Bau einer Untergrundbahn hatten schon Jahrzehnte vorher begonnen. Das neue

Die Subway erschließt auch die Außenbezirke von New York.

195

Verkehrssystem, das größtenteils unterirdisch verlaufen und elektrisch betrieben sein sollte, sollte vor allem auch die riesigen Außenbezirke an Manhattan anschließen.

Auch andere Modelle hatte man ausprobiert. Ab 1832 verkehrte, als Erste in der Welt, die Pferdebahn in New York. In kurzer Zeit entstand ein dichtes Netz von Linien entlang der Avenues. In den 1870er-Jahren wurden dann mehrere Hochbahnstrecken gebaut. Mit Dampf betriebene Hochbahnen ergänzten elektrisch betriebene Straßenbahnen. Auch unter der Erde wurde experimentiert: So weihte der Erfinder Alfred Ely Beach bereits 1870 unterhalb des Broadways eine etwa 90 Meter lange Teststrecke ein, in der Wagen nach dem Prinzip der Rohrpost mit Druckluft durch die Tunnel katapultiert werden sollten.

Erst die U-Bahn ermöglichte es mit einem Schlag Tausenden von New Yorkern, in kürzester Zeit für nur 5 Cent

Zur Rush Hour ist hier kein Platz mehr frei.

von einem Ende der Stadt zum anderen zu gelangen. Bereits im ersten Jahr transportierte sie etwa 600 000 Fahrgäste pro Tag, zehn Jahre später waren es bereits doppelt so viele. Der systematische Ausbau des Streckennetzes über die ersten zehn Jahre hatte eine geradezu explosionsartige Ausdehnung des Stadtgebietes zur Folge. Viele Menschen, insbesondere Einwanderer, nutzten die Möglichkeit, den beengten Quartieren etwa auf der Lower East Side zu entfliehen und sich in den Außenbezirken der Stadt, vor allem in Brooklyn, anzusiedeln. Dank der U-Bahn entwickelte sich New York schnell zu einer Pendlermetropole und die Bevölkerung stieg über die nächsten zwei Jahrzehnte von 90 000 auf fast eine halbe Million an. Das Streckennetz wurde von drei konkurrierenden Unternehmen weiter ausgebaut, die erst Ende der 1930er-Jahre in öffentlicher Hand zusammengelegt wurden. Dadurch verbesserten sich auch die Umsteigemöglichkeiten für die Fahrgäste. Nach Ende des Zweiten Weltkrieges war das Streckennetz der New Yorker Subway dann bereits mehr als doppelt so groß und die Zahl der Fahrgäste mehr als doppelt so hoch wie bei irgendeinem anderen U-Bahn-System der Welt. Doch danach ging es erst einmal bergab: Das Automobil machte der U-Bahn Konkurrenz, während Verschleißerscheinungen, Betriebsausfälle und überfüllte Züge zu wachsender Unzufriedenheit und sinkenden Fahrgastzahlen führten. Einen Tiefpunkt erreichte die Subway in den 70er-Jahren: Ein marodes Streckensystem und heruntergekommene Züge, oft

Einer von etwa fünf Millionen Fahrgästen pro Tag

von oben bis unten mit Graffiti besprüht, schreckten immer mehr Fahrgäste ab. Die Stadt, gegen Mitte der 70er-Jahre zahlungsunfähig, zeigte sich machtlos, gegen die Probleme vorzugehen. Erst als sich die Finanzkraft New Yorks in den 80er-Jahren wieder stabilisierte, konnte auch die marode U-Bahn in Angriff genommen werden. Veraltete Züge aus Vorkriegszeiten wurden verschrottet und gegen neue Wagen ausgetauscht. Auch auf Eis gelegte Pläne für neue Streckenabschnitte, etwa die Verlängerung der Sixth Avenue Line von der 57th Street in Manhattan nach Queensbridge, konnten nun endlich in Angriff genommen werden.

Heute steht die U-Bahn wieder hoch im Kurs. Schließlich ist sie das mit Abstand schnellste Fortbewegungsmittel in New York, fährt rund um die Uhr und in Stoßzeiten alle 3 bis 5 Minuten. Seit einigen Jahren werden Schritt für Schritt ganz neue Subway-Züge eingesetzt. Diese verfügen innen über LED-Anzeigen, die im Wechsel die Endhaltestelle und die nächste Haltestelle anzeigen. Auch eine seit Ende der 20er-Jahre geplante neue U-Bahn-Linie ist nun endlich im Bau: Fast 14 Kilometer soll diese einmal lang sein, von der 125th Street in Harlem bis zum Hanover Square ganz unten in Manhattan. Ein Mammutprojekt, das geschätzte 17 Milliarden Dollar verschlingen soll. Das klingt viel, aber im Vergleich: Satte 3,85 Milliarden Dollar kostete allein die 2016 eröffnete neue U-Bahn-Station für Ground Zero – Fulton Center ist damit der teuerste U-Bahnhof der Welt. Neun Linien kreuzen sich an diesem neuen Verkehrsknotenpunkt, an fünf Bahnhöfen strömen täglich rund 300 000 Pendler aus den Zügen. Der alte U-Bahnhof Fulton Center wurde bei den Anschlägen des 11. September 2001 zerstört. Der neue Kristallpalast des Architekten Santiago Calatrava macht klar: Hier wird geklotzt und nicht gekleckert.

33 Upper East Side
Hier lebt der Geldadel

Ladies who lunch, *Dogwalkers* und *Doormen* prägen das Stadtbild auf dem teuersten Pflaster New Yorks. Um die Madison und Park Avenue finden sich neben Eliteschulen jedoch auch Kulturinstitutionen wie das Whitney Museum und die Asia Society. Woody Allen spielt jeden Montag im »Carlyle Café« auf. Jede Menge »Gossip Girls« ziehen durch die Straßen und shoppen in exklusiven Geschäften.

Ladies who lunch sind eine eigene New Yorker Gattung. In Chanel gekleidet und perfekt frisiert treffen sie sich zum Mittagessen in feinen Restaurants auf der Upper East Side, jenem geografischen Rechteck zwischen der 59. und 96. Straße sowie der Fifth Avenue und dem East River. Viele von ihnen sind Ehefrauen von Industriekapitänen oder haben ihren eigenen Treuhänderfonds.

Wie angelt man sich einen Milliardär?

Mit einem Durchschnittseinkommen von 165 000 Dollar pro Haushalt zählt die Upper East Side zu einer der reichsten Gegenden in den Vereinigten Staaten. Viele Erbinnen wohnen hier: Aerin Lauder, Dylan Lauren sowie Ivanka Trump. Während sich Aerin Lauder als Kreativchefin im familieneigenen Kosmetikimperium behauptet, haben sich Dylan Lauren und Ivanka Trump selbstständig gemacht. Die Tochter des Modezaren betreibt Dylan's Candy Bar, das angeblich größte Bonbongeschäft der Welt. 5000 Arten von Süßwaren bietet sie in diesem poppigen Paradies für Naschkatzen an der Ecke Third Avenue und 60th Street an: von giftgrü-

Mitte: Die hübschen Townhouses auf der Upper East Side
Unten: Türsteher öffnen Betuchten alle Pforten.

Die Dogwalkers: Herren über viele Hunde

MARMARA HOTEL
In dem Thriller *Sliver* (1993) wohnt Sharon Stone in einem sehr schlanken Wolkenkratzer, der fast komplett aus Glas besteht. Sie kämpft gegen einen unsichtbaren Feind an, der ihr gesamtes Apartment per Video überwacht. Das Aparthotel »Marmara Manhattan« ist zwar ähnlich schlank und gläsern, verletzt glücklicherweise jedoch nicht die Privatsphäre seiner Gäste. Von den farbenfrohen und geräumigen Zimmern genießen Gäste eine herrliche Aussicht auf ganz Manhattan. Das Hotel bietet auch ein Paket für frisch Geschiedene an. Suddenly Splitsville heißt es. All jene, die nach einer Scheidung oder Trennung eine neue Bleibe suchen müssen, können sich hier auch länger einmieten. Das Hotel auf der Upper East Side hat auch ein Schwesternhotel in Midtown East, das »Marmara Park Avenue«. Hier relaxen Gäste nach einem langen Sightseeing-Tag am Swimming Pool.

Marmara Hotel. E. 94th St. 301, New York, NY 10128, Tel. 212 427.3100, www.marmarahotels.com

nen Gummischlangen bis zu salzig-süßen Schokobrezen. Im opulenten Juwelierladen von Immobilienerbin Ivanka Trump an der Madison Avenue glitzern nicht die Zuckerkristalle, sondern echte Edelsteine. In der teuersten Einkaufsstraße Amerikas suchen sich zukünftige *ladies who lunch* ihren Brautschmuck aus.

Townhouses, historische Einfamilienhäuser, werden auf der Upper East Side für bis zu 75 Millionen Dollar gehandelt. Lieblich sehen ihre Fassaden aus: Riesige dreiteilige Fenster im Stil von Andrea Palladio und geschwungene Balustraden erblicken Spaziergänger in den Seitenstraßen der Madison und Lexington Avenue. Daneben prangen riesige Apartmenthäuser, viele von ihnen »pre-war buildings«, wie die feudalen, vor dem Zweiten Weltkrieg hochgezogenen Gebäude heißen. Wer in ihnen wohnt, kann sich über dicke Wände, hohe Decken und interessante architektonische Details wie offene Kamine freuen. Eine Riege von *Doormen* wacht über die Geschicke der Häuser, nimmt Post entgegen und lässt die *Dogwalker* ein.

Wo Marilyn mit JFK turtelte

Eine Institution auf der Upper East Side ist das »Carlyle Hotel« in der Madison Avenue. Der Art-déco-Wolkenkratzer mit der historischen Patina

Die Terrasse im »Marmara Hotel«

Oben: Die elegante Kuppel des »Carlyle Hotel«
Mitte: Schöne Gesichter werben für exklusive Mode.
Unten: Über den Eingang zum »Carlyle Hotel« ist sogar ein Baldachin gespannt.

Uptown

aus dem Jahr 1930 birgt viele Geheimnisse. John F. Kennedy traf sich heimlich mit Marilyn Monroe in seiner privaten Suite im 34. Stock. Nach seiner Ermordung wohnte Jackie Kennedy mit ihren Kindern eine Zeit lang hier. Sein Sohn John junior aß im hauseigenen Café vor seinem fatalen Flugzeugabsturz im Jahr 1999 sein letztes Frühstück. Das Hotel vermietet 180 Zimmer, darunter die Roger-Federer-Suite, in der das Tennisass immer zwei Wochen während der US Open absteigt. Woody Allen spielt mit seiner Jazzband im »Café Carlyle« jeden Montag auf. Wer sich die gesalzenen Preise im Hotel nicht leisten kann, sollte sich jedoch zumindest ein paar Salzmandeln in der »Bemelmans Bar« gönnen. Ludwig Bemelmans (1898–1962) ging als Illustrator der *Madeline*-Kinderbücher in die Geschichte ein. Die nach ihm benannte Bar ist der einzige Ort auf der Welt, an dem man eine seiner Wandmalereien öffentlich bewundern kann.

In krassem Gegensatz zu den hübsch dekorierten townhouses und Apartmenthäusern steht das ehemalige Whitney Museum Ecke Madison Avenue und 75. Straße. Marcel Breuers Meisterwerk des Brutalismus erregte bei seiner Eröffnung im Jahr 1966 großes Aufsehen. Deutlich heben sich seine grauen Granitmauern von der Kalk- und Sandsteinarchitektur der Umgebung ab. Wie eine umgedrehte, dreistufige Pyramide ragt es in den Raum. Breuer wollte mit diesem Museum ein Zeichen gegen das Konsumdenken setzen, denn er war überzeugt, dass im ausgehenden 20. Jahrhundert in New York nur Glaspaläste dominieren würden und unablässiges »Shopping« an der Tagesordnung stehen würde. Das Museum wurde 1931 von Industrieerbin Gertrude Vanderbilt Whitney (1875–1942) gegründet. Sie interessierte sich für junge amerikanische Künstler wie Edward Hopper und Stuart Davis. 1929 wollte sie ihre Sammlung

Spaziergang durch die Upper East Side

Auf einem Spaziergang durch die Upper East Side kann es schon vorkommen, dass man mit einem Multimillionär oder auch mit Woody Allen gemeinsam den Zebrastreifen überquert.

A Bloomingdale's. 1886 begann dieses Kaufhaus nur einige wenige Produkte theatralisch in der Auslage auszustellen. Auch heute noch ist es für seine gehobene Warenauswahl bekannt. Von der U-Bahn-Station auf der Lexington Avenue kommt man direkt ins Art-déco-Gebäude.
Third Ave. 1000/59th St.

B Dylan's Candy Bar. Pippi Langstrumpf hätte an diesem Geschäft von Ralph Laurens Tochter ihre Freude gehabt. Knallbunte Lollipops, Bonbons und Zuckerwatte warten hier darauf, von einem Leckermaul gekauft zu werden. Ganz skurril: Sogar Hochzeiten fanden schon in diesem »Emporium« statt.
Third Ave. 1011/60th St.

C Barney's. Dieses Kaufhaus positionierte sich in den Siebzigerjahren als High-End-Unternehmen. Nicht Ramsch, sondern edle Mode aus Italien wurde eingeführt. Als erstes Kaufhaus bot es die gesamte Kollektion von Giorgio Armani an.
Madison Ave. 660/61st St.

D Asia Society. Die Aufgabe dieser Gesellschaft ist es, die Welt über Asien zu informieren. In dem Gebäude befindet sich auch ein interessantes Museum, das Wechselausstellungen zeigt.
Park Ave. 725/70th St.

E Tom Ford. Modedesigner Tom Ford machte in den letzten Jahren auch als Filmemacher Schlagzeilen. In diesem Geschäft gibt es seine ultracoolen Anzüge und Hemden. Wer wie James Bond aussehen will, ist hier richtig.
Madison Ave. 845/70th St.

F Ralph Lauren Flagship Store. Zwei wunderschöne alte Herrenhäuser auf der Madison Avenue gestaltete Polo-Shirt-Stylist Ralph Lauren in zwei Flagship-Stores um. Nummer 867 ist der Herren-

mode vorbehalten, Nummer 888 der Damenmode. Schnäppchen lassen sich hier durchaus finden. Madison Ave. 867 und 888/71st St.

G Met Breuer. Im ehemaligen Gebäude des Whitney Museum betreibt das Metropolitan Museum seit 2014 eine Zweigstelle für moderne und zeitgenössische Kunst. Auch Aufführungen finden hier statt. Mo geschlossen. Di–Do 10–17:30 Uhr, Fr, Sa 10–21 Uhr, So 10–17: 30 Uhr. 946 Madison Avenue, New York, NY 10021, Tel. 212 731 1675, www.metmuseum.org

Wer beim Spaziergang auf der Upper East Side Appetit auf etwas Süßes bekommt, sollte einen Abstecher zu Lady M Confections machen, wo es herrliche französische Süßwaren gibt. Der Mille Crêpe Kuchen ist ein Gedicht.
Lady M Confections. 41 East 78th St., New York, NY 10075, Tel. 212 452 2222, www.ladym.com

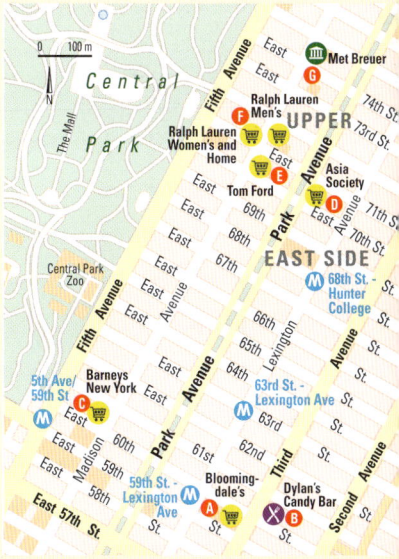

SCHALLER & WEBER

Wer auf einer Reise nach New York leckere Würste aus dem deutschsprachigen Raum vermisst, sollte einen Abstecher zu Schaller & Weber machen. Seit 1937 bereiten die Metzger hier Produkte vom Schwein wie Bockwurst, Schinken und Leberpastete zu. Der Familienbetrieb liegt in Yorkville, einem Teil der Upper East Side, die ab Mitte des 19. Jahrhunderts bevorzugt von Einwanderern aus Deutschland besiedelt wurde. Gegen Ende des 19. Jahrhunderts gesellten sich ihnen Ungarn, Tschechen und Polen hinzu, nach 1933 zogen auch Flüchtlinge aus dem Dritten Reich zu. Die 86th Street war ihre Hauptstraße. Sie alle gingen im Carl Schurz Park auf der 86th Street und dem East River spazieren, wo sich auch Gracie Mansion befindet. In diesem Haus aus dem Jahr 1799 residiert der Bürgermeister von New York.

Schaller & Weber. 1654 Second Avenue/86th Street, New York, NY 10028. Mo–Sa 10–19 Uhr, Tel. 212 879 3047, www.schallerweber.com

Einfach gut!

Anna Normalverbraucherin im Whitney Museum

dem Metropolitan Museum of Art schenken. Dieses lehnte sie jedoch als zu avantgardistisch ab. Nach der Übersiedlung des Whitney Museums an die Highline übernahm das Metropolitan Museum den Bau doch und betreibt dort die Außenstelle Met Breuer. Auch die Avantgarde kommt in die Jahre. Besucher können heute Wechselausstellungen besuchen, in denen zum Beispiel das Werk der Fotografin Diane Arbus (1923–1971) beleuchtet wird. Arbus brachte Menschen am Rande der Gesellschaft vor ihre Kamera. Auch Heinz Berggruens Klee-Sammlung wird hier der passende Rahmen gegeben.

Wer erleben will, wie die oberen Zehntausend im 19. Jahrhundert lebten, sollte bei der Americas Society auf der Park Avenue einen Abstecher machen. Diese dem historischen Erbe von Nord- und Südamerika gewidmete Einrichtung befindet sich in einem imposanten Bau, in den auch das italienische Konsulat und das Queen Sofia Spanish Institute gezogen ist. Neben Ausstellungen organisiert das Americas Institute auch Lesungen und Musikveranstaltungen, die im Salon Simón Bolivar, einem weitläufigen Ballsaal, stattfinden.

Infos und Adressen

ESSEN UND TRINKEN

Fred's. Unzählige gerahmte Hundefotos zieren die Backsteinwände dieses Restaurants. Klassisch amerikanische Küche, erstklassige Burger, wochenends Brunch. 476 Amsterdam Ave., New York, NY 10024. Tel. 212 579 3076. www.fredsnyc.com

Sfoglia. Rustikales, jedoch edles italienisches Restaurant. Sechs Wochen im Voraus reservieren, denn auch Tom Cruise speist hier. Di–So 12–14.30, 17.30–22.30 Uhr, Mo 17.30–22 Uhr. Lexington Ave. 1402, New York, NY 10128. Tel. 212 831 1402, www.sfogliarestaurant.com

ÜBERNACHTEN

Franklin Hotel. Renoviertes Boutiquehotel mit historischem Anstrich. Spezielle »Gossip-Girl«-Angebote. East 87th St. 164, New York, NY 10128, Tel. 212 369 1000, www.franklinhotel.com

EINKAUFEN

Barney's New York. In diesem schicken Kaufhaus gibt es die neueste Mode, dazu Schmuck, Accessoires und Kosmetika. 660 Madison Ave. New York, NY 10021. Tel. 212 826 8900, www.barneys.com

MUSEEN

Americas Society. Wechselausstellungen iberischer, lateinamerikanischer und karibischer Kunst. Umfangreiches Veranstaltungsprogramm.

Zeit für einen schnellen Lunch in einem Diner

Mo–Fr 9–17 Uhr. 680 Park Ave., New York, NY 10065, Tel. 212 249 8950, www.as-coa.org

Asia Society. Wechselausstellungen asiatischer Kunst in modernem Ambiente. Di–So 11–18 Uhr, Mo geschlossen. Park Ave. 725, New York, NY 10021, Tel. 212 288 6400, www.asiasociety.org

Whitney Museum of American Art. Meisterwerke von Edward Hopper, Alexander Calder und Georgia O'Keeffe. Mi, Do, Sa, So 11–18 Uhr, Fr 13–21 Uhr, Mo/Di geschlossen. Madison Ave. 945, New York, NY 10021, Tel. 212 570 3600, www.whitney.org

ANFAHRT

U-Bahn-Linie 6 bis 68th, 77th, 86th, 103rd St., Linien 4, 5, 6 bis 86th St.

Zigarettenschachtel und Sandwich als Kulturikonen

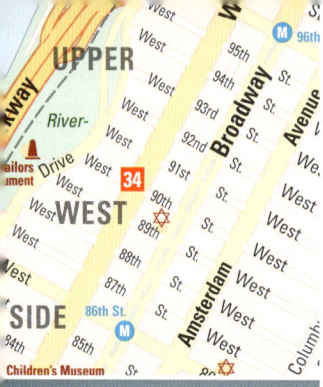

34 Upper West Side
Hort der Freidenker

Rund um die Amsterdam und Columbus Avenue siedelten sich Emigranten aus Deutschland und Österreich an, die dem Zweiten Weltkrieg entkommen waren. Zu ihnen gesellten sich in der zweiten Hälfte des 20. Jahrhunderts linksliberale Intellektuelle und Künstler. Sie alle wohnen in den hübschen Brownstones und Pre-War-Buildings und nehmen das kulturelle Angebot des Lincoln Center wahr.

»Woran arbeitest du gerade?« »An einer Biografie über Rigoberta Menchù. Und du?« »Ich schreibe ein Drehbuch über die Harlem-Renaissance.« Solcherlei Gespräche laufen auf der Upper West Side ständig ab. In Aufzügen, auf Kinderspielplätzen und in diversen Cafés westlich des Central Park. Schon seit Jahrzehnten fühlen sich Literaten, darstellende Künstler und Medienleute in der Gegend zwischen der 59. bis zur 96. Straße wohl. Die Gebäude rund um Broadway, Amsterdam und

Mitte: Die San Remo Buildings ragen auf der Upper West Side in die Landschaft.
Unten: Central Park West ist eine gute Adresse.

GUT ZU WISSEN

IMMER IN EILE
Die Met ist als eines der besten Opernhäuser der Welt bekannt. Viele Besucher stylen sich ganz vornehm, wenn sie eine Aufführung besuchen. Umso verwunderlicher ist es, dass sie im Winter ihre dicken Mäntel in den Zuschauerraum mitnehmen. Obwohl es Garderoben gibt, ist niemand willens, seinen Mantel abzugeben. Grund dafür ist, dass man gleich nach der Aufführung so schnell wie möglich woanders hin will. Manchmal kann die New Yorker Hektik auch zu weit gehen.

Upper West Side

Columbus Avenue wurden nach der Eröffnung des Central Park im Jahr 1859 errichtet. Das wohl berühmteste ist das Dakota Building an der Ecke Central Park West und 72. Straße. Wie ein überdimensioniertes hanseatisches Rathaus sieht der achtstöckige Baukoloss aus dem Jahr 1884 aus. Roman Polanski siedelte hier 1967 die Handlung seines Horrorfilms *Rosemarys Baby* an. Auch im wirklichen Leben erlangte der Apartmentkomplex traurige Berühmtheit: Direkt vor der Eingangstür wurde Wohnungsbesitzer John Lennon 1981 von einem Verrückten erschossen. Das in der Nähe gelegene Areal Strawberry Fields im Central Park ist seinem Andenken gewidmet.

Von Emigranten bevorzugt

Der Ex-Beatle und Yoko Ono zogen in die Gegend, weil sie ihr kreatives Flair schätzten. Künstler siedeln sich hier an, weil sie Amerikas Entertainment-Epizentrum, den Broadway, leicht mit der U-Bahn erreichen können. Auch literarisch aktive Exilanten wählten die Upper West Side als ihre Heimstätte, nachdem sie aus Deutschland und Österreich geflüchtet waren: Der Schriftsteller Frederic Morton, der mit seiner Biografie über die Rothschilds zu internationaler Berühmtheit gelangte, Else Pappenheim-Frishauf, die letzte Studentin an der Wiener Schule der Psychoanalyse vor dem Ausbruch des Zweiten Weltkriegs, Lore Segal, die bereits als junge Schriftstellerin ihre Vertreibung aus Österreich im renommierten Magazin *New Yorker* verarbeitete, sowie die Wissenschaftlerin Eva Kollisch, die gemeinsam mit Gerda Lerner die akademische Disziplin Women's Studies begründete.

Heutzutage fühlen sich auch viele junge, der Intelligenzija entstammende Familien auf der Upper West Side wohl. Frischluft tanken sie nicht nur im

Geheimtipp

SCHWIMMEN AUF DEM DACH

Das »Empire Hotel« neben dem Lincoln Center besteht bereits seit 1890 und erhielt vor ein paar Jahren ein Facelift. Die erdigen Töne des Central Park inspirierten die Designer bei ihrer Farbwahl. Hier treffen sich junge Leute gern auf einen Cocktail. Im Schein von Dutzenden Kerzen sitzen sie auf goldenen Hockern und lauschen den neuesten Lounge-Klängen. Das Hotel ist besonders im Sommer beliebt. Als eines der wenigen in New York hat es einen Freiluftpool auf dem Dach. Gäste können sich auch in eine der Cabañas zurückziehen und so tun, als wären sie in Miami. Das zwölfstöckige »Empire« durchweht auch ein Hauch von Afrika: Decken und Kissenbezüge mit exotischem Zebramuster liegen auf den bequemen Sofas und Betten.

Empire Hotel. West 63rd St. 44, New York, NY 10023. Tel. 212 265 7400, www.empirehotelnyc.com

Im »Empire Hotel« wurden goldene Akzente gesetzt.

Das Lincoln Center: eine moderne Kulturtempelanlage

Geheimtipp

Central Park, sondern auch im Riverside Park, der am Hudson von der 62. bis zur 129. Straße entlangläuft. Auf einen schnellen Happen kehren sie in eines der traditionellen »New York Delis« ein. Bei »Barnie Greengrass« und »Artie's« Delikatessen stehen Spezialitäten der jüdischen Küche auf dem Programm: Chicken Matzo Ball Soup, Cheese Blintzes und Pastrami Sandwiches bei »Artie's« und geräucherter Stör, Lachs und Hering bei »Barnie Greengrass«. Und natürlich darf der Hackleberaufstrich bei beiden nicht fehlen.

Eine Akropolis der Künste

An künstlerischen Inspirationsquellen für schöpferische Geister mangelt es auf der Upper West Side nicht. Dort, wo sich Broadway, Columbus Avenue und 65. Straße kreuzen, prangt erhaben die künstlerische Akropolis Amerikas. Mit ihren schlanken weißen Säulen erinnern die drei Hauptgebäude des Lincoln Center an eine antike Tempelanlage. Tatsächlich folgten die Architekten der Metropolitan Opera, des New York State Theater und der Avery Fisher Hall dem Vorbild des römischen Kolosseums und verwendeten weißen Kalksinter und Marmor für die drei Ikonen moderner Baukunst. Die Metropolitan Opera thront in der Mitte des 6,6 Hektar

Upper West Side

großen Areals. Wenn ihre Swarovski-Kristalllüster abends aufleuchten, kann man von außen durch die riesigen Glasfenster einen Blick auf Marc Chagalls fast 100 Quadratmeter große Tapisserien werfen. In dem links hängenden Kunstwerk *Der Triumph der Musik* fliegen Sänger, Ballerinen und der Künstler selbst über die rote Skyline von Manhattan. Im gelben Monumentalbild *Die Quellen der Musik* schweben Beethoven, Bach, Wagner und Verdi über dem Hudson River.

Über die eleganten weißen Marmorfreitreppen im Inneren der Met fließt ein burgunderroter Teppich. Die goldenen Balustraden im vierrangigen Zuschauerraum verstärken den festlichen Eindruck. 27 verschiedene Produktionen führt das Ensemble von Mitte September bis Mai auf, oft mit Starbesetzung. Wenn *Carmen* auf dem Programm steht, trabt sogar ein echter Esel auf die Bühne. Passiert ihm dann ein übel riechendes Missgeschick, kommt sofort ein in spanische Tracht gekleideter Komparse angetanzt und kehrt den Kot auf. Die Inszenierung bemüht sich, realistisch zu wirken: Carmens Kolleginnen in der Tabakfabrik rauchen Zigarillos und treten sie auf dem Bühnenboden aus.

Das David H. Koch Theater zur Linken der Met ist Spielstätte des New York City Ballet. In der Avery Fisher Hall hat die New York Philharmonic ein Heim gefunden. Aber auch außerhalb der Spielsaison, von Mai bis September, ist das Lincoln Center ein populärer Treffpunkt. Im Juli wiegen Tanzwütige beim Midsummer Night Swing auf dem riesigen Platz ihre Hüften zu heißen Salsa- und Merengue-Rhythmen. Im Damrosch Park hinter der Met findet im August das Festival Out of Doors statt. Afrobeat-Gruppen, Mummenschanz-spieler und Slam-Poeten geben dann im Freien ihr Bestes. Und das alles gratis!

Oben: Wolkenkratzer aus dem frühen 20. Jahrhundert
Mitte: Ein Picknick im Park
Unten: Marc Chagalls Wandteppiche leuchten durch die Glasfassade.

Die Unvollendete

Die Upper West Side umfasst auch die Gegend Morningside Heights bis zur 125. Straße. Hier befindet sich die Eliteuniversität Columbia. Besucher, die an der neoklassizistischen Universitätsbibliothek vorbeigehen, sehen Studenten auf Steintreppen oder im Gras sitzen und Ideen spinnen, die ihnen vielleicht auch einmal den Nobelpreis einbringen könnten. Viele Professoren haben es ihnen bereits vorgemacht. Literaturnobelpreisträger Derek Walcott und Orhan Pamuk gaben und geben hier ihr kreatives Wissen weiter, und Edward Said prägte hier den Begriff des Orientalismus. Mehrere Nobelpreisträger – Martin Luther King und der Dalai Lama – hielten in der Kathedrale von St. John the Divine in der Amsterdam Avenue eine Rede. An der viertgrößten Kirche der Welt wird seit 1893 gebaut. Die neugotische Kathedrale ist für ihre progressiven Aktivitäten bekannt. So hält sie am 1. Dezember eine Gedenkveranstaltung zum Weltaidstag ab. Der Graffiti-Künstler Keith Haring (1958-199) ritzte in einer der Seitenkapellen den Triptychon-Altaraufsatz »The Life of Christ« in Bronzeplatten. In gewohnt fröhlicher Art umschwirren Engel und Menschen eine Christusfigur. Haring hat dieses Kunstwerk nicht vorgezeichnet und auch nicht korrigiert. Er vollendete das Werk einen Monat, bevor er an AIDS verstarb.

Oben: Ein Hort des Wissens: die Bibliothek der Columbia University
Unten: Skulpturen auf der Kathedrale St. John the Divine

Infos und Adressen

Die Bar des »Empire Hotel«

SEHENSWÜRDIGKEITEN

Columbia University. Eine der Eliteuniversitäten der USA, 1754 als King's College durch den englischen König George II. gegründet. West 116th St./Amsterdam Ave., New York, NY 10025, www.columbia.edu

Lincoln Center. In 13 Veranstaltungssälen ist hier jeden Tag viel geboten, von Musik und Tanz bis zu Theater und Film. Neben der Metropolitan Opera sind im Lincoln Center auch die New Yorker Philharmoniker und das New York City Ballet zu Hause. Täglich Führungen. 10 Lincoln Center Plaza, New York, NY 10023, Tel. 212 875 5456, www.lincolncenter.org.

Kathedrale St. John the Divine. Nach über 100 Jahren noch immer unvollendet. Tgl. 7.30–18 Uhr. Amsterdam Ave. 1047/110th St., New York, NY 10025, Tel. 212 316 7540, www.stjohndivine.org

ESSEN UND TRINKEN

Artie's. Traditionelles New Yorker Deli. Hier gibt es klassische Matzo Ball Soup, Blintzes und dick belegte Pastrami Sandwiches. Tgl. 9–23 Uhr. Broadway 2290/83rd St., New York, NY 10024, Tel. 212 579 5959, artiesny.com

Barney Greengrass. Traditionelles jüdisches Fischrestaurant und -geschäft. Eine Deli-Institution seit 1908. Keine Kreditkarten! Di–So 8.30–17 Uhr. Amsterdam Ave. 541/86th St., New York, NY 10024, Tel. 212 724 4707, www.barneygreengrass.com

Mermaid Inn. Eines von New Yorks besten Fischrestaurants. Tgl. ab 17 Uhr, Sa/So Brunch. 568 Amsterdam Ave./87th St., New York, NY 10024, Tel. 212 799 7400, www.themermaidnyc.com

ÜBERNACHTEN

Hotel Marrakech. Dieses Boutiquehotel entführt nach Marokko. Broadway 2688, New York, NY 10025, Tel. 212 222 2954, www.marrakechhotelnyc.com

ANFAHRT

U-Bahn-Linien A, B, C, D, 1 bis Columbus Circle, Linie 1 bis 66th St. und 79th St., Linien 1, 2, 3, C bis 72nd St., Linie C bis 81st St., Linien 1, C bis 86th St. und Linien 1, 2, 3, C bis 96th St.

Die Metropolitan Opera bei Nacht

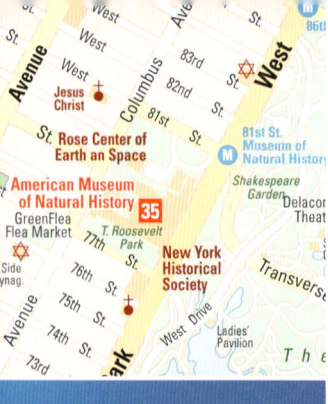

35 Museum of Natural History

Auf Du und Du mit Dinos

Ein Kindermagnet ist das größte Naturkundemuseum der Vereinigten Staaten. Mineralien, Meteoriten und Mammutbäume bekommen Besucher hier in interaktiven Ausstellungen zu sehen. Auf eine Reise zu anderen Planeten und Sternen begeben sich Wissensdurstige im Hayden-Planetarium. Und wer danach noch nicht genug hat, kann in der New York Historical Society noch mehr über die Geschichte der Stadt erfahren.

In Ben Stillers Komödie *Nachts im Museum* erwachen ein prähistorisches Mammut, eine Riesenkobra sowie der Bären jagende Präsident Teddy Roosevelt zu neuem Leben. Als der Film im Jahr 2006 Premiere hatte, erhöhte sich der Zustrom zum American Museum of Natural History um 100 Prozent. Fünf Millionen Besucher kommen pro Jahr in das größte Naturkundemuseum der Welt. Besonders begehrt sind, nicht zuletzt seit dem Film *Nachts im Museum*, die Übernachtungen im Museum. Diese »Sleepovers« werden neuerdings nicht nur für Kinder, sondern auch für Erwachsene angeboten. Blickt man auf seinen triumphbogenartigen Haupteingang, bemerkt man nicht, dass es eigentlich aus 27 miteinander verbundenen Gebäuden besteht, die seit 1874 aneinandergebaut wurden. Präsident Theodore Roosevelt (1858–1919), ein Naturliebhaber, bekannter Großwildjäger und Gründer mehrerer Nationalparks, hatte tatsächlich eine enge Verbindung zum Museum: Sein Vater war einer der Gründer, und er selbst zog die Kuratoren des Hauses zurate, als er Nationalparks wie den Grand Canyon und den Yosemite unter Naturschutz stellte.

Mitte: Eine Reiterskulptur vor dem Museum of Natural History
Unten: Die Vorhalle des Museums ziert eine hübsche Kassettendecke.

Das lebensgroße Modell eines Blauwals hängt im Museum von der Decke.

Einfach gut!

30 Millionen Ausstellungsstücke

Besucher betreten das Museum heute durch die Theodore Roosevelt Memorial Hall. Zwei Dinosaurier begrüßen sie bereits in diesem Saal. Einer davon hat einen meterlangen Hals – erstaunlich, dass dieser nur einen ziemlich kleinen Kopf trägt. 150 Millionen Exponate besitzt dieses Naturkundemuseum, darunter gigantische Brontosaurus- und T-Rex-Skelette im vierten Stock, ein »must-see« für Kinder. Das neueste Highlight ist die Nachbildung des größten je gefundenen Dinosaurierskeletts. Der 2014 in Argentinien entdeckte Titanosaurus misst vom Kopf bis zur Schwanzspitze mehr als 40 Meter. Der gesamte vierte Stock ist so ausgelegt, dass Besucher die Entwicklung der Wirbeltiere über Millionen von Jahren verfolgen können. Ein Schmetterlingsglashaus ist von Oktober bis Ende Mai geöffnet.

Gleich an die Eingangshalle schließen Räume an, die sich der Fauna und Flora unterhalb der Mee-

ES BEGANN MIT MARMELADE

Im Jahr 1981 begann die Hausfrau Sarabeth Levine eine Orangen-Aprikosen-Konfitüre nach einem Rezept zuzubereiten, das ihre Vorfahren im Laufe von 200 Jahren perfektioniert hatten. Sie eröffnete auf der Upper East Side eine kleine Bäckerei, und es sprach sich herum, wie gut ihre Marmeladen schmeckten. Mehr als 30 Jahre später betreibt sie allein in Manhattan fünf Restaurants.

In der Zweigstelle in der Nähe des American Museum of Natural History serviert sie außerdem schmackhafte Gerichte: In ihre Pfannkuchen kommen Zitrone und Ricottakäse, in ihr Goldie-Lox-Omlette Räucherlachs und Cream Cheese. Besonders empfehlenswert: der Afternoon Tea!

Sarabeths. Tgl. 8–22.30 Uhr. Amsterdam Ave. 423/80th St., New York, NY 10024, Tel. 212 496 6280, www.sarabeths.com

Oben: Auch Kulturgüter aus der Frühgeschichte des Menschen gibt es hier zu sehen.
Unten: Immer wieder faszinierend: die Dinosaurier

resoberfläche sowie nordamerikanischen Säugetieren widmen. Die Nationalparks inspirierten die Kuratoren wohl zur Schaffung eines Raumes, der amerikanische Waldgebiete ins Zentrum stellt. Der Stamm eines Sequoiabaums zeigt, dass er zum Zeitpunkt seiner – heutzutage ungesetzlichen – Fällung 1400 Jahre alt war. Während im ersten Stock der Kultur der Völker des Nordwestens Aufmerksamkeit geschenkt wird, stehen im zweiten Stock Mittel- und Südamerika sowie Asien und Afrika im Vordergrund. Mineralien sind wiederum im ersten Stock ausgestellt. In der Hall of Gems findet sich zum Beispiel der zwölfseitige Patricia-Smaragd, der mit seinen 632 Karat zu den größten der Welt zählt. Rund um den 34 Tonnen schweren Cape-York-Meteoriten wird die Entstehung des Sonnensystems erklärt.

Den Sternen so nah

Im Jahr 2000 baute das Museum eine Sternwarte, wie sie die Welt noch nicht gesehen hat. Das kugelrunde Hayden-Planetarium scheint im sechs Stockwerke hohen gläsernen Rose Center for Earth and Space wie ein Himmelskörper zu schweben. Besucher treten im Planetarium eine Reise in den Weltraum an. Ein Zeiss Mark IX, der weltweit größte Virtual-Reality-Simulator, wirft 9100 Sterne auf die Kuppel des Planetariums. Das All ist so nah und doch so fern. In den im American Museum of Natural History verschachtelten Gebäuden arbeiten Hunderte von Wissenschaftlern. Im Rose Center verfolgt ein Team von Astrophysikern zum Beispiel die Geschehnisse im Weltall.

Auf die Geschichte von New York haben sich die wissenschaftlichen Mitarbeiter der benachbarten New York Historical Society spezialisiert. Diese 1804 gegründete Einrichtung bietet Ausstellungen und öffentliche Bildungsprogramme an.

Infos und Adressen

ESSEN UND TRINKEN

Shake Shack. Nach einem Besuch im Natural History Museum gibt es für Kinder nichts Besseres als Burger und Fries. 366 Columbus Avenue/77th Street, New York NY 10024,
Tel. 646 747 8770, www.shakeshack.com

Calle Ocho. Exzellentes Latino-Food seit fast 20 Jahren. Hier findet man Spezialitäten aus Kuba, Peru, Venezuela und Costa Rica, darunter fünf Sorten Ceviche. 45 West 81st Street (im Excelsior Hotel), New York, NY 10024,
Tel. 212 873 5025,
www.calleocho.com

Cesca. Gehobenes italienisches Restaurant mit einer umfangreichen Weinkarte. l64 West 75th Street, New York, NY 10024,
Tel. 212 787 6300, www.cescany.com

ÜBERNACHTEN

Hotel Nylo. Ein bisschen Dreißigerjahre-Design, ein bisschen Loft Living, ein bisschen Coolness – das alles macht den Erfolg der jungen Hotelkette aus. Broadway 2178, New York, NY 10024,
Tel. 212 362 1100, www.nylohotels.com

MUSEEN

Children's Museum of Manhattan. Dieses interaktive Museum ist besonders auf Kleinkinder zugeschnitten. Sie tollen in einem eigenen Spiellaboratorium namens PlayWorks herum. Di–Fr, So 10–17 Uhr, Sa 10–19 Uhr. West 83rd St. 212, New York, NY 10024, Tel. 212 721 1223, www.cmom.org

New York Historical Society. Dieses Museum beleuchtet die Geschichte der Stadt sowie Amerikas in zahlreichen Sonderausstellungen. Di–Do, Sa 10–18 Uhr. Fr 10–20 Uhr, So 10–17 Uhr, Central Park West 170, New York, NY 10024, Tel. 212 873 3400, www.nyhistory.org

INFORMATION

American Museum of Natural History. Dinosaurier, Schmetterlinge, geologische Exponate und das technisch ausgeklügeltste Planetarium der Welt. Tgl. 10–17.45 Uhr. Central Park West/79th St., New York, NY 10024, Tel. 212 769 5100, www.amnh.org

ANFAHRT

U-Bahn-Linien B, C bis 81st St., Linie 1 bis 79th St.

Im Hayden-Planetarium reisen Besucher virtuell ins All.

36 Harlem
Eine neue Renaissance

»Noch bevor ich nach Harlem gekommen bin, war ich in das Viertel schon verliebt«, meinte einst der afroamerikanische Dichter Langston Hughes. Er trug seit den Zwanzigerjahren 40 Jahre lang dazu bei, dass Harlem als Zentrum afroamerikanischer Kultur in die Geschichte einging. Nach Jahrzehnten der Vernachlässigung ist das Viertel jetzt wieder zu einer begehrten Wohngegend geworden.

Als Bill Clinton im Jahr 2000 aus seinem Job ausstieg, musste er sich nach einem neuen Büro umsehen. Da seine Frau als Senatorin von New York kandidierte, beschloss er, sich unter Freunden niederzulassen. Wer ihn bei beiden Wahlen sehr unterstützt hatte, war die afroamerikanische Bevölkerung. Deshalb schlug er in Harlem, dem traditionellen Zentrum der schwarzen Kultur, seine Zelte auf. Heute residiert Bill Clinton in einem Bürohaus an der West 125th Street Nr. 55. Seitdem ist Harlem zum Immobilienmekka aufgestiegen: Majestätische Backsteinreihenhäuser werden für mehrere Millionen Dollar gehandelt. Gentrifizierung nennt man den Prozess. Da Manhattan aus allen Nähten platzt, mischen sich von der 100. bis zur 145. Straße immer mehr einkommensstarke Neuankömmlinge unter die alteingesessene Bevölkerung. Seit 1995 sind die Immobilienpreise in der Gegend um 337 Prozent angestiegen, während die Mordrate um 77 Prozent sank.

Mitte: Eine Basketball-Wandmalerei auf der 125th Street
Unten: Jazz und Blues werden in Harlem perfekt gespielt.

Ein Wiedererwachen der Kunst

Die afroamerikanische Bevölkerung zog Anfang des 20. Jahrhunderts aus dem Süden zu, als die

Slow Dance im »Cotton Club«

Fabriken im Norden jede Menge Arbeits-
kräfte suchten. 40 Jahre nach der Been-
digung des Amerikanischen Bürgerkriegs
wohnten Schwarze und Weiße noch streng
getrennt, und die deutschen und irischen Einwanderer, die hier hübsche Häuserzeilen errichtet hatten, verließen fluchtartig die Gegend. Harlem erlebte nach dem Ersten Weltkrieg eine kulturelle
Blüte: Schriftsteller wie Langston Hughes und
Zora Neale Hurston ergründeten in ihren Werken
die afroamerikanische Identität. Musiker wie Duke
Ellington und Count Basie schufen in der Zeit um
den Zweiten Weltkrieg Meisterwerke des Jazz.

Musik ist auch heute noch ein wichtiges Binde-
glied, das die Community zusammenhält. Am
Sonntagvormittag ertönt ein lautes »Halleluja«
aus Hunderten Gotteshäusern in Central Harlem
zwischen Fifth Avenue und Frederick Douglass
Boulevard. Der wöchentliche Kirchgang gehört für
viele »Harlemites« zum Programm wie das Amen
im Gebet. Frauen ziehen sich hübsche Kostüme
und Kleider an und setzen sich breitkrempige
Hüte auf, im Sommer aus Seide und Stroh, im
Winter aus Filz und Fell. Hunderte Menschen
strömen am Tag des Herrn in die Abyssinian Baptist Church auf dem Odell Clark Place (vormals

Nicht verpassen

ESSEN FÜR DIE SEELE

Richtiges Soul Food, wie
sie es von ihrer Tante Maud
in Alabama gelernt hat, bereitet
Norma Jean Darden, ein ehemaliges
Model, in zwei einfachen Restaurants
zu: »Miss Mamie's Spoonbread Too«
liegt in der 110. Straße in der Nähe
der Columbia University, »Miss
Maude's Spoonbread Too« in der Lenox Ave. zwischen der 137. und der
138. Straße. Bill Clinton aß in der
Zeit vor seiner Herzoperation am
liebsten den Miss Mamie Sampler,
bei dem man sowohl frittiertes Huhn
als auch Shrimps und Spare Ribs
kosten kann. Dazu werden Maismehl-
brot, Maisgrütze mit Käse und Macaroni & Cheese serviert. Wer nur auf
eine kleine Portion Lust hat, sollte
den Meeresfrüchte-Gumbo aus New
Orleans probieren.

Miss Mamie's Spoonbread Too.
West 110th St. 366/Columbus Ave.,
New York, NY 10025,
Tel. 212 865 6744.

215

EIN GOCKELHAHN IN HARLEM

Ausgerechnet ein schwedischer Koch äthiopischer Herkunft hat »Soul Food« auf ein Haute-Niveau gehoben, in dem er bekannte Ingredienzien der Südstaatenküche neu zusammenstellt. Markus Samuelsson eröffnete sein Restaurant »Red Rooster« im Jahr 2010. Seitdem trifft sich old und new Harlem in dem ultraschicken Lokal, das jedoch auch viel Wärme ausstrahlt. Neben Süßkartoffelsuppe mit Chipotle und Chili-Limonen-Erdnüssen serviert er Dirty Rice & Shrimp mit Curryblättern, Mandeln, Kohlgemüse und ofengetrockneten Tomaten. Im Keller dieses Hotspots hat sich der Supper Club Ginny's angesiedelt: Bei einem guten Essen können Besucher hier auch Live-Jazz-Musik und DJ-Line-ups hören und bei Comedy Nights lachen.

Red Rooster. Lenox Ave. 310/125th St., New York, NY 10027, Tel. 212 792 9001, www.redrooster.com

Einfach gut!

138. Straße), eine der traditionsreichsten Kirchen in Harlem. Die Pastoren predigen hier schon seit über 200 Jahren das Evangelium. Auch Touristen sind hier gern gesehene Gäste. Besonders an Thanksgiving, dem Erntedankfest Ende November, schreit sich Pastor Calvin O. Butts die Seele aus dem Leib. »Wer will einen Truthahn für eine arme Familie spenden?«, feuert er seine Gemeinde an. »Der Herr in der roten Jacke in der dritten Reihe. Gott segne Sie!« »This little light of mine, I'm gonna let it shine«, stimmt daraufhin der mächtige Chor auf dem Balkon an.

Home in Harlem

Lana Turner ist schon jahrelang Mitglied der Kongregation. Die ehemalige Event-Organisatorin von Bill Clinton sattelte auf Immobilienmaklerei um und profitierte vom Boom. Doch auch zu Zeiten, als Harlem brachlag, veranstaltete sie in ihrer Wohnung auf der Convent Avenue Filmfestivals und Lesegruppen. Das Lokalkolorit ihres Heimatbezirks weiß sie zu schätzen: Am Montagabend kann man sie im legendären »Cotton Club« dabei bewundern, wie sie einen flotten Boogie-Woogie aufs Parkett legt. Der »Cotton Club« befindet sich zwar nicht mehr an seiner ursprünglichen Stelle, die Post geht an der Ecke 125. Straße und Riverside Drive aber noch immer ab.

Wo Charlie Parker einen über den Durst trank und Langston Hughes seine Gedichtvignetten *Shakespeare in Harlem* schrieb, haben jetzt schicke Läden und Cafés eröffnet. An der Ecke Lenox Avenue und 120. Straße wird im italienischen Café »Settepani« Cappuccino mit einer großen Schaumhaube serviert. Und dann darf natürlich auch nicht das »Soul Food« vergessen werden. In gemütlichen Lokalen wie »Sylvia's« und »Amy Ruth's« wird allein

Freundliche Gesichter am Malcolm Shabazz Market

Spaziergang durch Harlem

Auf einem Spaziergang durch Harlem begegnen Besucher auf Schritt und Tritt der Geschichte, die dieses Viertel ausmacht.

A Mount Morris Park Historic District. Um den Platz am Mount Morris (Marcus Garvey) Park wurden im ausgehenden 19. Jahrhundert hübsche Bauwerke im neoromanischen und neogriechischen Stil errichtet. Neben den historischen Brownstone-Reihenhäusern finden sich hier auch einige Kirchen sowie das Kloster der franziskanischen Handmaids of the Most Pure Heart of Mary auf West 124th Street 14 am Nordende des Parks. Dieses Kloster ist eines der wenigen mit ausschließlich afroamerikanischen Nonnen.
120th–124th St./Malcolm X Blvd. & Madison Ave.

B Red Rooster. Seit einigen Jahren hat sich dieses schicke Lokal zum Harlemer Hotspot entwickelt. Der schwedisch-äthiopische Küchenchef Marcus Samuelsson ist der Shootingstar der amerikanischen Kulinarik. Er serviert hier »Soul Food« mit schwedischen Akzenten. Daher kommt in sein Schweinefleischsandwich auch eine gehörige Prise Dillkraut. Malcolm X Blvd. 310/126th St.

C Sylvia's. Nur ein paar Schritte vom »Red Rooster« entfernt befindet sich Harlems traditionellstes Restaurant. Sylvia Woods steht hier seit 1962 am Herd und bezeichnet sich als die »Queen of Soul Food«. Die Inneneinrichtung ist in die Jahre gekommen, was jedoch viele Touristen nicht davon abhält, Sylvias Spare Ribs und Kokosnusskuchen zu probieren. Malcolm X Blvd. 328/127 St.

D Studio Museum in Harlem. Als erstes Museum in den Vereinigten Staaten widmete sich das Studio Museum dem Werk afroamerikanischer Künstler. Die Idee dazu hatte ein Komitee des Museum of Modern Art. Rund 40 Jahre nach Museumsgründung ist es ein florierendes Kulturzentrum.
125th St. 144/Adam Clayton Powell Blvd. & Malcolm X Blvd.

E Apollo-Theater. In diesem Theater traten die Jackson 5 beim Talentwettbewerb auf. Mittwochabends findet hier die berühmte Amateur Night statt. 125th St. 253/Eighth Ave. & Adam Clayton Powell Blvd.

F Abyssinian Baptist Church. Harlems populärste Kirche liegt auf der Strivers' Row, einer Häuserzeile aus dem späten 19. Jahrhundert, die unter Denkmalschutz steht.
West 138th St. 132/Malcolm X. Blvd. & Adam Clayton Powell Blvd.

Lenox Lounge. Billie Holidays Lieblingsbar soll an einem neuen Standort auf Lenox Avenue 333 wiedereröffnet werden, bringt jedoch ihre Art-déco-Ausstattung mit. Hier finden jeden Abend erstklassige Jazz-Konzerte statt.

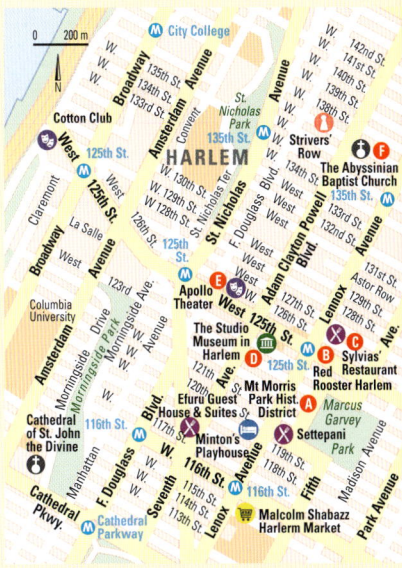

Auch Modedesigner haben in Harlem Geschäfte eröffnet.

Geheimtipp

ALOFT HOTEL

Nach Jahrzehnten wurde im Jahr 2011 in Harlem wieder ein neues Hotel gebaut. Das »Aloft Hotel« ist Teil der Starwood-Gruppe und preisgünstiger als die Schwesternkette W. Das heißt aber nicht, dass das Hotel an Hipness einbüßt. Das poppige Design wurde von einem von New Yorks beliebtesten Innenarchitekten, David Rockwell, entworfen. Von den großen Fenstern im fünfstöckigen Gebäude haben Gäste einen guten Blick auf die geschäftige 125. Straße. In die höheren Etagen dringt der Lärm nicht so stark. Ein Teil der Lobby verwandelt sich abends in eine Cocktail-Lounge.

Aloft Hotel. Frederick Douglass Blvd. 2296/124th St., New York, NY 10027, Tel. 212 749 4000, www.starwoodhotels.com/alofthotels

aufgrund des Namens schon klar, dass hier jeweils eine Frau erfolgreich das Kommando führt. Wie in Alabama und Mississippi braten Köchinnen Hühnchen in Barbecuesauce und servieren dazu Maisbrot, Süßkartoffeln und gedämpfte Kohlblätter in einer butterigen Mehlsauce. Am Sonntag stehen bei »Sylvia's« Hungrige Schlange, wenn von 11 bis 14 Uhr zum Brunch gewaltige Gospelklänge durch den Raum schweben.

Wie zu Hause fühlen sich Reisende im »Bed & Breakfast Efuru Guest House« am hübschen Mount Morris Park, wo auch Amerikas berühmteste noch lebende Dichterin, Maya Angelou, wohnt. Die Besitzer legten zwei alte Reihenhäuser zusammen und richteten sie ganz im afrikanischen Stil ein. Reisende schlafen in geräumigen Zimmern. Das »Two Bedroom Apartment« umfasst sogar ein Jacuzzi, eine Küche und eine Gartenterrasse.

Wer Harlem am eindrucksvollsten erfahren will, der erkundet es am besten zu Fuß. Spaziergänger schlendern an der 116. Straße entlang, wo auf dem Malcolm Shabazz Market Einwanderer aus Afrika Kunstgegenstände aus ihrer Heimat ver-

Harlem

kaufen. Oder sie bewundern die Reihenhäuser in der Strivers' Row in der 138. und 139. Straße, die Ende des 19. Jahrhunderts von berühmten Architekturfirmen wie McKim, Mead & White geschaffen wurden und in denen bis in die Vierzigerjahre Mitglieder der afroamerikanischen Elite wohnten. Oder sie gehen weiter bis zur Hamilton Grange in der 141. Straße, wo Alexander Hamilton, einer der Gründerväter der Vereinigten Staaten, ein Landgut besaß, von dem heute das Herrenhaus noch erhalten ist.

Auch die bildende Kunst hat in Harlem ein Heim gefunden. Das Studio Museum in Harlem in der 125. Straße zeigt seit 1968 Werke afroamerikanischer Künstler. In Wechselausstellungen wird immer wieder das Werk bedeutender Maler wie von Romare Bearden präsentiert. Der Schüler von George Grosz war in der Bürgerrechtsbewegung der Sechzigerjahre aktiv. In seinen Collagen vermischte er Szenen aus dem ländlichen Süden mit dem urbanen Norden und Mythen der Antike.

Ein griechischer Gott wacht auch seit mehr als 75 Jahren über Harlems traditionsreichsten Veranstaltungsort, das Apollo-Theater. Jeden Mittwoch um 19.30 Uhr kommt Spannung im Saal auf. Da versuchen junge Talente ihr Glück auf der Bühne. Die Amateur Night ist so etwas wie ein Vorbild für Shows wie *Deutschland sucht den Superstar*. Die Karriere von Musiklegenden wie Sammy Davis junior und Michael Jackson nahm hier ihren Anfang. »New York, are you ready? Make some noise!«, feuert der Master of Ceremonies in der karierten Jacke und dem riesigen Pelzhut die Zuschauer an. Im neobarocken Ambiente versucht heute die zehnjährige Michelle Marie im Glitzerkleid ihr Glück. »You're gonna love me«, aus dem Musical *Dreamgirls*, schmettert sie mit ihrer Bombenstimme. Das Publikum johlt begeistert.

Oben: An jeder Ecke gibt es eine Kirche.
Unten: Die U-Bahn verkehrt in Harlem auch oberirdisch.

Infos und Adressen

SEHENSWÜRDIGKEITEN

Abyssinian Baptist Church. Eine der ältesten afroamerikanischen Kirchen in den USA. Touristen sind bei Messen sonntagvormittags um 11 Uhr gern gesehen. Früh anstellen! Odell Clark Place 132, New York, NY 10031, Tel. 212 862 7474, www.abyssinian.org

Schomburg Center. Diese Zweigstelle der New York Public Library ist das wichtigste Forschungszentrum für afroamerikanische Kultur in den Vereinigten Staaten. Es enthält 10 Millionen Dokumente und veranstaltet Sonderausstellungen, zum Beispiel zum Leben von Malcolm X. Mo, Fr, Sa 10–18 Uhr, Di, Mi, Do 10–20 Uhr, So geschlossen. Malcolm X Blvd. 515, New York, NY 10037, Tel. 212 491 2200, www.nypl.org/locations/schomburg

»Soul Food« – frittiertes Hähnchen & Macaroni & Cheese

ESSEN UND TRINKEN

Abyssinia. Äthiopisches Restaurant. Die Berbere-Gewürzmischung macht jede Speise lecker. West 135th St. 268, New York, NY 10030, Tel. 212 281 2673, www.harlemethiopianfood.com

Amy Ruth's. Southern Style Breakfast mit Waffeln und Fried Chicken. W. 116th St. 113, New York, NY 10026, Tel. 212 280 8779, www.amyruthsharlem.com

Charles County Pan Fried Chicken. All-you-can-eat-Buffet mit dem angeblich besten frittierten Hähnchen – dünne, würzige Panade mit wenig Fett. Am besten auch einen Bananenpudding zur Abrundung probieren. Frederick Douglas Blvd. 2839, New York, NY 10038, Tel. 212 281 1800.

Cuchifritos 116. Puerto-ricanische frittierte Häppchen mit viel Schweinefleisch, Kochbananen und Maniokmehl. East 116th St. 168, New York, NY 10029, Tel. 212 876 4846, www.puertoricanfoodny.com

Settepani. Treffpunkt von Harlems Hautevolee. 196 Lenox Ave./120th St., New York, NY 10027, Tel. 917 492 4806, www.settepani.com

Sylvia's. Die Besitzerin rühmt sich, die »Queen of Soul Food« zu sein. Der Sonntags-Gospel-Brunch ist besonders beliebt. Lenox Ave. 328, New York, NY 10027, Tel. 212 996 0660, www.sylviasrestaurant.com

ÜBERNACHTEN

Efuru Guest House. Schmuckes Bed & Breakfast mit geräumigem »Two Bedroom Apartment«. W. 120th St. 106, New York, NY 10027, Tel. 212 961 9855, efuru-nyc.com

EINKAUFEN

Atmos NYC. Die neuesten Tennis- und Basketball-schuhe werden hier garantiert geliefert. West 125th St., New York, NY 10027, Tel. 212 666 2242, www.atmosnyc.com

Casa Latina Music Shop. Salsa- und Merengue-CDs und Instrumente in El Barrio, wie der von Latinos bewohnte Ostteil von Harlem genannt wird. East 116th St. 151, New York, NY 10029, Tel. 212 427 6062.

Harlem's Heaven Hat Boutique. Wer für die Sonntagsmesse einen passenden, ausgefallenen Hut sucht, ist hier richtig. Adam Clayton Powell Jr. Blvd/147th St., New York, NY 10039, Tel. 212 491 7706, www.harlemsheaven.com

Bei der Schönheitspflege kann man sich gut unterhalten.

Harlem Underground. T-Shirts mit Harlem-Schriftzug und Porträts von berühmten afroamerikanischen Persönlichkeiten. East 125th St. 20, New York, NY 10029, Tel. 212 987 9385.

Nicholas. Alles, was man für ein Rasta-Leben braucht. East 125th St. 5, New York, NY 10035, Tel. 212 289 3628, www.nicholasreggae.com

AUSGEHEN

Cotton Club. Montagabends Swing Night mit Liveband. W 125th St. 656, New York, NY 10027, Tel. 212 663 7980, www.cottonclub-newyork.com

Hip Hop Church @ Greater Hood Memorial AME Zion Church. Jeden Donnerstag ab 18.30 Uhr rappen Gläubige im Dienste des Herren. 146th St. 160, New York, NY 10037, Tel. 212 281 3130.

Minton's Playhouse. Eleganter Jazz- und Supper-Club. 206 West 118th Street, New York, NY 10026, Tel. 212 243 2222, www.mintonsharlem.com

MUSEEN

Studio Museum in Harlem. Harlems Kunstmekka. Mo, Di, Mi geschlossen, Do/Fr 12–21 Uhr, Sa 10–18 Uhr, So 12–18 Uhr. W. 125th St. 144, New York, NY 10027. Tel. 212 864 4500, www.studiomuseum.org

TOUREN

Harlem Heritage Tourism & Cultural Center. Ein Team von Menschen, die in Harlem aufgewachsen sind, bietet Besichtigungen des Viertels zu Fuß oder per Bus an. Besucher sehen so die wichtigsten Sehenswürdigkeiten der Harlem Renaissance. Manche Touren schließen auch einen Besuch im Apollo-Theater, Schomburg Center oder einer Gospelmesse mit ein. Tgl. 9–18 Uhr. Malcolm X Blvd. 104, New York, NY 10026, Tel. 212 280 7888, www.harlemheritage.com

Hush Hip Hop Tours. Mit dem Bus oder zu Fuß besuchen Tourteilnehmer wichtige Stätten, wo der Hip-Hop geboren wurde, sowie Rucker Park, ein Basketballplatz, wo viele NBA-Spieler ihre ersten Körbe warfen. Tgl. außer So. 9.30–18 Uhr. Fifth Ave. 292, New York, NY 10001, Tel. 212 714 3527, www.hushtours.com

ANFAHRT

U-Bahn-Linien B, C, 2, 3 bis 116th St., A, B, C, D, 2, 3 zur 125th St., B, C, 2, 3 zur 135th St.

Die Swing-Band im »Cotton Club« spielt Jazz-Standards.

37 Cloisters
Zeitreise ins Mittelalter

Hoch über dem Hudson River, auf dem höchsten Punkt der Insel Manhattan, befindet sich das Museum The Cloisters, das Kunst vom 12. bis zum 15. Jahrhundert präsentiert. Der Museumsbau ist einzigartig: In den Dreißigerjahren wurde er aus Gebäudeteilen mehrerer gotischer und romanischer Abteien zusammengesetzt. So entsteht eine spirituelle Atmosphäre, wie sie kein anderes amerikanisches Museum zu kreieren schafft.

Cloister, das heißt auf Deutsch Kreuzgang. Das englische Wort deutet jedoch darauf hin, dass es eng mit dem deutschen Wort Kloster verwandt ist. Und monastisch ist auch die Stimmung in dem zum Metropolitan Museum gehörenden Museum The Cloisters in Fort Tryon Park am nördlichsten Zipfel von Manhattan.

Mitte: Fast wie in Frankreich fühlt man sich in den Cloisters.
Unten: In der Fuentidueña-Kapelle hängt eine 900 Jahre alte spanische Christusfigur.

Wie viele andere Museen in New York ist The Cloisters der Großzügigkeit eines Industriemagnaten zu verdanken: John D. Rockefeller jr. (1874–1960), der Gründer des Rockefeller Center, stiftete in den Dreißigerjahren dem Metropolitan Museum seine Sammlung mittelalterlicher Kunst. 1925 hatte er bereits die Skulpturensammlung des bekannten Bildhauers George Grey Barnard (1863–1938) aufgekauft. Nun musste ein geeigneter Ort für diesen Kunstschatz gefunden werden. Zu diesem Zweck kaufte Rockefeller gleich mehrere Gebäudeteile von Abteien in Katalonien und Frankreich auf. Charles Collens, der bereits die Riverside Church im neugotischen Stil erbaut hatte, arrangierte die original gotische Bauteile neu. Kreuzgänge, Kapitelsäle und Kapellen der Abteien Saint Miquel de Cuixà, Sant Guilhèlm dau

Cloisters

Desèrt, Bonnefont-en-Comminges, Trie-en-Bigòrra und Froville wurden Stein um Stein in Europa abgetragen und im Fort Tryon Park auf dem höchsten Punkt Manhattans wieder aufgebaut. Von hier genießen Besucher einen schönen Blick auf den Hudson-Fluss sowie die Palisaden. John D. Rockefeller jr. hatte schließlich 260 000 Quadratmeter Land rund um das Museum erworben, damit kein modernes Bauwerk den Eindruck eines mittelalterlichen Klosters auf einer Bergspitze trübt. Auf den Grünflächen pflanzten Botaniker Sträucher, Gräser, Blumen und Kräuter an, wie sie im Mittelalter rund um die Klöster wuchsen.

Ein Ort der Stille

Eine andächtige Stimmung kommt in den einzelnen Räumen auf. Im frühgotischen Saal werfen Buntglasfenster aus dem 13. Jahrhundert vielfarbiges Licht auf den Boden. Auch eine Madonnenstatue aus derselben Zeit ist noch in ihrer ursprünglichen Farbigkeit erhalten. Von hier aus blickt man in eine gotische Kapelle, in der katalonische Grabmäler aus dem 14. Jahrhundert an die Vergänglichkeit allen Seins erinnern.

Das Herzstück des Museums sind sieben Tapisserien aus den südlichen Niederlanden, die die Jagd auf ein Einhorn, traditionellerweise ein Christus-Symbol, darstellen. Ein Muster mit Tausenden Blumen webten die Gestalter der Wandteppiche im 15. Jahrhundert in den Hintergrund. Heute »blühen« diese immer noch in unverminderter Strahlkraft. Ein weiteres Meisterwerk ist das Mérode-Triptychon von Robert Campin (1375–1444), das die Verkündigung des Erzengels Gabriel an Maria darstellt. Zum ersten Mal in der Kunstgeschichte wird diese Szene in einem intimen häuslichen Rahmen anstatt in einer Kirche gezeigt, was den Betrachter zur Andacht in seinem eigenen Heim anhalten soll.

Infos und Adressen

ESSEN UND TRINKEN

Trie Café. Von April bis Oktober lassen sich Besucher im Kreuzgang von »Trie« Sandwiches, Salate und Desserts schmecken. Margret Corbin Drive 99, New York, NY 10040, Tel. 212 923 3700, www.metmuseum.org/en/visit/visit-the-cloisters

INFORMATION

The Cloisters. Im Museum finden auch außerhalb der Öffnungszeiten Konzerte sakraler Musik statt. Einfach auf der Website nachsehen. Das Museum veranstaltet auch Workshops für Kinder von 4 bis 12 Jahren. Tgl. März–Okt. 10–17.15 Uhr, Nov.–Feb. 10–16.45 Uhr. Margret Corbin Drive 99, New York, NY 10040, Tel. 212 923 3700, www.metmuseum.org/en/visit/visit-the-cloisters

ANFAHRT

U-Bahn-Linie A bis 190th St. In der U-Bahn-Station den Aufzug nehmen und dann den Margret Corbin Drive ca. 10 Minuten Richtung Norden bis zum Museum langgehen. Alternativ können Besucher auch mit dem M4-Bus eine Station bis vor das Museum fahren.

EIN WOCHENENDE IN NEW YORK

1. TAG

16:00 EMPIRE STATE BUILDING

Einmal in New York angekommen, geht es gleich auf das berühmteste Gebäude der Stadt an der Ecke Fifth Avenue und 34th Street. Vom Empire State Building genießen Reisende einen herrlichen Blick auf das übrige Wolkenkratzermeer. Je nach Jahreszeit ist zwischen 16 und 18 Uhr »blaue Stunde« und die beste Zeit zum Fotografieren. Die Aussicht ist natürlich zu jeder Stunde atemberaubend, vor allem wenn man gerade frisch in New York angekommen ist.

18:00 HAPPY HOUR IM »EATALY«

Ein paar Blocks weiter südlich auf der Fifth Avenue geht es zu Mario Batalis italienischem Food-Imperium »Eataly« (200 Fifth Avenue/Ecke 24th Street, www.eataly.com). Die kleinen Kaffee- und Gelato-Bars laden zum Verweilen ein. Bei einem Glas hausgemachtem Bier in der »Birreria« am Dach bietet sich jetzt der Ausblick auf das Empire State Building.

20:00 MOMOFUKU

Mit der U-Bahn-Linie 6 geht es von der 23rd Street/Lexington Avenue zum Astor Place im East Village. Von dort wandert man nach Osten zur Second und First Avenue zu einem von David Changs asiatischen Wunderrestaurants: »Momofuku Noodle« (171 1st Avenue) »Momofuku Ssam« (207 Second Avenue) und »Fuku« (163 First Avenue, im Standard Hotel). Für das Gourmetlokal »Momofuku Ko« ist eine Reservierung unbedingt erforderlich: www.momofuku.com.

22:00 SCHLENDERN DURCHS VILLAGE

Vom East Village spaziert man über den Washington Square vorbei am Triumphbogen und ins West Village durch seine hübschen kleinen Straßen aus dem 19. Jahrhundert. Hier merkt man gleich, dass New York noch so viel mehr ist als die Wolkenkratzerschluchten von Midtown. Also einfach mal gemütlich treiben lassen!

23:00 ABTANZEN BEI SOB'S

SOB steht nicht für ein amerikanisches Schimpfwort, sondern für »Sounds of Brazil«. In diesem seit Jahrzehnten angesagten Club tanzt man zu World-Music-Klängen (204 Varick Street, www.sobs.com).

1:00

Wer nach dem Tanzen noch immer nicht schlafen kann, sollte beim »Ear Inn« (326 Spring Street, www.earinn.com) vorbeigehen. In dem 200 Jahre alten Pub in Soho serviert man »nightcaps« bis 4 Uhr früh.

2.TAG

09:00 FRÜHSTÜCK IM »PAIN QUOTIDIEN«

Frühstück ist in Manhattan keine wichtige Mahlzeit. Wer eine gesunde Kalorien- und Koffeinzufuhr braucht, sollte bei einer der 30 über ganz Manhattan verstreuten »Pain Quotidien«-Filialen vorbeisehen. Muffins, Croissants, Fruchtsalat in auf alt und heimelig getrimmtem Ambiente an Gemeinschaftstischen (www.lepainquotidien.com).

10:30 MUSEUM OF MODERN ART

Das MoMA begründete New Yorks Ruf als Metropole moderner und zeitgenössischer Kunst. Nach dem Umbau im Jahr 2002 bietet sich hier noch mehr Platz für Malerei und Skulpturen – und auch mehr Besucher (www.moma.org). Warteschlangen vermeidet man, wenn man sich über Internet einen New York Pass kauft (www.newyorkpass.com).

12:30 CENTRAL PARK & ZOO

Der Central Park ist gleich neben dem Guggenheim Museum gelegen. Wer mit Kindern unterwegs ist, kann auf der Ostseite zum Zoo auf der Höhe 64th Street hinunterschlendern und den Pinguinen beim Tauchen zusehen. Als Lunch-Option bietet sich das »Loeb Boathouse« auf der Höhe der 72nd Street in der Mitte des Parks oder die »Tavern on the Green« auf der Westseite auf der Höhe der 67th Street an.

15:00 SHOPPING AUF DER 5TH AVENUE

Die 5th Avenue ist weltweit als eine der schicksten Einkaufsstraßen bekannt. In den Nobelkaufhäusern »Bergdorf Goodman« (Höhe 58th Street) und »Saks Fifth Avenue« (Höhe 49th Street) findet sich auch manchmal ein Schnäppchen. Und im Vorbeigehen wirft man noch einen Blick auf das Rockefeller Center und die St. Patrick's Cathedral.

17:00 COCKTAILS IM WHITBY HOTEL

Das britische Hotel- und Designduo Kit und Tim Kemp ist mit dem »Whitby Hotel« auf der 18 W 56th Street gleich hinter dem Museum of Modern Art ihr zweiter großer Wurf in New York gelungen. Wer die VIPs beim Cocktail-Sippen beobachten will, ist hier richtig.

18:30 EIN SCHNELLER »PRE-THEATER« BURGER

Vor dem Broadway-Besuch ist noch eine schnelle Stärkung vonnöten. Die Massen bei »Shake Shack« (691 Eighth Avenue/44th Street) vermeidet man am besten und geht zu »Island Burgers & Shakes« (766 Ninth Avenue/51st Street) oder zu »City Sandwich« (649 Ninth Avenue/45th Street), wo portugiesisch inspirierte Sandwiches serviert werden.

20:00 BROADWAY

Ermäßigte Tickets für eine Broadway-Show bestellt man am besten vom deutschsprachigen Raum aus über broadwaybox.com. Auf dieser Website wird man automatisch zu Ticketmaster weitergeleitet. Eintrittskarten für *Chicago*, *Cats* und *Fiddler on the Roof* findet man hier günstiger.

22:30 SPAZIERGANG ÜBER DEN BROADWAY

»The Great White Way« wird die Theatermeile Broadway aufgrund ihrer Neonbeleuchtung genannt. Einfach ein paar Blocks spazieren gehen und die Atmosphäre einatmen.

23:00 JAM SESSION BEI »SMALL'S«

»Take the A train« (oder die U-Bahn-Linie 1) zu »Small's« im West Village (183 W 10th Street, www.smallslive.com). Junge sowie erfahrene Jazz-Musiker treffen sich hier bis 8 Uhr früh zum Jammen und der Eintritt ist kostengünstig.

3. TAG

9:00 WALL STREET – 911 MUSEUM - BROOKLYN BRIDGE

Wer das Herz und den Magen hat, kann das 9/11 Memorial und Museum auf 911 Greenwich Street besuchen (www.911memorial.org). Wer sich die Wall-Street-Gegend lieber etwas näher ansehen will, geht von der Börse über den Broadway, die Water Street und die Pearl Street zur Brooklyn Bridge und genießt die Aussicht beim Spaziergang über die wunderschöne Brücke.

12:00 LUNCH IN CHINATOWN

Vorbei an der City Hall geht es zu Fuß am Broadway zur Canal Street nach Chinatown. Dim Sum ist zum Lunch angesagt. Auf riesigen Rundtischen bei Jing Fong sitzen Reisende mit chinesischstämmigen Amerikanern zusammen und probieren Shrimpsklößchen und allerlei gefüllte Teigtaschen vom Servierwagen (20 Elizabeth Street, www.jingfong.com).

14:00 ABSTECHER ZUM WHITNEY MUSEUM/ HIGH LINE

Mit der U-Bahn-Linie C und E geht es von der Canal Street zur 14th Street und dann zu Fuß weiter westlich zur Ecke 11th Avenue und Gansevoort Street. Das neuerbaute Whitney Museum hat sich moderner und zeitgenössischer Kunst verschrieben und seinen Terrassen genießt man eine schöne Aussicht auf den Meatpacking District und Chelsea (www.whitney.org). Danach ist noch kurz Zeit für einen Spaziergang auf der High Line nebenan, New Yorks neuestem Park auf einer Bahntrasse. Ganz entspannt wandert man hier in luftiger Höhe über der Straße — mittendrin und doch abgehoben.

AUSSEN-BEZIRKE

38 Brooklyn Heights
Hier gehen die Uhren langsamer

Wie ein hübsches Dorf nimmt sich der bei der Brooklyn Bridge gelegene Stadtteil Brooklyn Heights aus. Von seinem Promenadenweg genießen Spaziergänger einen umwerfenden Blick auf Lower Manhattan und die Freiheitsstatue. Hier befinden sich auch 600 historisch wertvolle Gebäude, in denen Schriftsteller wie Walt Whitman und Tennessee Williams wohnten. Auf die Geschichte der U-Bahn konzentriert sich das New York Transit Museum.

»America's first suburb«, Amerikas erster Vorort, wird das unter Denkmalschutz stehende Viertel Brooklyn Heights genannt. Tatsächlich siedelten sich in der gegenüber Lower Manhattan gelegenen Gegend bereits um 1830 Familien an, um dem Gewirr der Wall Street zu entkommen. Sie bauten sich hübsche Villen im neoklassizistischen, neugotischen und italianisierenden Stil, um deren Balkone sich ein genauso hübsches Gitterwerk rankt wie um Veranden in New Orleans. Um den Wohnsalon vor Hochwasser zu schützen, legten sie ihn zwei Meter über Straßenniveau an. Deshalb muss man auch noch heute über eine steinerne Eingangstreppe zum Haus hinaufsteigen. Diese Treppe, auf Englisch *stoop* genannt, wurde zum Symbol für Brooklyns Gemütlichkeit. Hier spielt sich das Gesellschaftsleben ab. Nachbarn setzen sich zu einem Tratsch zusammen, während ihre Kinder auf Stützfahrrädern über die kopfsteingepflasterten Straßen rattern. Zu Beginn des 20. Jahrhunderts setzte jedoch die Stadtflucht ein und viele der Gebäude verwahrlosten zusehends. Als das Viertel in den Fünfzigerjahren der Spitzha-

Seite 226/227: Blick auf die Brooklyn Bridge mit Lower Manhattan im Hintergrund
Mitte: Eine Häuserzeile auf der Willow Street in Brooklyn Heights
Unten: In Brooklyn stehen alle Zeichen auf Gemütlichkeit.

Mit dem Fahrrad lässt sich die Gegend gut erkunden.

cke von Stadterneuerer Robert Moses
zum Opfer fallen sollte, formierte sich
eine Opposition, und geschichtsbewusste
Familien begannen historische Heime zu re-
vitalisieren.

Old Brooklyn

Reisende würden etwas verpassen, wenn sie
Brooklyn die kalte Schulter zeigen. Spazieren sie
einmal über die Brooklyn Bridge oder fahren sie
mit der U-Bahn zur Clark Street oder zur High
Street, fällt jede Großstadthektik von ihnen ab. In
vielen Filmen küsst sich ein Liebespaar auf dem
fast zwei Kilometer langen, autofreien Promenadenweg von Brooklyn Heights über dem Brooklyn
Queens Expressway. Obwohl dieser breite Fußweg
so nahe an der Autobahn verläuft, ist der Verkehr
hier kaum zu spüren. Stattdessen genießen Spaziergänger den atemberaubenden Blick auf das Finanzzentrum von Manhattan, die Freiheitsstatue
und das Meer.

Auf einem Spaziergang durch die historischen
Straßen des Viertels kommen Besucher an Häusern
vorbei, über deren Türen und Fenster griechische
Göttinnen oder Füllhörner in Stein gemeißelt
sind. In der Middagh Street 24 und 56 und in der

Einfach gut!

EIN HAUCH VON LEVANTE

Wandert man auf der ver-
träumten Hicks Street Richtung Atlantic Avenue, hat man das
levantinische Zentrum von Brooklyn
erreicht. Rund um das riesige libane-
sische Delikatessengeschäft Sahadi's bieten Händler Waren aus dem
Vorderen Orient feil: Henna, einge-
legte Zitronen und duftende Pitabro-
te mit Sesamkruste. Sahadi's ist
dabei der Mittelpunkt des levantini-
schen Handels. Wollen Kunden eine
von zwanzig Olivenarten oder über
200 Gewürz-, Bohnen-, Getreide-
und Nussarten grammweise kaufen,
müssen sie aus dem Automaten eine
Nummer ziehen. Die eifrigen Verkäufer
bieten dann gern eine Kostprobe an.
Sahadi's führt auch ausgefallene
Obstsorten wie grüne Mandeln oder
taufrische türkische Aprikosen. Die
Käseabteilung lässt ebenfalls nichts
zu wünschen übrig. Noch bevor sie
das Geschäft verlassen, beißen Kunden gern in ein würziges Zataar-Brot.

Sahadi's. Atlantic Ave. 187, Brooklyn, NY 11201, Tel. 718 624 4550,
www.sahadisonline.com

Oben: Blick auf die Südspitze von Manhattan vom Brooklyn Bridge Park
Mitte: Hübsche Tuniken in einem Geschäft in der Fulton Street
Unten: Dörfliche Atmosphäre herrscht auf der Cranberry Street.

Außenbezirke

Cranberry Street 25 befinden sich noch Häuser aus den Zwanzigerjahren des 19. Jahrhunderts. Ab der ersten Hälfte des 20. Jahrhunderts entdeckten auch Künstler diese Dorfatmosphäre für sich. Henry Miller (1891–1980), Autor des Romans *Wendekreis des Krebses*, wohnte von 1924 bis 1925 mit seiner Frau June Smith Mansfield in einem hübschen Backsteinhaus der Remsen Street 91, wurde jedoch delogiert, weil er die Miete nicht zahlen konnte. In der Montague Street, der Hauptstraße von Brooklyn Heights, erlebten Marilyn Monroe und Arthur Miller Ende der Fünfzigerjahre turbulente Ehejahre. Auch andere »heavyweights« der amerikanischen Literatur – Carson McCullers, W. E. B DuBois, Richard Wright, Truman Capote, W. H. Auden und Norman Mailer – wohnten hier. In der Orange Street zwischen der Hicks und der Henry Street kommen Besucher an der Plymouth Church of the Pilgrims vorbei. Hier predigte Henry Ward Beecher (1813–1887) gegen die Sklaverei. Schließlich war er der Bruder von Harriet Beecher Stowe (1811–1896), der Autorin von *Onkel Toms Hütte*.

In einer aufgelassenen U-Bahn-Station aus dem Jahr 1936 auf der Livingstone Street dokumentiert ein eigenes Museum die Geschichte des Verkehrs in New York. Das New York Transit Museum ist besonders bei Kindern beliebt. Hier können sie in mehrere historische U-Bahn-Waggons und Busse klettern und Schaffner spielen. Eine lehrreiche Ausstellung informiert darüber, wie die Tunnel für die *subway* durch den Gesteinsgrund von Manhattan und unterhalb des East und Hudson River gedrillt wurden. Von hier ist es auch nicht weit bis nach Downtown Brooklyn. Im Verwaltungszentrum des Bezirks befindet sich die mächtige Brooklyn Borough Hall aus dem Jahr 1848, in dem die politischen Entscheidungen für 2,5 Millionen Bürger getroffen werden.

Infos und Adressen

SEHENSWÜRDIGKEITEN

Brooklyn Heights Esplanade. Promenadenweg mit fantastischem Blick auf die Südspitze von Manhattan. Von der Brooklyn Bridge rechts abbiegen.

Plymouth Church of the Pilgrims. Scheunenartige Kirche aus dem Jahr 1850. Hier predigte Henry Ward Beecher gegen die Sklaverei. Schutzhaus auf der Sklavenfluchtroute Underground Railroad. Hicks St. 75, Brooklyn, NY 11201, Tel. 718 624 4743, www.plymouthchurch.org

ESSEN UND TRINKEN

Heights Café. Neue amerikanische Küche. Einen Block von der Promenade entfernt. Schöne Terrasse. Mo–So 12–0 Uhr, Brunch Sa 11 Uhr und So 10 Uhr. Montague St. 84, Brooklyn, NY 11201, Tel. 718 625 5555, www.heightscafeny.com

MUSEEN

Brooklyn Historical Society. Dieses Museum dokumentiert die Entwicklung des neuholländischen Dorfs Breukelen zu Brooklyn. Auch Pläne für einen Spaziergang zu historisch bedeutsamen Häusern

Zeit für einen gemütlichen Brunch in Downtown Brooklyn

in Brooklyn Heights sind hier gratis erhältlich. Mi–So 12–17 Uhr, Mo/Di geschlossen. Pierrepont St. 128, Brooklyn, NY 11201, Tel. 718 222 4111, www.brooklynhistory.org

New York Transit Museum. In einer aufgelassenen U-Bahn-Station erleben Besucher die Geschichte des Baus der öffentlichen Verkehrsmittel hautnah. Di–Fr 10–16 Uhr, Sa/So 11–17 Uhr, Mo geschlossen. Boerum Place/Schermerhorn Street, Brooklyn, NY 11201, Tel. 718 694 1600, www.nytransitmuseum.org

ANFAHRT

U-Bahn-Linien 2, 3 bis Clark St., Linien A, C bis High St.

Alte Zugmodelle im New York Transit Museum

39 Smith Street
Old meets new

Geht man von Brooklyn Heights auf der Atlantic Avenue nach Süden, gelangt man in die historischen Bezirke von Cobble Hill (»Kopfsteinpflasterhügel«) und Boerum Hill. Die Smith Street verwandelte sich im letzten Jahrzehnt zu einem kulinarischen Mekka. Das neuerbaute Barclays Center über dem Bahnhof der Long Island Railroad brachte moderne Bauwerke und Basketball nach Brooklyn.

Die Smith Street ist zu neuem Leben erwacht. Wo einst italienische und puerto-ricanische Männer reifen Alters in mit kitschigen Trophäen bestückten »social clubs« zusammenkamen, bereiten Baristas Cappuccino mit Schaumhaube zu und backen Patissiers Napoléon-Schokotörtchen mit Goldstaub.

Mozzarella und Mortadella

Auch Hollywood-Stars haben die Cobble Hill und Boerum Hill genannten Gegenden für sich entdeckt. Michelle Williams wohnt mit ihrer Tochter Mathilda in einem etwa 100 Jahre alten Brownstone-Haus auf der Dean Street mit kunstvoll geschmiedetem Zaun und Garten im Hinterhof. Wie auch in vielen anderen Gegenden kamen Künstler schon vor Jahrzehnten in das Viertel unterhalb von Brooklyn Heights. In einer alten Fabrik auf der Bergen Street öffnete das Invisible Dog Art Center, in dem neben Ausstellungen avantgardistischer bildender Kunst auch Theater-, Tanz und Filmaufführungen stattfinden.

Mitte: Auf der Smith Street befinden sich viele Boutiquen.
Unten: Auch alte Metzgereien haben sich hier noch gehalten.

Schlendert man auf der Smith oder der Court Street nach Westen, gelangt man nach Carroll

Infos und Adressen

Gardens. Die Gegend ist nach Charles Carroll benannt, dem einzigen Katholiken, der die Amerikanische Unabhängigkeitserklärung 1776 unterzeichnete. Hier ließen sich vor über 100 Jahren viele Italo-Amerikaner nieder. Im Gegensatz zu Cobble Hill stehen hier die Brownstone-Gebäude zehn Meter von der Straße entfernt. Hübsche Vorgärten ziehen die Blicke der Spaziergänger auf sich, ein untypisches architektonisches Merkmal für Brooklyn. Dazwischen finden sich immer wieder riesige kitschige Heiligenfiguren, die die Dankbarkeit der Bewohner für einen erfüllten Wunsch versinnbildlichen. In Geschäften wie Esposito & Sons häufen sich Berge von frischen Mozzarella-Kugeln, und ein Verkäufer mit dickem, schwarzem Schnurrbart bietet einer jungen Frau ein Stück Mortadella als Kostprobe an. Und erlaubt sich natürlich die Bemerkung, welch schöne Augen sie hat.

Das neue Brooklyn

Nicht unweit dieser idyllischen Gegend, an der Kreuzung der Hauptstraßen Atlantic Avenue und Flatbush Avenue, wird an den Atlantic Yards gebaut, einem Komplex mit modernen Wohn- und Geschäftsgebäuden. 34 000 der 89 000 Quadratmeter Bauareal befinden sich direkt über dem Bahnhof der Long Island Railroad. Mit großem Pomp und Trara wurde im Jahr 2012 das Barclays Center eröffnet, eine Sportarena, in der das Basketballteam Brooklyn Nets ein Heim gefunden hat. Zur Eröffnung gab Jay-Z ein Konzert. Und machte für die Veranstaltungshalle kräftig Werbung. Schließlich gehört ihm ein Anteil am Team. Vielleicht sollte er auch einen Abstecher in das Museum of Contemporary African Diasporan Arts (MoCADA) machen. Dieses Museum stellt das Werk von Künstlern aus, die die soziale und politische Stellung von Menschen in der afrikanischen Diaspora ins Zentrum ihres Werkes stellen.

40 Park Slope
Der andere Central Park

Fährt man mit den U–Bahn–Linien 2 und 3 weiter in das Herz von Brooklyn, gelangt man nach Park Slope, ein Viertel, das bei hippen Jungfamilien sehr beliebt ist. In der Fifth Avenue befinden sich viele kleine Restaurants. Die nötige Dosis Kultur erhält man im Brooklyn Museum und in der Brooklyn Public Library. Viel Platz zum Toben für Kinder bieten der Prospect Park und der botanische Garten.

Wenn Besucher aus dem Tunnel der U-Bahn-Linien 2 und 3 am Grand Army Plaza nach oben kommen, erkennen sie, wieso die im 19. Jahrhundert eigenständige Stadt Brooklyn Manhattan Konkurrenz machte. Ein imposanter Triumphbogen aus dem Jahr 1892 steht in der Mitte des Platzes. Dieser erinnert an die Soldaten und Matrosen, die im Amerikanischen Bürgerkrieg ihr Leben lassen mussten. Auf dem nach Pariser Vorbild gestalteten Bogen steht Lady Columbia, das Symbol der Vereinigten Staaten, und lenkt ihren Streitwagen.

An der Ostseite des Platzes scheint Spaziergängern die riesige Pforte der Brooklyn Public Library entgegen. 15 goldene Figuren aus der amerikanischen Literaturgeschichte sind hier verewigt: die Ehebrecherin Hester Prynne aus Nathaniel Hawthornes Puritanerroman *Der scharlachrote Buchstabe*, der Langschläfer Rip van Winkle aus Washington Irvings Kurzgeschichte und der mysteriöse Rabe aus Edgar Allan Poes Schauergedicht. Den Architekten des schlichten Art-déco-Gebäudes diente ein aufgeschlagenes Buch als Inspirationsquelle. Von einer schmalen Vorderseite, der Pforte, öffnet sich das Haus in Fächerform nach hinten.

Der imposante Eingang zur Brooklyn Public Library

Einfach gut!

Das Brooklyn Museum erhielt vor Kurzem eine moderne Eingangshalle.

Doppelgänger des Met

Gleich neben der Bibliothek prangt das Brooklyn Museum, das man beim ersten Hinsehen fast mit dem Metropolitan Museum verwechseln kann. Das Brooklyn Museum wurde 2004 durch einen modernen gläsernen Eingangsbereich erweitert, der Besucher direkt in den Bauch des Hauses eindringen lässt. Auf 52 000 Quadratmetern Fläche vereint es Schätze aus vielen Epochen und Kulturen. Wie kein anderes Museum rückt es jedoch das Erbe der amerikanischen Ureinwohner in den Mittelpunkt. In der großen Halle gleich hinter dem Eingangsbereich sticht eine exzellente Sammlung von Objekten indianischer Herkunft ins Auge. Reichlich bestickte Kachina-Puppen der Pueblo-Indianer finden sich hier ebenso wie ein Porträt der Sioux-Schönheit Handsome Morning. Einzigartig ist auch die neue Sammlung feministischer Kunst. Ein ganzer Raum ist dem Kunstwerk *The Dinner Party* von Judy Chicago gewidmet. Auf einem riesigen dreieckigen Banketttisch hat die Künstlerin goldene Kelche und individuell gestaltetes Porzellan für Frauen gedeckt, die Geschichte machten. Die Naturphilosophin Hildegard von Bingen ist hier ebenso vertreten wie die Renaissancekünstlerin Artemisia Gentileschi.

BLAUMACHEN IM LE BLEU

Familiär geht es im »Hotel Le Bleu« zu. Wenn Gäste das Haus betreten, begrüßt sie der Concierge gleich mit dem Vornamen. »Casual American« nennt man das. Ein blauer Streifen zieht sich durch das moderne Ambiente – von der Bettdecke zu den Kissen bis hin zum stimmungsvollen indigofarbenen Licht, das abends im Zimmer eingeschaltet werden kann. Verliebte Paare fühlen sich hier besonders wohl. Sie müssen sich keine Minute aus den Augen lassen, denn das Badezimmer ist vom übrigen Raum nur durch eine Glaswand getrennt. Frühstück ist hier im Preis inbegriffen. Und zu den Restaurants und Geschäften in der Umgebung ist es nur ein Katzensprung.

Hotel Le Bleu. Fourth Ave. 370, Brooklyn, NY 11215, Tel. 718 625 1500, www.hotellebleu.com

Freiraum und Spielfläche

Im Brooklyn Botanic Garden gleich neben dem Museum pflanzten Gärtner bei seiner Gründung im Jahr 1910 mehr als 200 Kirschbäume. Wenn Millionen von zartrosa Blüten im Frühjahr sprießen, kann sich niemand dem Charme des Parks und seinem Duft entziehen. Wie in Japan lustwandeln Besucher hier über eine kleine Brücke, die über einen sinnlich geschwungenen Teich führt, und fühlen, wie Mensch und Natur in Harmonie leben können. Der Botanic Garden ist Teil des Prospect Park. Auf der 36 Hektar großen »Long Meadow«, der größten Wiese in einem amerikanischen Park, spielen Jungs gern Baseball und Mädchen üben sich im Fußball, der in den USA an Popularität gewinnt. Auf 2,4 Quadratkilometern vergessen Spaziergänger, dass sie sich in einer Metropole befinden. Sie schlendern an Wasserfällen vorbei, beobachten Vögel beim Nestbauen oder leihen sich bei den Kensington Stables ein Pferd aus.

Wenn im Winter die Temperaturen in den Keller fallen, gehen Kinder gern im Brooklyn Children's Museum auf Entdeckungsreise. Sie bauen hier ihr eigenes Spielzeug und fahren in afrikanischen Autos aus Getränkedosen um die Wette. In einem Mini-Brooklyn wandern sie an Geschäften aus aller Welt vorbei, kaufen Ghee aus Indien oder wiegen mexikanische Bohnen. Das erste Kindermuseum der Welt wurde bereits im Jahr 1899 gegründet.

Oben: Die U-Bahn verkehrt in Brooklyn auch oberirdisch.
Mitte: Sonnenuntergang im Prospect Park
Unten: Ein eifriger Fahrradfahrer im Brooklyn Museum

Auch ein Hauch von gebratenem Fleisch weht durch die Straßen von Park Slope. Bei »Fletcher's Brooklyn Barbecue« werden Schweinsrippen und Steaks über Ahorn- und Roteichholzstücken geschmort. Im gemütlichen Lokal wird nur Bio-Fleisch serviert. Zu Mittag kommen viele hungrige Eltern mit ihren Babys. Die Wertschätzung für ein gutes Steak muss in den USA schon früh erlernt werden!

Infos und Adressen

Das Steinhardt Conservatory im Brooklyn Botanic Garden

SEHENSWÜRDIGKEITEN

Brooklyn Botanic Garden. 11 000 Pflanzen aus der ganzen Welt. Di–So 10–18 Uhr. Washington Ave. 1000, Brooklyn, NY, Tel. 718 623 7200, www.bbg.org

Brooklyn Public Library. Beeindruckendes Art-déco-Gebäude in Buchform mit riesiger goldener Pforte. Interessante Gratisausstellungen. Mo, Fr 10–18 Uhr, Di, Mi, Do 10–20 Uhr. Cadman Plaza 280 W, Brooklyn, NY 11201, Tel. 718 230 2100, www.brooklynpubliclibrary.org

Prospect Park. 2,4 Quadratkilometer Natur, Zoo, Eislaufplatz, größte Parkwiese Amerikas. Brooklyn, New York 11215, www.prospectpark.org

ESSEN UND TRINKEN

Al Di Là. Klassischer Italiener. Spezialitäten aus dem Veneto wie Hase mit Olivensauce. Fifth Ave. 248, Tel. 718 783 4565, www.aldilatrattoria.com

Fletcher's Barbecue. Perfekt gegrilltes Rind- und Schweinefleisch. Chicken Wings! Third Ave. 433, Brooklyn, NY 11215, Tel. 347 763 2680, www.fletchersbklyn.com

AUSGEHEN

Union Hall. Riesige, jedoch gemütliche Bar mit Livemusik, offenen Kaminen, Kegelbahn. Union St. 702/Fifth Avenue, Brooklyn, NY 11215, Tel. 718 638 4400, www.unionhallny.com

MUSEEN

Brooklyn Children's Museum. Interaktives Museum für Knirpse. Di–So 10–17 Uhr. Brooklyn Ave. 145, Brooklyn, NY 11213, Tel. 718 735 4400, www.brooklynkids.org

Brooklyn Museum of Art. Zweitgrößtes Museum New Yorks. Mi, Fr, Sa, So 11–18 Uhr, Do 11–20 Uhr. Eastern Parkway 200, Brooklyn, NY 11238, Tel. 718 638 5000, www.brooklynmuseum.org

ANFAHRT

U-Bahn-Linien 2, 3 bis Grand Army Plaza.

Das Brooklyn Museum im Stil der Belle Époque

41 Williamsburg
Hipster Paradise

Eine weiteres Viertel in Brooklyn, eine weitere »makeover«-Geschichte. Dass der an der Williamsburg Bridge gelegene Bezirk früher oder später von der coolen Szene entdeckt werden würde, war nur eine Frage der Zeit. Rund um die Bedford Avenue haben junge Menschen in Flohmarktklamotten Musikclubs und Galerien eröffnet. Da viele einen Treuhandfond besitzen, können sie sich ein Hipsterleben gut leisten.

Im Vergleich zu Brooklyn Heights, Cobble Hill und Park Slope besticht Williamsburg nicht gerade durch seine architektonische Schönheit. Die Stadtlandschaft rund um die Bedford Avenue erscheint zusammengewürfelt. Aus jedem Dorf ein Hund, quasi, wobei ein Großteil der Bausubstanz aus dem 19. und frühen 20. Jahrhundert in die Gegenwart herübergerettet wurde. Zusammengewürfelt präsentiert sich auch der neue »Stamm«, der die Gegend bevölkert: »Hipsters« sind Mitte 20, unverheiratet und mischen Flohmarktklamotten aus den Sechzigerjahren mit bunten Avantgarde-Designer-Accessoires. Für Männer ist der Spitzbart obligat, Frauen sind darauf bedacht, so einzigartig wie möglich auszusehen.

Williamsburg kam in den Neunzigerjahren in Mode. Damals stiegen die Mieten in den Manhattaner Vierteln East Village und Lower East Side stetig an. Die Bohemiens und Künstler flüchteten mit U-Bahn-Linie L und wurden eine Station weiter auf der anderen Seite des East River ausgespuckt. Viele von ihnen verewigten sich mit ihrer Graffitisignatur an den Mietshäusern. Die Gebäude beher-

Mitte: Wild zusammengewürfelt ist die Architektur von Williamsburg.
Unten: Der Flohmarkt von Williamsburg ist einer der größten an der Ostküste.

Williamsburg

bergen mittlerweile coole Lofts. Am Flussufer schossen moderne Hochhäuser in die Höhe. Hipsters mit Treuhandfonds, die gerade die Uni abgeschlossen haben, können sich eine solche Bleibe nämlich leisten.

Bier und Indie-Musik

So avancierte Williamsburg zu einem der populärsten Ausgehviertel. Eine trendige Bar reiht sich auf der Metropolitan Avenue, der Grand Street und dem Brooklyner Broadway an die nächste. In der einstigen Hafengegend wurde vor 100 Jahren auch viel Bier gebraut. Diese Tradition lässt die Brooklyn Brewery in der 11th Street wieder aufleben. Bei den Brauereiführungen fließt Gratisgerstensaft in Strömen.

Auch die Indie-Musik fand in Williamsburg eine Heimat. Als der legendäre Musikclub »Knitting Factory« aus der Lower East Side wegzog, eröffnete er auf der Metropolitan Avenue eine neue Location. Hier treten Künstler wie der Klezmer-Jazz Multiinstrumentalist John Zorn auf. In der Williamsburg Music Hall ist sogar Madonna im Publikum, wenn die Gruppe Fischerspooner ihre elektronischen Klänge mit wilden Fashion-Statements verbindet. Und wenn Hipster Besuch bekommen, müssen die »out-of-towners« auch eine coole Bleibe finden. Das »Whyte Hotel« auf der Waterfront ist eine ehemalige Kupferfabrik aus dem Jahr 1901, in der Kessel gefertigt wurden. Sie wurde entkernt, doch ihre ehemaligen Holzböden wurden für Bettgestelle recycelt. So durchweht der Charme des alten ein hypermodernes Ambiente. Andere Musikclubs haben kreative Namen wie »Glasslands«, »Trash Bar«, »Pete's Candy Store« und »The Lovin' Cup Café«. Die Musik ist hier schrill und laut und die Musiker zum Großteil unter 30. Wer den Stars von übermorgen begegnen will, ist hier richtig.

Infos und Adressen

SEHENSWÜRDIGKEITEN
Brooklyn Brewery. Brauereiführungen online buchbar. N. 11th St. 79, Brooklyn, NY 11249, Tel. 718 486 7422, www.brooklynbrewery.com

ESSEN UND TRINKEN
Baci i Abbracci. Authentische italienische Küche aus Sorrent. Schöner Garten im Hinterhof. Grand St. 204, Brooklyn, NY 11211, Tel. 718 599 6599, www.baciny.com

ÜBERNACHTEN
Whyte Hotel. Ein altes Fabrikgebäude erwacht zu neuem, coolem Leben. Whyte Ave. 80, Brooklyn, NY 11249, Tel. 718 460 8000, www.whytehotel.com

EINKAUFEN
Brooklyn Industries. Hippe Klamotten mit dem Brooklyn-Logo. Bedford Ave. 162, Brooklyn, NY 11211, Tel. 718 486 6464, www.brooklynindustries.com

AUSGEHEN
Knitting Factory. Eine Legende unter Musikclubs. Metropolitan Ave. 361, Brooklyn, NY 11211, Tel. 347 529 6696, www.knittingfactory.com

Williamsburg Hall of Music. Live-Bands bis in die frühen Morgenstunden. N 6th St. 66, Brooklyn, NY 11211, Tel. 718 486 5400, www.musichallofwilliamsburg.com

ANFAHRT
U-Bahn-Linie L bis Bedford Ave., Lorimer St. oder Grand St.

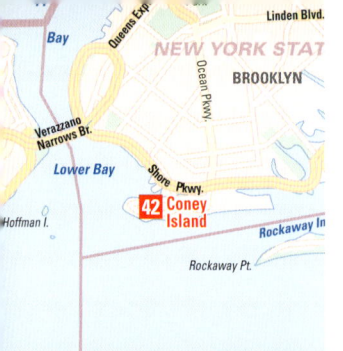

42 Coney Island
Hotdogs & Hochschaubahnen

Sonne und Strand erwarten New Yorker nur 45 Minuten außerhalb von Manhattan. All jene, die sich die Hamptons (s. S. 264) nicht leisten können, setzen sich in die U-Bahn D, F, N oder Q und fahren bis zur Endstation Coney Island/Stillwell Avenue. Sind sie einmal der Metro entstiegen, strömt ihnen nicht nur die salzige Meeresbrise, sondern auch der würzige Geruch von Hotdogs und Krautsuppe entgegen.

Life's a beach am äußersten Zipfel von Brooklyn, im Arbeiterstrandbad Coney Island. Hier tun Sonnenanbeter so, als wären sie in Miami und legen sich an den breiten Atlantikstrand. Kurvige Latinas tanzen zur neuesten Reggaeton-Nummer, während ihre Sprösslinge eifrig im Sand herumgraben.

Auf dem Boardwalk, der fünf Kilometer langen Holzpromenade, spielt sich einiges ab, wurde hier doch vor über hundert Jahren der Rummelplatz Luna Park errichtet. Die grellbunten Verkaufskioske erinnern an eine Zeit, als Coney Island Anfang des 20. Jahrhunderts einer der größten Vergnügungsparks in den Vereinigten Staaten war. Dass hier Kirmesatmosphäre herrscht, riechen die Besucher schon, sobald sie die U-Bahn-Station verlassen: Der Duft von Zuckerwatte vermischt sich mit dem Aroma von frittierten Muscheln. Corndogs, Hotdogs im Maisteigmantel, sind hier ebenso beliebt wie Shish Kebab mit Barbecuesauce.

Mittte: Wer will schon in die Karibik, wenn man Coney Island hat?
Unten: Strandschönheiten am Brighton Beach

Coney Island hat auch sein eigene Biermarke. Auf der Surf Avenue Nr. 1904 eröffnete vor ein paar Jahren eine Brauerei. Gäste können dort vom Luna Park inspirierte Sorten kosten wie Freakt-

Coney Island

Nicht verpassen

oberfest, Kettle Corn Cream Ale und sogar eine eigene Kölsch-Sorte. Auch ein alkoholisches, nach Lakritze schmeckendes »Root Beer« steht hier zur Auswahl. Dieses wird mit Rum und Orangenlikör zu einem »Beach Bum«-Cocktail gemischt. Auf dass man richtig in Stimmung kommt.

Luna Park wurde im Jahr 2010 renoviert. Hinter den Buden ragt der Cyclone in die Höhe, eine hölzerne Achterbahn aus dem Jahr 1927, mehrmals von der Spitzhacke bedroht, doch 1988 unter Denkmalschutz gestellt. Wagemutige stürzen sich 28 Meter in die Tiefe! Daneben gibt es noch mehr als 20 weitere Fahrgeschäfte.

Politischer Zirkus

An Zeiten, als Damen ohne Unterleib, zweiköpfige Kälber und Elefantenmenschen zur Schau gestellt wurden, erinnert die »Coney Island Circus Sideshow« auf der Surf Avenue. Hier verschluckt Heather Holiday spitze Schwerter, und der ganz auf Eidechse gestylte Lizard Man zeigt seine gespaltene Zunge. Die Artisten mögen zwar die Sensationsgier des Publikums befriedigen, geben jedoch oft auch ein politisches Statement ab. Jennifer Miller, die Dame mit dem Vollbart, widersetzt sich auf charmant-intelligente Weise dem Diktat der Geschlechternormen.

Under the Boardwalk

Doch nicht nur im Sommer ist der Strand ein beliebtes Ziel für Schwimmer. Von November bis April treffen sich hier auch die »Polar Bears«. Diese Kaltwasserfanatiker glauben, dass ein Bad im Atlantik bei Minustemperaturen abhärtet und Krankheiten vorbeugt. Sie treffen sich immer am 1. Januar mittags um eins, um das neue Jahr mit großem Gespritze und Hallo zu begrüßen.

HEISSE HUNDE

Gleich gegenüber der weltweit größten oberirdischen Metrostation verköstigt »Nathan's Famous« Wurstliebhaber bereits seit 1916. Schon Al Capone und Cary Grant liebten den riesigen Laden mit der bunten Neonleuchtschrift. Auf die Hotdogs kommen Zutaten wie Sauerkraut, Chili con Carne oder Käsesauce. Das übervolle Brötchen wird dann am besten mit gewellten Pommes frites und gebackenen Zwiebelringen verschlungen. Am 4. Juli, dem Tag der Amerikanischen Unabhängigkeit, findet hier alljährlich ein Wettessen statt. Geeichte Bäuche verschlingen dann über 60 »heiße Hunde« in zehn Minuten.

Nach einem Strandbesuch und Schwimmen im Atlantik schmeckt das Junk-Food wunderbar. Kindern schmecken auch die Corn-Dogs, in Maisteig gebackene Wiener Würstchen.

Nathan's Famous, Surf Ave. 1310, Brooklyn, NY 11224, Tel. 718 946 2705, www.nathansfamous.com

Auch Motorradfahrer müssen sich mal stärken.

Viele junge Familien fahren nach Coney Island, um das New York Aquarium zu besuchen. 350 Arten von Wassertieren haben auf 56 000 Quadratmetern ein Heim gefunden. Kinderaugen werden größer, wenn sie Haie mit ihren spitzen Zähnen im Becken herumschwimmen sehen und die Seelöwen bei der Wassershow ulkig rülpsen.

Coney Islands schäbiger Charme könnte jedoch bald der Vergangenheit angehören. Zu seiner Amtszeit genehmigte Bürgermeister Bloomberg Pläne, denen zufolge das Areal in ein kleines Las Vegas verwandelt werden soll. Riesige Hotels werden dann aus dem Boden schießen, die vorhandenen alten Achterbahnen sollen jedoch in den Plan integriert werden.

Die Ukraine lässt grüßen

»Little Odessa« wird das an Coney Island angrenzende Viertel Brighton Beach auch genannt. Auf der Brighton Beach Avenue reihen sich russische und ukrainische Delikatess- und Souvenirläden dicht aneinander. Calvin-Klein-Lederjacken finden hier zu 150 Dollar reißenden Absatz. In Delikatessenläden türmen sich Räucherlachse, Weißfische und unzählige Arten von Essiggurken in der Auslage. Im Millennium Theatre mit seinen 1400 Plätzen treten russische Theatergruppen und Popstars auf.

Oben: Eine schaurig grinsende Fratze lädt zum Besuch des Luna Park ein.
Mitte: Die Cyclone-Achterbahn steht seit 1988 unter Denkmalschutz.
Unten: Menschenstrom im Vergnügungspark

Infos und Adressen

ESSEN UND TRINKEN

Café Glechik. Dieses einfache Café ist bekannt für seine Vareniki-Teigtaschen mit Fleisch und Käse oder süß mit Marmelade und saurer Sahne gefüllt. Coney Island Ave. 3159, Brooklyn, NY 11235, Tel. 718 616 0494, www.glechik.com

Coney Island Brewery. 1904 Surf Avenue, Brooklyn, NY 11224, Tel. 718 996 0019, www.coneyislandbeer.com.

National. Riesiger russischer Supper Club wie aus einem James-Bond-Filmimitat. Live-Entertainment mit russischen Sängern. Szenisch! Brighton Beach Ave. 273, Brooklyn, NY 11235, Tel. 718 646 1225, www.nationalrestaurantny.com

AKTIVITÄTEN

Luna Park. Rummelplatz mit Dutzenden schaurigen Achterbahnen. Von Mitte April bis Herbst geöffnet. Surf Ave. 1000, Brooklyn, NY 11224, Tel. 718 373 1087, www.lunaparknyc.com

New York Aquarium. Spaß mit Meerestieren nur einige Dutzend Meter vom Atlantik entfernt. Tgl. 10–16.30 Uhr. Surf Avenue 602/8th St., Brooklyn, NY 11224, Tel. 718 265 3474, www.nyaquarium.com

Moderne Nixen bei der Mermaid Parade im Juni

Auch Kinder amüsieren sich hier köstlich.

VERANSTALTUNGEN

Coney Island Circus Sideshow. Das Varieté will die soziale Revolution anfachen. Surf Ave. 1208/12th St., Brooklyn, NY 11224, Tel. 718 372 5159, www.coneyisland.com

Hotdog-Wettessen. Am 4. Juli bei Nathan's. Nathan's Famous. Surf Ave. 1310, Brooklyn, NY 11224, Tel. 718 946 2705, www.nathansfamous.com

Mermaid Parade. Jährl. an dem Samstag, der dem 21. Juni am nächsten ist.

Polar Bear Swimming. Kaltwasserfanatiker begrüßen das neue Jahr mit einem Sprung in den Atlantik. Jährl. 1. Januar, 13 Uhr

ANFAHRT

U-Bahn-Linien D, F, N, Q bis Coney Island/Stillwell Avenue, Linie F bis West 8th Street/NY Aquarium, Linie B bis Brighton Beach.

43 Noguchi Museum
East meets West

Reisende aus Europa betreten amerikanischen Boden oft zum ersten Mal in Queens. Bei einer schnellen Durchfahrt beeindruckt die »hässliche Schwester« von Manhattan und Brooklyn nicht gerade, doch sie hat allerlei zu bieten. Zum Beispiel ein Museum für die abstrakten Skulpturen eines japanisch-amerikanischen Bildhauers.

Der japanisch-amerikanische Bildhauer Isamu Noguchi (1904–1988) ist für seine schlichten Stein- und Holzskulpturen bekannt, die tief in der japanischen Landschaftskunst verwurzelt sind. Zu einer Zeit als sich andere Künstler einen Arbeitsraum in den verlassenen Lofts in SoHo schufen, zog er im Jahr 1960 in ein Atelier in Long Island City in Queens. In dem Arbeiterbezirk hatte er leichten Zugang zu Handwerkern, die ihm im Umgang mit Rohmaterialien wie Stein, Holz und Metall helfen konnten. 1985 kaufte er ein Industriegebäude auf der anderen Seite der Straße, um 250 seiner Werke in einem Museum auszustellen.

Long Island City ist ein am East River gelegener Teil von Queens, von dem man einen guten Blick auf die Skyline von Manhattan hat. In die Industriegebäude sind viele Museen und Galerien gezogen. Neue Hochhäuser schossen aus dem Boden. Das Viertel hat sogar einen Strand bei Hunters Point mit guter Sicht auf die UNO-Gebäude.

Mitte: Simpel, aber eindrucksvoll: Isamu Noguchis Skulpturen
Unten: Die Kunst ist im Museum geschmackvoll angeordnet.

Lampenschirm und Kaffeetisch

Noguchi arbeitete mit Künstlern zusammen, die sich in anderen Medien ausdrückten. Für Martha

Auch eine einfache Treppe wird hier zur Skulptur.

Graham (1894–1991), eine der größten Innovatorinnen des modernen Tanzes, schuf er simpelabstrakte, jedoch ausdrucksstarke Requisiten, die ihre expressionistische Gebärdensprache unterstrichen. Nochugi war auch ein begnadeter Möbeldesigner und arbeitete gemeinsam mit Ray und Charles Eames für die amerikanische Designfirma Herman Miller. Beim Entwurf seiner einfachen, fächerförmigen Lampenschirme ließ er sich vom rumänischen Künstler Constantin Brancusi (1876 bis 1957) inspirieren, bei dem er in Paris im Jahr 1927 als Gehilfe gearbeitet hatte. Im Museumsshop können die Fans moderner Formgebung auch kaufen. Auch sein berühmter Kaffeetisch ist über das Museum erhältlich. Durch seine abgerundete Glasoberfläche sieht man zwei horizontale Holzteile, von denen sich eines nach oben und eines nach unten verjüngt und die sich jeweils an ihren spitzen Seiten treffen.

Besucher, die sich auf den Weg zum Museum machen, finden eine Oase der Ruhe vor. Noguchi ließ sich von den nach Prinzipien der Zen-Philosophie gestalteten japanischen Gärten inspirieren, als er den Indoor-Outdoor-Space sowie den Garten des Museums schuf. Besucher werden hier der Mysterien gewahr, die einfachen Materialien innewohnen, während der Kies unter ihren Füßen knirscht und das Laub im Wind weht.

Infos und Adressen

INFORMATION

Noguchi Museum. An diesem meditativen Ort können sich Besucher mit dem Werk eines einzelnen Künstlers auseinandersetzen. Im Gegensatz zu großen Museen gibt es hier keine Hyperstimulation. Mi–Fr 10–17 Uhr, Sa/So 10–18 Uhr, Mo/Di geschlossen. 33rd Rd. 9-01/Vernon Blvd., Long Island City, NY 11106, Tel. 718 204 7088, www.noguchi.org

ANFAHRT

Mit der Gondel von Manhattans 59th Street/Second Ave. nach Roosevelt Island, dort den Shuttlebus zum Ende der Roosevelt-Brücke nehmen, zu Fuß den Vernon Blvd. bis zu 33rd Road entlanggehen.
Jeden Sonntag fährt um 12.30 Uhr, um 13.30 Uhr und um 14.30 Uhr ein Shuttlebus von der Asia Society an der Ecke Park Avenue und 70th St. zum Museum. Er fährt um 13, 14, 15, 16 und 17 Uhr zurück – gebührenpflichtig.

44 MoMA P.S. 1
Heimat der Ultramoderne

Ein Labor für Gegenwartskunst ist MoMA P.S. 1 in Long Island City. Seit seiner Gründung im Jahr 1971 bietet es Künstlern in einem alten Schulgebäude Platz für Experimente. Im Jahr 2000 übernahm das Museum of Modern Art die Geschicke der Kulturinstitution. Seitdem pilgern Kunstkenner auch nach Queens. Hier erleben sie multimediale Kunst, die provozieren will.

Auch Museen platzen manchmal aus den Nähten. Dieser Umstand veranlasste die Kuratorin Alanna Heiss im Jahr 1971, nach Ausstellungsraum für zeitgenössische Kunst zu suchen. In Long Island City, jenem Stadtteil von Queens, der genau gegenüber von Manhattan liegt, stand zu der Zeit schon länger ein Schulgebäude leer, das unter dem Namen P.S. 1 bekannt war. Der neuromanische Ziegelbau aus dem Jahr 1892 bot viel Platz: Künstler konnten auf fast 8000 Quadratmetern ihren kreativen Gedanken Gestalt verleihen. Die Schulraumstruktur wurde dabei beibehalten, und auch die langen Gänge, der Schulhof, die Toiletten, das Dach und der Heizraum wurden in den Ausstellungsbereich integriert.

Seit 1971 ist P.S. 1 zur größten Kulturinstitution für zeitgenössische Kunst avanciert. Im Jahr 1997 renovierte der amerikanische Architekt Frederick Fisher den mehrflügeligen Bau und erhöhte den Ausstellungsraum auf fast 12 000 Quadratmeter. Auch das Museum of Modern Art zeigte an der Initiative Interesse. Es lagerte seine Sammlung von 2002 bis 2004 komplett nach Queens aus, als es das Haupthaus in Midtown Manhattan renovierte.

Mitte: Bunte Exponate im MoMA P.S. 1
Unten: Transparente Kunst von Isa Genzken

Im Museumsgarten spielen im Sommer die DJs auf.

Raum für Experimente

Das MoMA P.S. 1 legt seinen Schwerpunkt auf Ausstellen und nicht auf Sammeln. Besucher, die mit der U-Bahn nach Queens fahren, sehen das Kunstzentrum schon von Weitem. Die schwarzen Initialen P.S. 1 prangen groß auf einer der Wände des Gebäudes. Sie betreten das Gebäude durch einen Eingangsbereich aus Gussbeton, der direkt an den Schulhof anschließt. 50 Ausstellungen finden hier pro Jahr statt. Besucher können sich darauf gefasst machen, Eindrücke mit all ihren Sinnen wahrzunehmen. David Adamo zum Beispiel legt einen Raum mit dicht aneinandergereihten Baseballschlägern aus und nennt die Installation *Untitled (rite of spring)* (Ohne Titel [Frühlingsritual]), da die Baseballsaison im März beginnt. Besucher gehen über die Schläger, und bis die Ausstellung zu Ende ist, hat sich die Farbe der Schläger geändert. Ganz schafft es P.S. 1 doch nicht, sich nur auf das Ausstellen zu konzentrieren. Zu den ständigen Installationen zählen Werke von Richard Artschwager sowie der Schweizer Künstlerin Pippilotti Rist.

Besonders beliebt ist das Young Architects Program im Sommer. Der Preisträger unter den jungen Architekten darf dann den Hof gestalten. An Samstagen spielen DJs aus aller Welt ihre Musik.

Infos und Adressen

INFORMATION

MoMA P.S.1. Ausstellungshaus für Gegenwartskunst. Im Sommer an Samstagen hippe Warm-up-DJ-Partys. An Sonntagnachmittagen während des gesamten Jahres »Sunday Sessions« mit Vorträgen, Konzerten, Performances, Filmen und Tanzveranstaltungen. Einlass gratis, wenn man zuvor eine Eintrittskarte für das MoMA gekauft hat. Do–Mo 12–18 Uhr. Jackson Ave. 22–25/46th Ave., Long Island City, NY 11101, Tel. 718 784 2084, www.momaps1.org

Um das MoMA P.S. 1 haben sich auf der Jackson Avenue und der 45th Road einige **innovative Galerien** angesiedelt.

ANFAHRT

U-Bahn-Linien E, M bis Court Square/23rd St., Linie G bis 21st St./Jackson Ave., Linie 7 bis Court Square.

45 Louis Armstrong House
Wo die Zeit stillsteht

30 Jahre lang wohnte die Jazzlegende mit seiner Frau Lucille in einem Einfamilienhaus im Arbeiterbezirk Corona in Queens. In der einfachen Wohngegend spielte er Kindern aus der Nachbarschaft Musik vor und feierte in seinem Garten Geburtstag. Wenn er in seinem Arbeitszimmer saß, zeichnete er Geschichten aus seinem Leben auf Band auf. Das Wohnhaus ist bis heute erhalten.

Louis Armstrong (1901–1971) ging als der bekannteste Jazzmusiker in die amerikanische Geschichte ein. Der begnadete Trompeter wuchs unter ärmlichsten Verhältnissen in New Orleans auf, zog aber 1924 nach New York, um das Solistenspiel als wichtigen Bestandteil in der Jazzmusik zu verankern. Mit seiner vierten Frau Lucille zog er 1940 in das Arbeiterviertel Corona in Queens, in dem damals afroamerikanische und weiße Bürger in Frieden zusammenleben konnten. Aufgrund der nicht diskriminierenden Umgebung zogen auch Jazzmusiker wie Dizzy Gillespie und Ella Fitzgerald in die Gegend. Hier lebte der aufgrund seines großen Mundes Satchmo (*Satchel Mouth* – »Taschenmund«) genannte Musiker bis zu seinem Tod im Jahr 1971.

Gediegene Einfachheit

Mitte: Wie Großmutters Wohnung sieht das Louis Armstrong House aus.
Unten: Alles ist noch wie zu Lebzeiten des Musikers erhalten.

Das einfache Ziegelhaus aus dem Jahr 1910 macht nicht den Eindruck, als hätte hier ein großer Künstler gewohnt. Betritt man das Wohnhaus von Louis Armstrong, könnte man meinen, dass hier in den Fünfzigerjahren vielleicht ein Angestellter im mittleren Management lebte. Der Eingang ist in

Diese Trompete erhielt das Musikgenie vom englischen König.

der einstigen Garage, in der sich jetzt der Museumsshop befindet. Dahinter gelangen Besucher in einen Raum, der über das Leben und künstlerische Schaffen von Louis Armstrong Aufschluss gibt. Golden glänzt da eine Selmer Trompete unter dem Glassturz. Der englische König Georg V., Vater von Queen Elizabeth, schenkte Pops, wie Louis Armstrong auch genannt wurde, dieses Instrument, als er in London auftrat.

Wer das Haus betritt, beginnt eine Zeitreise in die Fünfziger- und Sechzigerjahre. Groß gemusterte Tapeten in schrillen Farben kleben an den Wänden. Im Wohnzimmer stehen Sessel mit chinesischen Ornamenten um den Esstisch, die der Interpret von *What a Wonderful World* von einer Reise nach China mitbrachte. Das Schlafzimmer, in dem der Musiker starb, ist ganz im Faux-Rokokko-Stil gehalten. Die indigoblaue Küche mit dem doppelten Herd war zu ihrer Zeit das Nonplusultra.

Ganz konnten sich Louis und Lucille dem Luxus jedoch nicht verwehren: die Wasserhähne in ihrem Badezimmer sind vergoldet und mit Schneckenmuster verziert. Am interessantesten ist jedoch das Arbeitszimmer. Hier führte Louis Armstrong ein Audiotagebuch. Auf 650 Magnetbändern nahm er Erinnerungen aus seinem Leben auf.

Infos und Adressen

ESSEN UND TRINKEN
Rund um die U-Bahn-Station auf der Roosevelt Avenue gibt es **lateinamerikanische Restaurants**. Einfach ausprobieren!

INFORMATION
Louis Armstrong House Museum. Fast 30 Jahre lebte die Jazzlegende in diesem einfachen Haus. 1600 Musikaufnahmen und viele Memorabilien. Di–Fr 10–17 Uhr, Sa/So 12–17 Uhr. 34–56 107th St., Corona, NY 11368, Tel. 718 478 8274, www.louisarmstronghouse.org

ANFAHRT
U-Bahn-Linie 7 bis 103rd St./Corona Plaza. Auf der Nordseite der Roosevelt Ave. aussteigen und die Treppe nehmen. Rechts auf die 103rd St., nach zwei Straßenblöcken auf die 37th Avenue abbiegen. Nach vier kurzen Blöcken links in 107th Street einbiegen. Das Museum befindet sich auf der linken Seite, einen halben Block von der 37th St. entfernt.

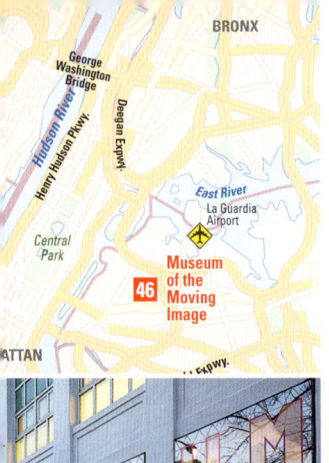

46 Museum of the Moving Image
Ein Paradies für Kinofans

Noch bevor sich Hollywood Anfang des 20. Jahrhunderts als Filmmetropole etablierte, wurden in New York unzählige Stummfilme gedreht. Der in New Jersey lebende Erfinder Thomas Alva Edison (1847–1931) besaß nämlich Patente auf mehrere Filmproduktionsgeräte, und in Queens entstanden mehrere Studios. In einem von ihnen verfolgt das größte Filmmuseum der Welt heute die Geschichte der laufenden Bilder.

Als die Kulturmanagerin Rochelle Slovin 1981 das verwaiste Astoria Film Studio betrat, hatten sich dort Dutzende Tauben eingenistet. Wo einst der Stummfilmstar Gloria Swanson (1899–1983) lasziv in die Kamera blickte und die Marx Brothers ihren Klamauk abzogen, sammelte sich nur Staub an. Queens war Anfang des 20. Jahrhunderts nämlich ein Zentrum der Filmindustrie gewesen. Das Gebäude war eines von 13, das die Produktionsfirma Famous Players-Lasky 1920 errichten ließ. Das Studio änderte 1927 seinen Namen in Paramount und verwendete die Astoria Studios für Dreharbeiten an der Ostküste. In den Siebzigerjahren wurde es jedoch geschlossen. 1977 trat schließlich die Astoria Motion Picture and Television Center Foundation an Rochelle Slovin heran, um das Gebäude vor dem Verfall zu retten und darin ein Museum für Filmgeschichte einzurichten.

Mitte: Innovativ und eindrucksvoll: das American Museum of the Moving Image
Unten: Yoda wartet hier auf die Jedi-Ritter.

Die Wunderwelt des Films

Dies geschah schließlich im Jahr 1985. Die bekannte Architekturfirma Gwathmey, Siegel & Associates

Museum of the Moving Image

zeichnete für die Renovierung verantwortlich.
Rochelle Slovin begann auf Flohmärkten Gegenstände zu sammeln, die die Geschichte des Mediums Film illustrieren. In der Zwischenzeit ist die Sammlung auf 130 000 Exponate angewachsen, von denen 1500 ausgestellt werden. Kinetoskope aus dem Labor von Thomas Alva Edison, alte Fan-Magazine, eine vollständige Sammlung aller Star-Wars-Figuren, Kostüme aus Filmknüllern, das gesamte Restaurant-Set aus der *Seinfeld*-Serie und jede Menge Filmausschnitte aus den verschiedenen Schaffensperioden des Kinos und Fernsehens. Im Jahr 2011 wurde das Museum für 67 Millionen Dollar renoviert. Besucher verfolgen die Geschichte des Films in der Dauerausstellung Behind the Screen im zweiten und dritten Stockwerk, die besonders durch ihre Interaktivität beeindruckt. So können Besucher zum Beispiel Robert De Niro im Film *Taxi Driver* synchronisieren. Und dabei stellt sich heraus, dass es wahre Schwerstarbeit ist, eine kurze Frage wie »You're talkin' to me?« genau den Lippenbewegungen anzupassen. Das Museum widmet sich auch den neuesten digitalen Technologien, die im Filmgeschäft zum Einsatz kommen. Auch an »antiken« und neueren Videospielen und Spielkonsolen können Besucher ihre Reaktionsfähigkeit testen.

Manchmal läuft Besuchern auch ein wirklicher Hollywood-Star über den Weg. So besprechen Jake Gyllenhaal und Melissa Leo ihren Film *Prisoners* in einem öffentlichen Vortrag. Das Museum fungiert auch als Kino. In einem hypermodernen Saal zeigt es Klassiker sowie neue Filme nach thematischen Schwerpunkten. Auch das Medium Fernsehen wird unter die Lupe genommen. In dem Projekt The Living Room President können Besucher auch auf der Website des Museums untersuchen, welchen Einfluss TV-Werbungen auf die Wahl der amerikanischen Präsidenten hatten.

Infos und Adressen

SEHENSWÜRDIGKEITEN
Kaufmann Astoria Studios. Neben dem Museum of the Moving Image befindet sich ein renoviertes Filmstudio, in dem in jüngster Vergangenheit Dreharbeiten für Filmproduktionen wie *Men in Black* und TV-Serien wie *Nurse Jackie* stattfanden. Leider nicht öffentlich zugänglich.
34–12 36th St., Astoria, NY 11106, www.kaufmanastoria.com

INFORMATION
Museum of the Moving Image. Das weltgrößte Museum für das Medium Film. Mo/Di geschlossen, Mi/Do 10.30–17 Uhr, Fr 10.30–20 Uhr (freier Eintritt von 16 bis 20 Uhr), Sa/So 11.30–19 Uhr, 36-01 35th Ave./37th St., Astoria, NY 11106, Tel. 7 187 776 888, www.movingimage.us

ANFAHRT
U-Bahn-Linie M (nur an Wochentagen) oder R bis Steinway St. Am hinteren Ende des Zugs aussteigen und den Ausgang 34th Ave. nehmen. Auf der Steinway Street bis zur 35th Ave. gehen. Das Museum befindet sich drei Straßenblöcke entfernt gleich nach der 37th Street.

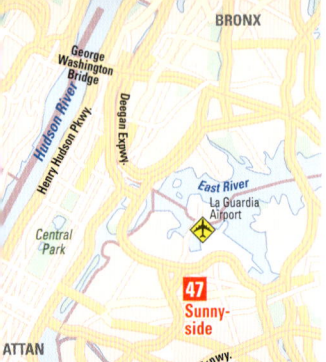

47 Sunnyside
Die Welt auf einem Teller

Die Bevölkerung von Queens setzt sich aus so vielen ethnischen Gruppen wie nirgendwo anders auf der Welt zusammen. 48 Prozent der 2,2 Millionen Einwohner stammen aus 100 verschiedenen Nationen. In New Yorks größtem Stadtteil werden 138 Sprachen gesprochen. In den Kochtöpfen des Bezirks Sunnyside brodeln Gerichte, die man auch in Indien, Kolumbien, Rumänien und Mexiko finden könnte.

Wenn der New Yorker *borough* Queens Stadtrecht erlangen würde, wäre er nach Los Angeles, Chicago und Brooklyn die viertgrößte Metropole in den Vereinigten Staaten. Viele Einwanderer kommen auf den zwei großen Flughäfen John F. Kennedy und LaGuardia an. Es scheint so, als ob sie auf ihrer Suche nach dem amerikanischen Glück nicht weiter als ein paar Kilometer kommen. Oft siedeln sie sich in ethnischen Enklaven in Queens an: Griechen in Astoria, Filipinos in Woodside, Koreaner und Chinesen in Flushing, Lateinamerikaner in Corona und Leute aus der Karibik – wie könnte es anders sein – in Jamaica.

Das Viertel Sunnyside im westlichen Teil von Queens ist eine der durchmischtesten *neighborhoods* in New York. Es wurde während der Zwanziger- und Dreißigerjahre als Gartenstadtgemeinde angelegt. Um die Art-déco-Häuser ranken sich hübsche Vorgärten. Vieles spielt sich rund um die Hauptstraße des Viertels, den Queens Boulevard, zwischen der 39th und der 46th Street ab. Die U-Bahn-Linie 7 verkehrt hier auf einer Trasse hoch über den Köpfen der Bewohner. Restaurantbesitzer haben bunte Schilder über dem Eingang

Mitte: Multikulti in Queens
Unten: In indischen Restaurants wird traditionelle Musik gespielt.

Infos und Adressen

ihrer Lokale angebracht, die über die Herkunft ihrer Küche Aufschluss geben. Rumänen und Nepalesen, Chinesen und Kolumbianer leben hier nämlich in Eintracht nebeneinander.

Von Bogota nach »Bucharest«

Was viele Restaurants gemein haben, ist eine Vorliebe für Fleisch. Im einfachen kolumbianischen Restaurant »La Hoguera Paisa« serviert der Koch eine leckere Ochsenschwanzsuppe. Da das Lokal früher eine Bäckerei war, sind die *Arepas* genannten Maisküchlein auch besonders schmackhaft. *Tochitura*, ein Eintopf aus Rind- und Schweinefleisch in Tomatensauce, wird im »Bucharest Restaurant« mit Polenta serviert. Authentisches mexikanisches Essen kommt bei »Arriba Arriba« auf den Tisch. Neben Tacos, Burritos und Enchiladas können Gäste hier auch Pipian Verde – Huhn in Kürbiskernsauce mit gedämpften Maisteigküchlein – probieren.

»Saffron Garden«, Safrangarten, heißt ein indisches Restaurant auf der Skillman Avenue. In der Küche dieses Hauses spielen Gewürze eine Hauptrolle. Gäste müssen sich jedoch nicht davor fürchten, dass sie sich ihre Geschmacksknospen verbrennen. Der Küchenchef schafft es, in Gerichten wie Lamm-Vindaloo die richtige Balance zwischen Kardamon und Ingwer zu finden. Die ganze Welt auf dem Teller vereinen will das Restaurant »Salt & Fat«. Küchenchef Daniel Yi serviert hier Schweinebauch mit würzigem Apfel-Kimchi-Salat und Gänseleber mit Zimt, Mandarinen und Speckkrokant. Nachdem der in Korea geborene Daniel Yi in edlen Restaurants sein Handwerk lernte, kehrte er in seinen Heimatbezirk Sunnyside zurück. Essen für ein neues Amerika will er kochen und erhielt 2013 von der Zeitschrift *The Village Voice* eine Auszeichnung für den besten kulinarischen Einsatz von Schweinsfüßen.

ESSEN UND TRINKEN

Arriba Arriba. Die mexikanischen Gerichte spülen Gäste am besten mit frischen Margaritas hinunter. 40–15 Queens Boulevard, Sunnyside, NY 11104, Tel. 718 349 5999, www.arribarriba.com

Bucharest. Restaurant. Krautrouladen aus Draculas Heimat. 43–45 40th Street, Sunnyside, NY 11104, Tel. 718 389 2300, www.buchrestrestaurant.com

La Hoguera Paisa. Kolumbianisches Restaurant mit leckeren Reis-, Bohnen- und Fleischgerichten. Sehr billig. 40–12 Queens Boulevard, Sunnyside, NY 11104, Tel. 718 392 9903.

Saffron Garden. Indisches Restaurant mit feiner Gewürzgradierung. 46–11 Skillman Ave., Sunnyside, NY 11104. Tel. 718 433 4449, www.saffrongardensunnyside.com

Salt & Fat. Küchenchef Daniel Yi vereint die ganze Welt auf einem Teller. 41–16 Queens Boulevard, Sunnyside, NY 11104. Tel. 718 433 3702, www.saltandfatny.com

ANFAHRT

U-Bahn-Linie 7 bis 40th oder 46th Street/Queens Boulevard.

48 The Bronx
Wer spricht hier von Gewalt?

Der nördlichste Bezirk von New York hat in den Medien einen schlechten Ruf. Als Hort der Kriminalität ist er verschrien. Wer nur nach Zeitungsberichten geht, verpasst jedoch einiges. Die Bronx beherbergt eines der ursprünglichsten italoamerikanischen Viertel auf der Arthur Avenue sowie New Yorks größten Zoo und einen wunderschönen botanischen Garten.

In den Straßen der Bronx ist ein Film aus dem Jahr 1993, mit dem Robert De Niro sein Debüt als Regisseur lieferte. Der Film erzählt von einer Freundschaft zwischen einem Mafiosi und einem italoamerikanischen Jungen. Die Handlung trägt sich rund um die Arthur Avenue zu, einer Straße, die von ihren Bewohnern »das wahre Little Italy von New York« genannt wird. Besucher erreichen die Gegend, wenn sie mit den U-Bahn-Linien D oder 4 bis zur Kingsbridge Road fahren. Dann stehen sie auf dem Grand Concourse, der Hauptstraße der Bronx, die von Jugendstil- und Art-déco-Häusern gesäumt wird. Direkt an der U-Bahn-Station steht in einem Park das Edgar Allan Poe Cottage. In diesem weißen Holzhaus wohnte der berühmte amerikanische Dichter von Kriminalliteratur von 1846 bis 1849. Das Haus war damals nur von Agrarland umgeben, und Poes Frau Virginia sollte sich hier von ihrem Lungenleiden erholen. Sie starb jedoch 1847 an Tuberkulose.

Mitte: Der New York Botanical Garden hat eine eigene Bibliothek.
Unten: Giraffen sind dann auch schon mal hungrig.

Von hier geht man die Kingsbridge Road und die East Fordham Road zehn Straßenblöcke bis zur Arthur Avenue weiter. Generationen von Amerikanern italienischen Ursprungs haben diese Straße zum Leben gewählt oder kommen am Wochenende zum Einkaufen hierher. Nirgendwo kommt das »Little Italy«-Gefühl mehr auf als im Arthur Avenue Retail Market, einem Marktgebäude, unter dessen Dach sich neun Restaurants, fünf Konditoreien, vier Metzgereien, sechs Bäckereien, drei Spezialgeschäfte für Schweinefleisch, zwei Pastageschäfte, zwei Fischgeschäfte, drei Gourmetkaffeegeschäfte und ein Wein-Shop befinden. Nachdem man Körbe von Delikatessen gekauft hat, kann man sich in einem der Restaurants frische Ravioli einverleiben.

6000 Tiere in der Stadt

Von der Arthur Avenue geht es über die East Fordham Road sechs Straßenblöcke weiter zum Bronx Zoo, dem größten Tiergarten New Yorks. 6000 Tiere leben auf dem 107 Hektar großen Areal, von Elefanten bis Pandas, von Gorillas bis Zebras. Besucher, die sich einen guten Überblick über den Park verschaffen wollen, können mit einer einspurigen Bahn durch ein Zoogebiet fahren, das *Wild Asia*, wildes Asien, genannt wird. Auch andere Bereiche des Tiergartens sind geografisch angelegt – einem Abstecher in den Himalaja oder in den Dschungel steht nichts im Weg. Der Bronx Zoo nimmt auch verlassene Tierbabys auf. Die Mutter des Schneeleoparden Leo wurde 2006 von einer Schlammlawine in Pakistan verschüttet. Im April 2013 wurde bereits Leos erster Sohn geboren. Gegenüber dem Bronx Zoo erstreckt sich der New York Botanical Garden über 100 Hektar. Das Herzstück des Gartens ist ein 20 Hektar großer Wald, der noch aus der Zeit stammt, bevor die europäischen Siedler den amerikanischen Kontinent eroberten. In keinem botanischen Garten darf ein Glashaus fehlen. Hier ist es ein Kristallpalast aus dem Jahr 1890. Besucher können sich auch in zwei Dutzend Gärten verlaufen. In einem von ihnen blühen nur Azaleen, in einem anderen Rosen.

SEHENSWÜRDIGKEITEN

Bronx Zoo. Einer der größten innerstädtischen Zoos. Anfang Nov.–Anfang April tägl. 10–16 Uhr, April–Nov. Mo–Fr 10–17 Uhr. Sa/So 10–17.30 Uhr, Southern Blvd. 2300, Bronx, NY 10460, Tel. 718 367 1010, www.bronxzoo.com

Edgar Allan Poe Cottage. In diesem Haus verbrachte der amerikanische Dichter seine letzten Jahre. Sa 10–16 Uhr, So 13–17 Uhr. Grand Concourse 2640, New York, NY 10458, Tel. 718 881 8900, www.bronxhistoricalsociety.org

New York Botanical Garden. 28 spezielle Gärten. Di–So 10–18 Uhr. Southern Blvd. 2900, New York, NY 10458, Tel. 718 817 8700, www.nybg.org

ESSEN UND TRINKEN
Arthur Avenue Retail Market. Ein italienischer Food-Bazar. Arthur Ave. 2344, Bronx, NY 10462, Tel. 718 295 5033, www.arthuravenue.com

ANFAHRT
U-Bahn-Linien D oder 4 zur Kingsbridge Road.

AUSFLÜGE

49 Hudson Valley
Amerikas Rheinland

Die liebliche Flusslandschaft entlang des Hudson River inspiriert seit dem 19. Jahrhundert viele Künstler. New Yorker mit Natursinn ziehen sich hier in ihre Landhäuser zurück. Auch Präsident Franklin D. Roosevelt wusste die Wälder im Dutchess County zu schätzen. Er ließ sich hier einen Landsitz bauen, in dem heute ein Museum dem Andenken des Präsidenten und seiner Frau Eleanor gewidmet ist.

Ende September bis Mitte Oktober steht der Wald in Flammen. Während der *fall foliage*, bekannt auch als »Indian Summer«, leuchten die Bäume im Hudson-River-Tal in allen erdenklichen Gelb-, Orange- und Rottönen. Kein Wunder, dass die Landschaftsmaler der Hudson River School diese Gegend im 19. Jahrhundert als Hauptmotiv wählten. Das Hudson Valley erinnert an das Rheinland. Nach Deutschlands längstem Fluss sind die beiden malerischen Städtchen Rhinebeck und Rhinecliff benannt. Reisende, die mit dem Zug den Hudson entlangfahren, sollten sich immer auf die linke Seite setzen, um die unmittelbare Sicht auf den Fluss zu genießen.

Roosevelts Landsitz

Ein Kind der Region war Franklin Delano Roosevelt (1882–1945), der 32. Präsident der Vereinigten Staaten, der mit seiner »New Deal«-Politik Amerika aus der Weltwirtschaftskrise und siegreich aus dem Zweiten Weltkrieg führte. Der Nachfahre eines Mayflower-Passagiers wurde auf dem zweieinhalb Quadratkilometer großen Springwood-Anwesen im Städtchen Hyde Park geboren. Hier

Seite 258/259: Lange, feine Sandstrände machen die Hamptons so begehrt.
Mitte: In Hyde Park wohnte Theodore Roosevelt schon, bevor er Präsident wurde.
Unten: Sein Musikzimmer ist opulent eingerichtet.

Hudson Valley

Nicht verpassen

Indian Summer im Hudson Valley

akzeptierte er 1933 die Wahl zum Präsidenten. Wissenschaftler untersuchen Roosevelts Aufzeichnungen und Bücher in der vom Präsidenten gestifteten Bibliothek. Hier finden sich auch Gegenstände aus Roosevelts persönlichem Gebrauch. So zum Beispiel sein Rollstuhl, an den er seit 1921 gefesselt war. Zeit seines Lebens hatte er seine Kinderlähmung jedoch verheimlicht, da er fürchtete, dass die Behinderung seiner politischen Karriere ein Ende setzen würde.

Seine Ehefrau Eleanor war politisch mindestens ebenso engagiert wie der Präsident. Die Verfechterin der Menschenrechte und soziale Reformerin richtete sich auf dem Anwesen das Landhaus Val-Kill ein, in dem sie bis zu ihrem Tod im Jahr 1962 mit progressiven Denkern zusammentraf.

Franklin D. Roosevelts Cousine und engste Vertraute Daisy Suckley (1891–1991) bewohnte das Wilderstein-Anwesen in Rhinebeck. Die unverheiratete Societydame begleitete den Präsidenten auf vielen Reisen und war auch in der Stunde seines Todes bei ihm. Nach ihrem Tod, im Alter von fast 100 Jahren, wurde ein alter Lederkoffer unter ihrem Bett gefunden. In ihm verbarg sich der gesamte Briefverkehr zwischen Daisy und Franklin, der manchen Historiker vermuten lässt, dass ihre Beziehung mehr als nur freundschaftlich war. Der Land-

BEACON MUSEUM

Das weltweit größte Museum für Gegenwartskunst öffnete 2003 im Städtchen Beacon seine Pforten. Das Dia:Beacon beherbergt die Kunstsammlung von Philippa de Menil und Heiner Friedrich. Nur eine Zugstunde vom Grand Central Terminal entfernt liegt die ehemalige Keksschachtelfabrik, die das Museum für seine Zwecke umgestaltete. Viele Werke regen zum Nachdenken an. In einem großen Saal ist Andy Warhols *Shadow*-Serie ausgestellt. Ein Schatten geistert hier in poppigen Farben über 72 Bilder. Von woher kam er und wem gehört er? Und wieso berührt er uns so? Tief in die Seele graben sich Louise Bourgeois' schwarze, wabenförmige Skulpturen ein. Sie erinnern an eine Gebärmutter, unser allererstes Heim. Im halbdunklen Dachgeschoss des Museums hängen sie wie Gestalten in einem lang vergessenen Traum.

Dia:Beacon. Do–Mo 11–18 Uhr. Beekman St. 3, Beacon, NY 12508, Tel. 845 440 0100, www.diabeacon.org

sitz ist ein Paradebeispiel für den »Queen-Anne«-Architekturstil des ausgehenden 19. Jahrhunderts. Dachfenster, Giebel und Türmchen aus der Tudorzeit sind wichtige Bestandteile dieses Stils.

Wein & Gourmetessen

Auch das CIA hat im Hudson Valley eine Niederlassung. Nein, nicht der amerikanische Geheimdienst, sondern das Culinary Institute of America. Zukünftige Küchenchefs zahlen hier über 20 000 Dollar, um die Kunst der feinen Essenszubereitung zu erlernen. In dem ehemaligen Jesuitenseminar kann man in verschiedenen Schauküchen jungen Talenten dabei zusehen, wie sie Fische filetieren und Meringen aus Eiweiß und Zucker zaubern. In fünf Restaurants goutieren Besucher die Früchte der harten Arbeit.

Das Hudson Valley hat auch erstaunliche Winzereien hervorgebracht. Rund um Rhinebeck können an die 30 Weingüter besichtigt werden. Auf dem Dutchess Wine Trail fährt man von Kellerei zu Kellerei und verkostet die besten Weine. Die Winzerei Clinton Vineyards hat sich zum Beispiel auf die Seyval-Blanc-Traube spezialisiert. Schaumwein wird hier nach der *méthode champagnoise* hergestellt. Die Milbrook Vineyards & Winery produziert Tocai Friulano. Das weltweit größte Museum für Gegenwartskunst öffnete 2003 ebenfalls im Hudson Valley seine Pforten. Das Dia:Beacon beherbergt die Kunstsammlung von Philippa de Menil und Heiner Friedrich aus den 1960er- und 1970er-Jahren. In einem großen Saal ist Andy Warhols *Shadow*-Serie ausgestellt. Ein Schatten geistert hier in poppigen Farben über 72 Bilder. Tief in die Seele graben sich Louise Bourgeois' schwarze, wabenförmige Skulpturen ein. Sie erinnern an eine Gebärmutter, unser allererstes Heim.

Oben: Teure Antiquitäten dienten Eleanor und Franklin D. Roosevelt als Möbel.
Unten: Der Campus des Culinary Institute of America im Frühling

Infos und Adressen

SEHENSWÜRDIGKEITEN

Dutchess Wine Trail. Weinstraße zu den Clinton und Milbrook Vineyards. www.dutchesswine-trails.com

ESSEN UND TRINKEN

Culinary Institute of America. Amerikas bedeutendste Kochschule. Fünf Spitzenrestaurants auf dem Campus mit Blick auf den Hudson. Reservierung erforderlich. Campus Drive 1946, Hyde Park, NY 12538, Tel. 845 452 9600, www.ciachef.edu

ÜBERNACHTEN

The Red Hook Country Inn. Hübsches Bed & Breakfast mit fantastischem Restaurant. South Broadway 7460, Red Hook, NY 12571, Tel. 845 758 8445, www.theredhookinn.com

Troutbeck Inn. Luxuriöses Resort in romantischem Setting. Leedsville Road 515, Amenia, NY 12501, Tel. 845 373 9681, www.troutbeck.com

Küchenchef Nabil betreibt das »Red Hook Inn«.

Viktorianischen Charme versprüht das Bed & Breakfast.

MUSEEN

Eleanor Roosevelt National Historic Site. Landhaus der First Lady. Tgl. 9–17 Uhr. Valkill Park Rd. 56, Hyde Park, NY 12538, Tel. 845 229 9422, www.nps.gov/elro

Franklin D. Roosevelt Presidential Library and Museum. Der Landsitz des 32. Amerikanischen Präsidenten wurde in ein Museum und eine Bibliothek umgewandelt. Tgl. Nov.–März 9–17 Uhr, April–Okt. 9–18 Uhr. Albany Post Road 4079, Hyde Park, NY 12538, Tel. 845 486 7770, www.fdrlibrary.marist.edu

Wilderstein Historic Site. Viktorianisches Fantasiehaus von Franklin D. Roosevelts Cousine und Vertrauten. Do–So 12–16 Uhr. Morton Road 330, Rhinebeck, NY 12572, Tel. 845 876 4818, www.wilderstein.org

ANFAHRT

Roosevelt-Museen: Metro-North Railroad von Grand Central Terminal nach Poughkeepsie, dann den Gratisshuttle nehmen.
Wilderstein Historic Site: Amtrak von Pennsylvania Station nach Rhinecliff, dann mit dem Taxi weiter.

INFORMATION

www.dutchesstourism.com

50 The Hamptons
Treffpunkt der Schickeria

Wer sich in das geschäftige Treiben von New York so richtig reinziehen lässt, vergisst manchmal ganz, dass die Metropole am Atlantik liegt. Brooklyn und Queens liegen auf Long Island, einer Insel, die sich 37 Kilometer in den Atlantik erstreckt. In der Gegend um die Hamptons-Städtchen am südlichen Ende treffen sich im Sommer die Superreichen in ihren Villen im Cape-Cod-Stil.

Von Ende Mai bis Anfang September zieht es Amerikas Crème de la crème nicht nur nach Nizza oder Cannes, sondern auch in die Hamptons, 100 Kilometer außerhalb von Manhattan. Niemand Geringerer als Steven Spielberg hat sich dort für 25 Millionen Dollar ein Anwesen gekauft, auf dem er eine alte Scheune in eine riesige Villa mit eigenem Filmstudio verwandelte. Gwyneth Paltrow residiert in einem einfach wirkenden Holzhaus im Cape-Cod-Stil, für den die Insel vor Boston berühmt ist und der an die ersten Häuser der Puritaner erinnert. Jackie Kennedy Onassis verbrachte in den Hamptons ihre Sommerferien, meistens auf dem Rücken eines Pferdes. Leute mit viel Kleingeld in der Hosentasche reisen im Helikopter oder Schnellboot an.

»Normalsterbliche« tun es den »rich and famous« gleich und mieten sich zu mehreren ein Strandhaus in umliegenden Orten wie Hampton Bays, Westhampton und Quogue. Die Long Island Railroad verbindet die Pennsylvania Station mit Montauk. Wer mit dem Auto anreist, kann auf der Route 27 an Sommerwochenenden schon mal im Stau stecken bleiben. Aber zumindest ist man in guter Gesellschaft.

Mitte: Am Pier lässt es sich gut den Wellen lauschen.
Unten: Long Island ist der Garten von New York.

Von hier aus kann man nach Europa segeln.

Kilometerweiter Strand

Geheimtipp

Doch die Anreise lohnt sich: Kilometerweit
dehnen sich die perlweißen Strände auf der
Südseite von Long Island aus. Am Gibson Beach in
Sagaponack spielen Teenager in knappen Bikinis
Beachvolleyball. Am Two Mile Hollow Beach in
East Hampton herrscht rund um die Uhr Strand-
vergnügen. Familien finden sich hier bei Sonnen-
untergang zum *clam bake* ein. Sie graben ein
Loch in den Sand, machen darin ein Feuer aus
Kohlen und Holz und legen die Grube mit Steinen
aus. Über das Feuer kommt ein Metallgitter mit
Seetang. Darauf backen sie Muscheln, bis sie auf-
springen.

St. Tropez am Atlantik

East Hampton war die erste englische Siedlung im
späteren Bundesstaat New York. Die Armee des
Königs kam schon im Jahr 1639 hierher. Im pitto-
resken Dorfkern finden sich neben Hermès- und
Ralph-Lauren-Boutiquen auch architektonische
Zeugen aus der Kolonialzeit und frühen Republik.
Die Hook Windmill auf der North Main Street
stammt aus dem Jahr 1806 und ist eine der ältes-
ten noch erhaltenen auf Long Island. Das Mulford
Farmhouse und sein Bauernhof wurden im Jahr

POLLOCK-KRASNER HOUSE & STUDIO

Der ungetrübte Blick auf
den Atlantik hat auch viele
Künstler inspiriert. In ihrem Atelier
in East Hampton schufen Jackson
Pollock (1912–1956) und seine Frau
Lee Krasner (1908–1984) Meisterwerke des abstrakten Expressionismus, Pollock seine intuitiven Spritz-
bilder, Krasner ihre Collagebilder.
Pollock arbeitete anfangs in einem
ungeheizten Schlafzimmer, ließ sich
dann aber eine Scheune herrichten.
Das Ehepaar hatte auch kein fließen-
des Wasser, als es das Haus im Jahr
1944 kaufte. Berührend sind die
Schuhe, die Jackson Pollock beim
Arbeiten trug. Sie sind über und über
mit Farbspritzern bedeckt. Von Mai
bis Oktober können Besucher am Do,
Fr und Sa das Museum besuchen
(Mai, Sept., Okt. nur nach Voranmeldung, Juni, Juli, August von
13–17 Uhr).

Pollock-Krasner House & Studio.
Springs-Fireplace Rd. 830,
East Hampton, NY 11937,
Tel. 631 324 4929, http://sb.cc.sto-
nybrook.edu/pkhouse/index.shtml

1680 errichtet und seit 1750 nicht mehr verändert. Beide geben Einblick in eine Zeit, als die Nachfahren der ersten Siedler hier das Land bestellten. Im August 2009 eröffnete in diesem Städtchen Renée Zellweger ihre eigene Taco-Bar »Blue Parrot«. Hier trifft man Hollywood-Stars im Sommer Margarita schlürfend auf einem Barhocker an.

Im Sommer treffen sich Reich und Berühmt hier zu *white parties*, bei denen nur Weiß getragen werden darf. Im Segelclub von East Hampton lernen junge Leute, deren Vorfahren seit Generationen nur an die Unis Yale oder Harvard gingen, wie man einen Palstek-Knoten bindet. Von der Terrasse des im Segelclub befindlichen Restaurants genießt man einen herrlichen Blick aufs Meer und labt sich an gefüllten Cherry-Stone-Muscheln. Fährt man die Route 27 nach Osten, kommt man bei den Dünen von Napeague an einem einfachen Fischrestaurant vorbei, auf dessen Dach ein riesengroßes Schild mit der Aufschrift »Lunch« prangt. Das Lokal serviert saftige Lobster Rolls, für die Hummer fein gehackt und mit Mayonnaise und anderen Gewürzen vermischt werden.

Am Ende von Amerika

Die Landstraße führt weiter nach Montauk, dem östlichsten Punkt auf Long Island. Montauk unterscheidet sich deutlich von den Nobelorten South und East Hampton. Hier fahren Fischer frühmorgens auf ihren Booten aufs weite Meer, und nicht jeder Bewohner besitzt einen Mercedes. George Washington ließ hier 1796 den ersten Leuchtturm im Bundesstaat New York bauen. Er ist heute der viertälteste in den Vereinigten Staaten, der noch in Betrieb ist. Erhaben steht er auf einem Hügel. Montauk trumpft mit fünf »State Parks« auf, in denen Besucher wandern, Golf spielen, Rad fahren und im Meer schwimmen können.

Oben: Der Leuchtturm von Montauk diente einst als Orientierungspunkt.
Mitte: Die Hamptons sind für ihre grauen Schindelhäuser bekannt.
Unten: Golfen wird hier groß geschrieben.

Infos und Adressen

SEHENSWÜRDIGKEITEN

Montauk Point Lighthouse. Weiter östlich geht
es nicht mehr. Der Leuchtturm blickt in Richtung
Europa. Öffnungszeiten variieren.
Montauk Highway 2000, Montauk, NY 11954,
Tel. 631 668 2546, www.montauklighthouse.com

ESSEN UND TRINKEN

Blue-Parrot-Restaurant. Renée Zellwegers
Tex-Mex-Lokal. Main St. 33A, East Hampton,
NY 11937, Tel. 631 329 2583,
www.blueparroteasthampton.com

Lobster Roll. Hummer-Sandwiches direkt am
Strand. Montauk Highway 1980, Amagansett,
NY 11930, Tel. 631 267 3740, www.lobsterroll.com

ÜBERNACHTEN

Montauk Beachcomber Resort. Motel mit
Meeresblick vom höher am Hang gelegenen Haus.
Tennisplatz. Swimmingpool. Sauna.
Old Montauk Highway 727, Montauk, NY 11954,
Tel. 631 668 2894, www.duneresorts.com

Surf Lodge. Neu eröffnetes, cooles Hotel mit
Surfmotiven. Shuttle-Service zum Strand.
Edgemere St. 183, Montauk, NY 11954,
Tel. 631 483 5037, www.thesurflodge.com

Kilometerlange Strände, so weit das Auge reicht

Die einstige Künstlerkolonie besuchen jetzt
viele Touristen.

AUSGEHEN

The Stephen Talkhouse. Hier tritt Billy Joels
Tochter Alexa auf. Main St. 161, Amagansett,
NY 11930, Tel. 631 267 3117,
www.stephentalkhouse.com

STRÄNDE

Gibson Beach. Sagaponack, NY 11962.

Two Mile Hollow Beach. East Hampton,
NY 11937.

Mecox Beach. Bridgehampton, NY 11932.

Ocean Road Beach. Bridgehampton, NY 11932.
Für die meisten Strände ist ein Parkschein
erforderlich.

ANFAHRT

Mit dem Auto: Long Island Expressway I495 bis
Exit 70, Route 111 South, links auf Route 27 East
(Montauk oder Sunrise Highway).
Mit dem Zug: Long Island Railroad von Pennsyl-
vania Station, www.mta.nyc.ny.us
Mit dem Bus: Hampton Jitney von mehreren
Stationen in New York, www.hamptonjitney.com;
Hampton Luxury Liner,
www.hamptonluxuryliner.com

REISEINFOS

»Lady Liberty« wacht über jedes Boot.

Anreise

Im Großraum New York gibt es drei Flughäfen: den John F. Kennedy International (JFK) und LaGuardia Airport (LGA) im Stadtteil Queens sowie den Newark International Airport (EWR) im Bundesstaat New Jersey.

Die bequemste Art, in die Stadt zu kommen, ist per Taxi. Dabei sollten Reisende jedoch darauf achten, dass sie nur eines der offiziellen gelben Taxis nehmen. Der Einheitspreis beläuft sich auf etwa 50 Dollar. In der Ankunftshalle lauern nicht registrierte Taxifahrer auf unwissende Neuankömmlinge und verlangen dann einen astronomischen Preis für eine Fahrt in die Stadt.

Wer Geld sparen will, kann auch einen Expressbus nehmen. Busse des Unternehmens New York Airport Service (www.nyairportservice.com) fahren von JFK und LaGuardia von 6 bis 23 Uhr im Halbstundentakt die Bahnhöfe Grand Central Terminal und Pennsylvania Station sowie den Busbahnhof Port Authority an. Von Newark fährt der Newark Liberty Airport Express zum Grand Central Terminal, zum Port Authority und zum Bryant Park – Fifth Avenue (www.coachusa.com/olympia/ss.newarkairport.asp).

Wer wenig Gepäck hat, kann auch die U-Bahn und den Zug in die Stadt nehmen. Das ist die billigste Methode. Vom John F. Kennedy International Airport nehmen Sie für einige Dollar den AirTrain, der Sie zu den U-Bahn-Linien A (Howard Beach) oder E, J, Z (Jamaica

Station) fährt. Mit der U-Bahn erreicht man Manhattan in circa einer Stunde. Achtung bei der Rückfahrt mit der U-Bahn-Linie A: Reisende müssen wieder einen Zug nach Howard Beach nehmen (nicht in die Bahn einsteigen, die mit Ozone Park/Lefferts Boulevard beschriftet ist). Nach LaGuardia fährt keine U-Bahn. Newark Airport ist ebenfalls an den AirTrain angebunden. Dieser fährt zur Newark Liberty Airport Rail Link Station. Von dort gehen Amtrak-Züge für ungefähr 30 Dollar zur New York Pennsylvania Station in Manhattan.

Einreiseformalitäten

Seit dem 1. Januar 2009 müssen sich deutsche, österreichische oder schweizerische Staatsbürger auf der Internetseite der amerikanischen Einreisebehörde registrieren (https://esta.cbp.dhs.gov/esta/), um ohne Visum einreisen zu können (Visa Waiver Program). Und das bis zu 72 Stunden vor ihrem Abflug. Ihr Aufenthalt darf nicht länger als 90 Tage dauern und nur touristischen oder ge-

Am Times Square wird die amerikanische Fahne in Neon projiziert.

schäftlichen Zwecken dienen. Diese Registrierung löst die Papierformulare ab, die bis dahin im Flugzeug ausgegeben wurden. Dabei sollten Sie nicht vergessen, sich die Antragsnummer zu notieren, falls Sie sie später vorweisen müssen. Noch besser ist es, das gesamte Formular mit den eingegebenen Daten auszudrucken. Danach muss man die Antwort vom Ministerium abwarten. Ist die Einreisegenehmigung einmal erteilt, bleibt sie zwei Jahre lang gültig, es sei denn, Ihr Pass verliert vorher seine Gültigkeit. Außerdem ist ein gültiger Reisepass zur Einreise nötig, der auch biometrische Daten wie ein digitales Foto enthält. Kinder benötigen ebenfalls einen Pass.

Medizinische Versorgung

New Yorks Krankenhäuser sind hervorragend, jedoch sehr teuer, wenn Sie keine amerikanische Krankenversicherung haben. Deshalb empfiehlt sich der Abschluss einer Auslandsreise-Krankenversicherung, da die Krankenkasse in deutschsprachigen Gebieten nicht für Rücktransporte aufkommt.

Verschreibungspflichtige Medikamente sollten im Gepäck nur in der Originalverpackung mitgeführt werden. Der landesweite Notruf für Polizei, Feuerwehr und Krankenwagen ist 911.

New York Dos and Don'ts

• Scheuen Sie sich nicht, New Yorker nach dem Weg zu fragen. Die Bewohner der Stadt geben gern Auskunft.

- Nehmen Sie die U-Bahn. Sie ist viel besser als ihr Ruf. Wenn Sie die U-Bahn am Wochenende benutzen, schauen Sie immer den Fahr- und Zeitplan an. Manche Züge verkehren unregelmäßig.
- Kaufen Sie die Metrocard für die U-Bahn nicht am Verkaufsschalter, sondern an einem der Automaten. Sie können die Sprache einstellen.
- Nehmen Sie auch den Bus. Sie lernen dadurch die Straßen von New York besser kennen. Vielleicht ergibt sich ja ein interessantes Gespräch mit einem Einheimischen.
- Gehen Sie nicht langsam und gemächlich über die Brooklyn Bridge. Hinter Ihnen drängen sich schon New Yorker, die auf die andere Seite gelangen wollen. Wenn Sie Ihres Lebens sicher sein wollen, betreten Sie keinen Radweg.
- Rauchen Sie nicht, wenn Sie durch eine Menschenmenge gehen. New Yorker werden sehr zornig, wenn sie Asche abbekommen.

Gleich öffnet die U-Bahn ihre Türen.

Öffentliche Verkehrsmittel

Obwohl die New Yorker U-Bahn zu Beginn ein wenig zu verwirren scheint, ist das System doch recht einfach und sehr sicher. Ist man einmal im »underground«, sollte man immer schauen, ob die Züge in Richtung »uptown« oder »downtown« fahren. Außerdem ist zu beachten, ob Züge »express« oder »local« geführt werden. »Express«-Bahnen halten nur an den im Plan mit weißen Kreisen eingezeichneten Stationen, »local«-Züge an jeder Station. Manche Züge werden innerhalb von Manhattan »express« geführt, verkehren in Brooklyn, Queens oder der Bronx jedoch »local«.

Metrocards können an den Verkaufsschaltern in den U-Bahn-Stationen für eine oder mehrere Fahrten gekauft werden. Kauft man eine Karte für 10 Dollar und mehr, erhält man einen 15-prozentigen Bonus. Hat man weniger als die benötigte Anzahl von Dollar für eine Fahrt zur Verfügung, kann man Guthaben auf die Metrocard buchen. Wenn man weiß, dass man die U-Bahn an einem Tag mehrmals benutzt, zahlt sich der Kauf einer Metrocard für unbegrenzt viele Fahrten aus (1-day Pass). Außerdem kann man Wochen-, 14-Tages- und Monatskarten kaufen (7-Day Unlimited Ride, 14-Day Unlimited Ride, 30-Day Unlimited Ride).

Öffnungszeiten

Die Lokale haben lange geöffnet, viele von ihnen bis Mitternacht. In der Gegend

Bei einem New-York-Besuch kommt Freude auf.

um den Times Square wird auch in einigen Restaurants noch nach Mitternacht Essen serviert. Viele Bars sind bis mindestens 2 Uhr früh geöffnet, in Nachtclubs kann das wilde Treiben auch mal erst nach 4 Uhr früh enden.

Sicherheit

New York liegt in den USA in Sachen Verbrechen an beachtlicher 246. Stelle. Die durch Film und Fernsehen geprägten Vorstellungen von New York als Hort der Gewalt bewahrheiten sich nicht. Reisende können sich auch spätabends in den meisten Gegenden sicher fühlen. Durch den Central Park oder durch schlecht beleuchtete Gassen sollten Sie dennoch nicht schlendern.

Stadtführungen

Bustouren durch New York sind sehr populär. City Sights NY (www.citysights-ny.com) veranstaltet Besichtigungen im Doppeldecker, im Hubschrauber und mit privaten Guides. Außerdem betreibt es die Circle-Line-Ausflugsschiffe, von denen man die Skyline vom Wasser aus bewundern kann. Eine witzige Art und Weise, die Stadt vom Wasser aus zu sehen, ist per Duck Tour (www.newyork-sightseeing.com). Mit einem für Straße und Wasser tauglichen Fahrzeug geht es von Midtown bis zum Hudson-Fluss, wo man in einem Multimediabewegungssimulator eine Zeitreise ins 17. Jahrhundert antritt und Henry Hudson bei seiner Entdeckungsfahrt begleitet. Dann zieht das Gefährt die Räder ein und gleitet ins kühle Nass.

Wer gern zu Fuß unterwegs ist, sollte sich einer »guided walking tour« anschließen. So lernt man am besten die einzelnen Stadtviertel kennen.

Harlem erkundet man am besten mit einem geführten Rundgang der Harlem One Stop Tours (www.harlemonestop.com/tours/). Die Foods of New York Tours (www.foodsof-ny.com) verbinden Besichtigungen von

Geräumig: der King Room im »Time Hotel«

historisch wichtigen Straßen mit kulina-
rischen Genüssen. Das Lower East Side
History Project (www.leshp.org) führt
Spaziergänger durch eine Gegend, die
Anfang des 20. Jahrhunderts als eine der
am dichtesten besiedelten bekannt war.
Big Onion (www.bigonion.com) zeigt Be-
suchern historische Sehenswürdigkeiten
und veranstaltet zum Beispiel auch Gay
& Lesbian Tours.

Rauchen

In Restaurants nicht erlaubt.

Steuern

In den USA gibt es keine nationale Mehr-
wertsteuer. Dafür erheben der Bundesstaat und die Stadt New York eine 8,87-
prozentige Umsatzsteuer (»sales tax«) auf
Einkäufe sowie Hotel- und Restaurant-
preise.

Telefonieren

Die von Europa gewählte Vorwahl in die
USA ist 001. Manhattan hat die Vorwahl
212 oder 646. Brooklyn, Bronx, Queens
und Staten Island haben die Vorwahl 718
und 347. Die Vorwahl für Mobiltelefone
in New York ist 917. Ruft man von
Europa nach New York an, so wählt man
die Landesvorwahl (001) und die Stadt-
vorwahl. Ruft man innerhalb New Yorks
oder von anderen Gebieten der Vereinigten Staaten an, so wählt man 1 und dann
die Vorwahl.

Tourismusvertretung

Viele Informationen auf Deutsch auf der
Internetseite des New York City Visitors
and Convention Bureau:
www.nycgo.com/de

Trinkgeld

Das Trinkgeld in den USA beläuft sich
auf etwa 15 Prozent. Viele Amerikaner
schlagen einfach das Doppelte der Umsatzsteuer auf. Reisenden aus deutschsprachigen Ländern mag das viel vorkommen, es ist jedoch Usus, da die
Bedienungen daraus einen Teil ihres Ein-
kommens beziehen. Für Taxifahrer und
Garderobenpersonal empfiehlt sich ebenfalls ein Trinkgeld von 1 bis 2 Dollar.

Unterkunft

Bed & Breakfast
Über die Internetseiten www.bedand-
breakfast.com und www.bbonline.com

kann man relativ günstige Zimmer in Manhattan finden. Einfach nur Manhattan oder New York als Location eingeben. Scheuen Sie sich auch auf keinen Fall vor Harlem oder Brooklyn! Leider ist der Fiskus hinter Anbietern bei airbnb.com her, aber es finden sich immer wieder Angebote.

Hotels
Auf den Internetseiten der Epoque und Avantgarde Hotels (www.epoque hotels.com, www.avantgardehotels.com) finden sich immer wieder Rabatte auf Hotelpreise. In New York vertreten sie das »Night«, »Stay«, »Time«, »Dream« und »Kimberly Hotel«. Über die Internetseite

der Design Hotels findet man auch das ultrahippe Crosby Street Hotel (www.designhotels.com).

Veranstaltungs- informationen

Die Wochenmagazine *Time Out* und *New York Magazine* bieten detaillierte Informationen über alle Veranstaltungen, von Konzerten über Theater bis Kino und Gay & Lesbian. Infos auch unter http://newyork.timeout.com und http://nymag.com

Programmauskünfte auch in der *New York Times.*

Abendstimmung in Brooklyn

Ein echtes Highlight: Die große Macy's Thanksgiving Parade

JANUAR

Restaurant Week. Viele New Yorker Restaurants bieten Ende Januar eine Woche lang günstige 3-Gang-Menüs zum Einheitspreis an. www.nycvisit.com/restaurantweek

Winter Antiques Show. Eine der größten Antiquitätenmessen Amerikas findet jedes Jahr Ende Januar in der Park Avenue Armory statt. http://winterantiquesshow.com

Martin Luther King Parade. Der berühmte Bürgerrechtler wird am dritten Montag im Januar mit einer großen Parade auf der Fifth Avenue gefeiert.

FEBRUAR

Chinese New Year. Das nach dem Mondkalender berechnete chinesische Neujahrsfest wird in Chinatown über zwei Wochen lang mit Paraden und anderen Spektakeln groß gefeiert.

MÄRZ

St. Patrick's Day Parade. Zum Namenstag des irischen Schutzpatrons am 17. März ziehen die irischstämmigen New Yorker unter dem Jubel Tausender Schaulustiger in einer großen Parade die Fifth Avenue hinunter.

Whitney Biennale. Alle zwei Jahre findet im Whitney Museum von März bis Mai eine viel beachtete Ausstellung US-amerikanischer zeitgenössischer Kunst statt, die für ihren richtungsweisenden Einfluss bekannt ist. http://whitney.org/

APRIL

Easter Parade. Am Ostersonntag gibt es eine große Kostümparade entlang der Fifth Avenue.

Cherry Blossom Festival. Wenn Ende April im Brooklyn Botanic Garden etwa 200 Kirschbäume in voller Blüte stehen, wird hier das japanische Kirschblütenfest gefeiert. www.bbg.org

New York Tartan Day Parade. 10 000 Dudelsackspieler und Trommler marschieren zu Ehren Schottlands durch die Sixth Avenue. http://nyctartanweek.org

Macy's Flower Show. Das Kaufhaus verwandelt sich zwei Wochen lang in ein Blumenmeer. http://social.macys.com/flowershow/

MAI

Fleet Week. Tausende Matrosen in engen weißen Hosen stolzieren durch die Stadt und bringen so manches Mädchen in gefährliches Fahrwasser. Höhepunkt ist die große Schiffsparade auf dem Hudson River.

Cinco de Mayo. Die mexikanische Bevölkerung New Yorks feiert ihren Nationalfeiertag am 5. Mai mit zahlreichen Veranstaltungen und einer großen Parade.

JUNI

NYC of Pride. Große Schwulen- und Lesbenparade auf der Fifth Avenue mit Straßenfest im Village. www.nycpride.org

Museum Mile Festival. Am zweiten Dienstag im Juni wird die Fifth Avenue von der 82nd bis zur 105th Street gesperrt, zehn der renommiertesten Museen öffnen kostenlos ihre Türen und auf der Straße werden die Besucher mit Musikaufführungen unterhalten. www.museummilefestival.org

Mermaid Parade. In Coney Island wird der Sommerbeginn mit einer kultigen Parade gefeiert. Es gibt jede Menge Meerjungfrauen (und -männer) in ausgefallenen Kostümen zu bestaunen. www.coneyislandusa.com

Central Park SummerStage. Von Juni bis September grooven auf der Open-Air-Bühne im Central Park die besten Musiker aus aller Welt. www.summerstage.org

Shakespeare in the Park. Bei diesem legendären Theaterfestival werden zwischen Juni und August im Delacorte Theater im Central Park Stücke von William Shakespeare aufgeführt — und das oft mit Starbesetzung. In der Vergangenheit haben Größen wie Meryl Streep und Al Pacino hier gespielt. Für die kostenlosen Karten steht man freilich stundenlang an. http://www.publictheater.org/

Summer Restaurant Week. Eine Reihe New Yorker Restaurants bieten eine Woche im Juni Menüs zum vergünstigten Einheitspreis an. www.nycvisit.com/restaurantweek

Celebrate Brooklyn Festival. Auch im Prospect Park wehen an den Sommerwochenenden jazzige und bluesige Töne durch die Alleen. www.briconline.org

JULI

Fourth of July. Zur Feier des amerikanischen Unabhängigkeitstages am 4. Juli werden Straßenpartys und nach Einbruch der Dämmerung ein riesiges Feuerwerk auf dem East River veranstaltet.

Lincoln Center Festival. Drei Wochen werden von Künstlern aus aller Welt Tanz- und Musikdarbietungen aufgeführt. www.lincolncenterfestival.org

Am St. Patrick's Day herrscht Karnevalstimmung.

AUGUST

Hong Kong Dragon Boat Festival. Fast 200 Drachenbootteams aus der ganzen Welt treten im Flushing Meadows Corona Park in Bootsrennen gegeneinander an. Dazu gibt es Löwentanzaufführungen, Kampfsportvorstellungen von Mönchen des Shaolin-Tempels und chinesische Handwerkskunst. www.hkdbf-ny.org

US Open. Ende August beginnen die US Open Tennis Championships in Flushing Meadows in Queens. www.usopen.org

Charlie Parker Jazz Festival. Ein Wochenende im August wird zu einer musikalischen Ode an Charlie »Bird« Parker.

Weihnachtsstimmung am Rockefeller Center

Harlem Week. Vergangenheit, Gegenwart und Zukunft von Harlem werden in diesem großen Festival mit Konzerten, Filmvorführungen, Modenschauen, Kinderprogrammen und vielem mehr gefeiert.

Mostly Mozart. Seit 50 Jahren präsentiert dieses beliebte klassische Musikfestival im Lincoln Center die Musik von Mozart und anderen bekannten Komponisten. http://mostlymozart.org/

SEPTEMBER

Labor Day. Dieser Feiertag (Tag der Arbeit) am ersten Montag im September markiert zum einen das Ende der Sommersaison, zum anderen den Start der Footballsaison.

San Gennaro Festival. Italienisch-kulinarisches Festival in Little Italy. www.sangennaro.org

Steuben Parade. Vor allem New Yorker mit deutschen Wurzeln jubeln Ende September den farbenfrohen Umzugswagen, Trachtengruppen, Musik- und Tanzformationen der German-American Steuben Parade zu. http://germanparadenyc.org/

New York Comic Con. Zehntausende Fans von Comics, Manga, Anime und Videospielen pilgern zu dieser riesigen Messe im Javiers Convention Center. www.newyorkcomiccon.com/

OKTOBER

New York Film Festival. Premieren und Filmklassiker werden im Lincoln Center gezeigt. www.filmlinc.org/

Halloween Parade. Am 31. Oktober ist Halloween und das Greenwich Village verwandelt sich in ein Gruselkabinett mit einer großen Halloween-Kostümparade und Straßenfest entlang der Sixth Avenue. www.halloween-nyc.com

NYC Wine & Food Festival. Vier Tage lang dreht sich alles um Wein und gutes Essen, mit Kochveranstaltungen, Weinverkostungen und vielem mehr. http://nycwff.org/

Neben schaurigen Kostümen sind die Drag Queens die Stars der Halloween-Kostümparade.

NOVEMBER

New York City Marathon. Mehr als 50 000 Läufer nehmen Anfang November an diesem Marathon quer durch alle fünf Stadtbezirke teil. Der Marathon beginnt in Staten Island und endet im Central Park. www.nycmarathon.org

Macy's Thanksgiving Day Parade. Haushohe Snoopy- und Shrek-Ballons ziehen vom Columbus Circle zum Kaufhaus Macy's an der 34th Street. www.macys.com/parade

Radio City Christmas Spectacular. Amerikas populärste Weihnachtsshow mit der Synchrontanzgruppe Rockettes in der Radio City Hall bringt die Zuschauer bereits im November in Weihnachtsstimmung. www.radiocity.com

Black Friday. Traditionell eröffnet der Black Friday, der Tag nach Thanksgiving, die Shoppingsaison vor Weihnachten und lockt die Kunden mit zahlreichen Sonderangeboten und Rabatten in die Geschäfte.

DEZEMBER

Lightning of the Christmas Tree. Der große Weihnachtsbaum am Rockefeller Center wird Anfang Dezember mit viel Spektakel zum ersten Mal beleuchtet. Die Eislaufbahn davor ist schon ab Ende Oktober geöffnet. www.rockefellercenter.com/holidays

New Year's Eve. Wenn ein gigantischer Kristallball auf dem Times Square auf einer Stange hoch über den Köpfen von einer Million Menschen von oben nach unten wandert, wird um Punkt Mitternacht das Neue Jahr begrüßt. www.newyearseve.nyc

NEW YORK
für Kinder und Familien

Kinder lieben vor allem die Dinosaurierskelette im Museum of Natural History.

Kinder in der Metropole New York – kein Problem! Die Kleinen können hier auf eine wahre Entdeckungsreise gehen und es ist für jede Altersgruppe etwas geboten. Überraschend viele Parks und Grünflächen bieten Gelegenheit, dem Großstadttrubel zu entfliehen und die Kinder auch mal toben zu lassen.

Central Park

An erster Stelle rangiert bei schönem Wetter der Central Park mit seinen wunderschönen Spielplätzen, Wiesen und dem Zoo. Am besten plant man den Zoobesuch so, dass man zur Fütterung der beliebten Seelöwen und Pinguine kommt. Ganz in der Nähe befindet sich auch das wunderschöne historische Pferdekarussell. Der älteste und größte Spielplatz im Park, Heckscher Playground, liegt auf Höhe von Central Park South (61st – 63rd Street) und in der Nähe des Zoos. Er ist in einen Bereich für ältere und jüngere Kinder geteilt. Die große Attraktion im Sommer sind die Wassersprenger, durch die die Kleinen gern laufen und sich patschnass machen. Auf den Felsen klettern gern ältere Kinder herum. Auf Höhe der 67th Street, auf dem Adventure Playground, geht das Wasservergnügen weiter. Mehr als zwanzig Spielplätze gibt es im Central Park, darunter auch Themenspielplätze wie der Safari Playground (91st Street/Central Park West) oder der Ancient Playground in der Nähe des Metropolitan Museum of Art (www.metmuseum.org), dessen Kletterpyramiden, Obelisk und Sonnenuhr von der ägyptischen Sammlung des Museums inspiriert sind.

Museen

Das **Met** steht ganz oben auf der Liste vieler New-York-Besucher. Damit auch die Kleinen Spaß am Museumsbesuch haben, sollte man sich auf eine oder zwei Abteilungen konzentrieren. Die hervorragende ägyptische Sammlung mit dem Dendur-Tempel, Sarkophagen und Mumien begeistert die meisten, auch die Ritterrüstungen kommen meist gut an. Das **Museum of Natural History** (www.amnh.com) lockt mit seinen Dinosauriern und das dem Museum angegliederte Hayden-Planetarium mit seinen Himmelskörpern und der beeindruckenden Urknallsimulation. Kinder lieben die altmodischen Dioramen, in denen ausgestopfte Tiere magisch echt in Szene gesetzt sind und natürlich das lebensgroße Modell eines mächtigen Blauwals, das unter der Decke der Hall of Ocean Life hängt. Schon in der Eingangshalle werden Besucher vom Skelett eines T-Rex begrüßt, und seit kurzem können kleine und große Dino-Freunde auch die neueste Attraktion des Museums bestaunen: den 37 Meter langen »Titanosaurier«, das

Von klein auf sind New Yorkerinnen schick gestylt.

größte je gefundene Skelett eines Dinosauriers. Die ganz Kleinen haben im **Children's Museum of Manhattan** (www.cmom.org) in der 83rd Street auf der Upper West Side und im **Brooklyn Children's Museum** (www.brooklyn kids.com) in der Brooklyn Avenue ihren Spaß. Beide Museen sind speziell für Kinder zugeschnitten, hier kann nach Herzenslust alles angefasst, ausprobiert und bespielt werden. Alle Kinder und Jugendlichen, die sich für Technik, insbesondere Schiff- und Raumfahrt, interessieren, sollten das **Intrepid Sea, Air and Space Museum** (www.intrepid museum.org) auf einem Flugzeugträger am Hudson besuchen. An Deck stehen historische und moderne Flugzeuge, darunter auch ein Concorde-Überschallflugzeug. Im Space Shuttle Pavillion steht die »Enterprise«, das erste Raumfahrt-Shuttle der NASA. Zugbegeisterte Kinder können im **New York Transit Museum** (www.nytransitmuseum.org) in historische U-Bahn-Waggons und Busse klettern. Das Museum selbst ist in einem alten U-Bahnhof in Brooklyn untergebracht. Anfassen erlaubt!

Sightseeing

Kinder fahren gern in höchste Höhen – zum Beispiel auf das **Empire State Buil**-

Ein Kampfflugzeug im Intrepid Museum

ding (www.esbny.com) und auf das **Top of the Rock** im Rockefeller Center (www.topoftherocknyc.com), um die Stadt von oben zu betrachten. Bei einer Rundfahrt in einem der Touristenbusse der Gray Line können sich Kinder vom Laufen erholen (www.newyork-sightseeing.com). Auch eine Bootsfahrt mit der **Circle-Line** (www.circleline42.com) gibt fußmüden Kindern die Gelegenheit, die Stadt ganz entspannt vom Wasser aus zu erleben. Für größere Kinder, die eher den Adrenalinkick suchen, bietet sich die rasante Schnellbootfahrt mit »The Beast« zur Freiheitsstatue an.

Unterhaltung

Diverse **Broadway-Shows** wie *Wicked*, *Matilda* und *The Lion King* sind ebenfalls für Kinder geeignet, auch wenn sie kein Englisch sprechen. Es spielt sich so viel auf der Bühne ab, dass sie von der Handlung und der Musik mitgerissen werden. Am Times Square befindet sich das Wachsfigurenkabinett **Madame Tussauds** (www2.madametussauds.com/ new-york/) und das riesige Kuriositätenkabinett *Ripley's Believe it or Not!* (www.ripleysnewyork.com). Hier ist allerlei Wunderliches und Groteskes ausgestellt, und interaktive Spiele bieten Spaß für die ganze Familie. Der **Madison Square Garden** ist eine der wichtigsten Veranstaltungshallen der Vereinigten Staaten. Hier finden Basketball- und Eishockeyspiele statt und so ziemlich alle Größen aus dem Showbusiness treten auf (www.thegarden.com). Vielleicht ist ja auch die Lieblingsmannschaft oder der Star der Kinder zufällig gerade in

Kinder-TV-Figur Barney mit Fans

der Stadt? In den letzten Jahren erwuchs dem Madison Square Garden mit dem **Barclays Center in Brooklyn** ernsthafte Konkurrenz (www.barclays- center.com).

Abstecher nach Brooklyn

Überhaupt bietet Brooklyn viele Möglichkeiten, um dem Trubel von Manhattan zu entfliehen. Im **Brooklyn Bridge Park** wird beispielsweise jede Menge Unterhaltsames für Kinder geboten: Bei Pier 6 locken ein Schaukelparadies, wilde Rutschen, der größte Sandkasten in ganz New York und natürlich Jane's Carousel, ein herrliches altes Karussell aus den 1920er-Jahren, das jetzt in einem Glaspavillon von Jean Nouvel untergebracht ist. Ein großer Spaß für Kinder ist in der warmen Jahreszeit auch ein Tagesausflug an den Strand. Mit der U-Bahn kann man in weniger als einer Stunde nach **Coney Island** fahren, ein altmodisches Strandbad mit Vergnügungspark im Süden von Brooklyn. Hotdogs bei Nathan's und eine Runde Achterbahn gehören dazu! Auch ein Besuch im **New York Aquarium** (https://nyaquarium.com) lohnt sich.

Familienfreundliche Unterkünfte

DoubleTree Suites by Hilton

Dieses Hotel ist nicht nur wegen seiner Lage direkt am Times Square beliebt bei Familien. Die großen Zweizimmer-Suiten bieten genügend Platz und sind mit bequemen Ausziehsofas ausgestattet. 1568 Broadway, New York, NY 10036, Tel. 212 719 1600, www3.hilton.com

Pod 51

Größere Kinder werden das coole Design dieses Hotels am Times Square lieben – und die Eltern die geldbeutelschonenden Preise. Die Zimmer sind klein, aber mit Stockbetten ideal für Kinder (es gibt natürlich auch Zimmer mit normalen Betten). 230 E 51st St., New York, NY 10022, Tel. 212 355 0300, www.thepodhotel.com

Affinia Gardens

Diese Oase der Ruhe auf der Upper East Side ist eine schöne Alternative zu all den Hotels im quirligen Times-Square-Viertel. Der Central Park ist nur ein paar Blocks entfernt und die Appartements mit kleiner Küche sind ideal für Familien. 215 E 64th Street, New York, NY 10065, Tel. 212 355 1230, www.affinia.com/gardens

The Plaza

Wer es gern fein hat, und nicht auf den Dollar schauen muss, geht ins »Plaza« gleich am Central Park. In diesem legendären Hotel trug sich die Handlung des Kinderbuches *Eloise* zu. Das Mädchen lebte dort mit einem Kindermädchen und einem Hauslehrer und spielte den anderen Gästen gern Streiche. Echte Fans buchen die von Betsey Johnson dekorierte Eloise-Suite. Nachmittags veranstaltet das Hotel eine Eloise-Teejause im Palm Court. Fifth Avenue at Central Park South, New York, NY 10019, Tel. 212 759 3000, www.theplazany.com

Kleiner Sprachführer für New York

New Yorker sind für einige besondere Ausdrucksweisen bekannt, in denen sich die kulturelle Vielfalt der Stadt widerspiegelt.

AUSDRÜCKE JIDDISCHEN URSPRUNGS
putz Idiot
schlep (Verb) weit gehen müssen oder etwas weit tragen müssen
schlock etwas Billiges oder Minderwertiges, z. B. Souvenirs aus New York
tschoschke ein billiges Souvenir

AUSRUFE
fasho (for sure) sicherlich
Fuhgeddaboudit! (Forget about it!) Vergiss es!
mos def (most definitely) sicherlich
Wassup? (What's up?) Wie geht's?
Whaddayasay (...)? (What do you say) We get some pizza? Wie wäre es, wenn wir uns Pizza bestellen?

BEZEICHNUNGEN FÜR NEW YORK
Big Apple der große Apfel
Capital of the World Hauptstadt der Welt
Empire City Nachdem der Bundesstaat New York »Empire State« heißt, wird auch die größte Stadt so genannt.
Gotham So wurde New York in den *Batman*-Comics und Filmen genannt.

ESSEN
a slice ein Stück Pizza
Bagel rundes, schweres Brötchen mit einem Loch in der Mitte, bevorzugt mit Mohn oder Sesam bestreut
gyro (oder hero) ein griechisches Sandwich aus Pitabrot, mit Souvlaki gefüllt, wird von Straßenkarren oder auf Märkten verkauft
knish ein mit einer Kartoffelmischung, Sauerkraut oder Fleisch gefülltes Küchlein, das im Rohr oder in der Pfanne ausgebacken wird

GEOGRAFIE
bridge and tunnel So bezeichnen Bewohner von Manhattan etwas abfällig Leute aus den anderen Boroughs oder New Jersey, die über Brücken und Tunnel nach Manhattan kommen, um das Nachtleben zu genießen
tar beach »geteerter Strand«, das flache Dach auf vielen Gebäuden, auf denen New Yorker bei warmem Wetter gern ein Sonnenbad nehmen
the city Manhattan
upstate So bezeichnen Bewohner von New York City den Rest des Bundesstaates

VERKEHR
cab die gelben New Yorker Taxis
crosstown So bezeichnet man es, wenn die U-Bahn von Osten nach Westen oder Westen nach Osten fährt.
downtown Dahin fährt man mit der U-Bahn, wenn der Zug Richtung Süden geht
pedicab Das sind die Fahrradtaxis, die in der Regel Touristen herumkutschieren
uptown Dahin fahren Besucher mit der U-Bahn, wenn ihr Zug Richtung Norden geht

ZEIT
a New York minute »eine New Yorker Minute«, etwas, das ganz schnell geht

Register